本书受青岛农业大学高层次人才基金项目、青岛农业大学人文社科项目资助

利益相关者视阈下企业价值增值分享研究

龚 丽 ◎ 著

Study on Value-added Sharing of Enterprise Value from the Perspective of Stakeholders

经济管理出版社
ECONOMY & MANAGEMENT PUBLISHING HOUSE

图书在版编目（CIP）数据

利益相关者视阈下企业价值增值分享研究／龚丽著. —北京：经济管理出版社，2019.11
ISBN 978-7-5096-2909-3

Ⅰ.①利⋯　Ⅱ.①龚⋯　Ⅲ.①企业管理—研究　Ⅳ.①F272

中国版本图书馆 CIP 数据核字（2019）第 216749 号

组稿编辑：张莉琼
责任编辑：丁慧敏　张莉琼　张广花　乔倩颖
责任印制：黄章平
责任校对：张晓燕

出版发行：经济管理出版社
　　　　　（北京市海淀区北蜂窝 8 号中雅大厦 A 座 11 层　100038）
网　　址：www.E-mp.com.cn
电　　话：（010）51915602
印　　刷：北京晨旭印刷厂
经　　销：新华书店
开　　本：720mm×1000mm /16
印　　张：15.25
字　　数：258 千字
版　　次：2020 年 1 月第 1 版　2020 年 1 月第 1 次印刷
书　　号：ISBN 978-7-5096-2909-3
定　　价：78.00 元

·版权所有　翻印必究·

凡购本社图书，如有印装错误，由本社读者服务部负责调换。
联系地址：北京阜外月坛北小街 2 号
电话：（010）68022974　邮编：100836

PREFACE 前言

利益相关者治理的核心是协调各利益相关者的效率使其利益最大化,而利益分配机制是否公平合理直接影响利益相关者治理的效率。根据是否参与企业的集体选择,企业的利益相关者可以分为内部利益相关者和外部利益相关者。参与企业价值增值分享的是内部利益相关者。由于内部利益相关者所提供的要素资本的禀性不同,从而产生了不同类型企业的治理结构,而每一类型企业的利益相关者分享企业价值增值的模式也不同。通过本书的研究,主要得到以下结论:

(1) 利益相关者参与企业价值增值分享是一个动态开放的过程。企业所有的利益相关者都可以通过集体选择,决定是否成为企业的内部利益相关者分享企业的价值增值,企业的内部利益相关者也可以根据环境的变化选择退出集体选择从而成为企业的外部利益相关者。

(2) 从要素资本提供者的角度来分析,企业赖以生存的要素资本主要由物质资本、人力资本和关系资本组成。由于内部利益相关者提供的要素资本的禀性不同,因此在企业治理中的谈判效力也不一样,从而产生了单边治理型企业、同质型结构企业和异质型结构企业等不同治理结构类型的企业。

(3) 在企业的单边治理结构中,除了股东可以成为单边治理主体外,企业的经营者、员工、供应商及顾客也可以单独成为企业的治理主体,从而打破了只有股东独享企业剩余的局面。

(4) 由于利益相关者提供的要素资本的禀性不同,不同类型企业下各利益相关者分享企业价值增值的模式也不同。如单边治理型企业的利益相关者不能选择固定分享模式;同质型结构企业中的物质资本治理型企业的股东不适合采用固定分享模式,人力资本治理型企业中的员工不适合采用剩余分享模式;异质型结构企业中的物质—人力—关系资本型企业中,物质资本所有者和人力资本所有者不能采用固定分享模式等。

本书的主要创新之处在于：①选题新颖，将利益相关者与企业价值管理相结合，专门探讨利益相关者分享企业价值增值的具体模式；②将企业生存发展所需要的要素资本与其提供者相联系，重新归纳总结了要素资本的类型，并根据利益相关者提供的要素资本对企业进行了重新分类；③逐一探讨了不同类型企业下利益相关者分享企业价值增值的具体分享安排；④总结出了不同类型企业下利益相关者分享企业价值增值的组合模式及其一般规律。

CONTENTS 目 录

第一章 绪 论 ································· 001

   第一节 选题背景与研究意义 ················· 003
      一、选题背景 ···························· 003
      二、研究意义 ···························· 005
   第二节 国内外研究现状 ························ 007
      一、国外研究现状 ························ 007
      二、国内研究现状 ························ 012
   第三节 研究内容与研究方法 ···················· 019
      一、研究内容 ···························· 019
      二、研究方法 ···························· 021
   第四节 本书的创新之处 ························ 022

第二章 利益相关者分享企业价值增值的理论基础及现实依据 ········· 025

   第一节 利益相关者分享企业价值增值的理论基础 ········· 027
      一、契约理论 ···························· 027
      二、利益相关者产权理论 ·················· 031
      三、资源依赖理论 ························ 033
      四、共生理论 ···························· 035
      五、集体选择理论 ························ 036
   第二节 利益相关者分享企业价值增值的现实依据 ········· 038
      一、理论分析 ···························· 038
      二、实践调查 ···························· 042
   第三节 相关概念辨析 ·························· 052

一、分配与分享 ·· 052
　　二、利润、剩余收益与价值增值 ···························· 053
　　三、企业所有权与剩余索取权 ······························ 055

第三章　利益相关者与企业价值增值的界定 ················ 057

　第一节　利益相关者的界定与分类 ···························· 059
　　一、利益相关者的界定与分类回顾 ························ 059
　　二、本书对利益相关者的界定与分类 ······················ 064
　第二节　企业价值增值的界定 ································ 068
　　一、价值管理理念的提出 ·································· 068
　　二、企业价值增值的概念 ·································· 070
　　三、利益相关者的状态依存性与企业价值增值的确定 ········ 073

第四章　利益相关者分享企业价值增值的理论前提 ·········· 077

　第一节　利益相关者分享企业价值增值的原则 ················ 079
　　一、收益与贡献对称原则 ·································· 079
　　二、收益与风险对称原则 ·································· 080
　　三、共赢原则 ·· 080
　　四、效用最大化原则 ······································ 080
　　五、动态调整原则 ·· 081
　第二节　利益相关者分享企业价值增值的标准 ················ 082
　第三节　利益相关者分享企业价值增值的模式 ················ 085
　　一、固定分享模式 ·· 086
　　二、剩余分享模式 ·· 088
　　三、混合分享模式 ·· 091
　　四、三种分享模式的比较 ·································· 094
　第四节　利益相关者分享企业价值增值的计量方法 ············ 096

第五章　利益相关者、要素资本与企业类型的划分 ·········· 099

　第一节　利益相关者企业类型的划分依据 ···················· 101

第二节 利益相关者提供的要素资本及其特征 ………………… 103
 一、要素资本的形态 ………………………………………… 103
 二、利益相关者与要素资本 ………………………………… 105
 三、要素资本的特征 ………………………………………… 113
第三节 利益相关者企业的类型划分 ………………………………… 118
 一、单边治理型企业 ………………………………………… 120
 二、同质型结构企业 ………………………………………… 122
 三、异质型结构企业 ………………………………………… 123

第六章 单边治理型企业价值增值的分享安排 ……………………… 127
第一节 单边治理主体的确定 ………………………………………… 129
第二节 单边治理型企业价值增值的分享安排 ……………………… 133
 一、股东治理型企业 ………………………………………… 133
 二、经营者治理型企业 ……………………………………… 139
 三、员工治理型企业 ………………………………………… 141
 四、客户治理型企业 ………………………………………… 145

第七章 同质型结构企业价值增值的分享安排 ……………………… 147
第一节 物质资本治理型企业价值增值的分享安排 ………………… 149
 一、物质资本治理型企业的形成机理 ……………………… 149
 二、物质资本治理型企业价值增值的分享模式 …………… 151
 三、物质资本治理型企业价值增值分享的具体操作 ……… 153
第二节 人力资本治理型企业价值增值的分享安排 ………………… 157
 一、人力资本治理型企业的形成机理 ……………………… 157
 二、人力资本治理型企业价值增值的分享模式 …………… 160
 三、人力资本治理型企业价值增值分享的具体操作 ……… 162
 四、影响人力资本参与企业价值增值分享比例的因素 …… 166
第三节 关系资本治理型企业价值增值的分享安排 ………………… 168
 一、关系资本治理型企业的形成机理 ……………………… 168
 二、关系资本治理型企业价值增值的分享模式 …………… 169
 三、关系资本治理型企业价值增值分享的具体操作 ……… 170

第八章 异质型结构企业价值增值的分享安排 ………… 173

第一节 物质—人力资本型企业的价值增值分享安排 ………… 175
一、物质—人力资本型企业的形成机理 ………… 175
二、物质—人力资本型企业价值增值的分享模式 ………… 177
三、物质—人力资本型企业价值增值分享的具体操作 ………… 181

第二节 物质—关系资本型企业的价值增值分享安排 ………… 186
一、物质—关系资本型企业的形成机理 ………… 186
二、物质—关系资本型企业价值增值的分享模式 ………… 188
三、物质—关系资本型企业价值增值分享的具体操作 ………… 190

第三节 人力—关系资本型企业的价值增值分享安排 ………… 194
一、人力—关系资本型企业的形成机理 ………… 194
二、人力—关系资本型企业分享价值增值的模式 ………… 196
三、人力—关系资本型企业价值增值分享的具体操作 ………… 197

第四节 物质—人力—关系资本型企业的价值增值分享安排 ………… 201
一、物质—人力—关系型企业的形成机理 ………… 201
二、物质—人力—关系资本型企业价值增值的分享模式 ………… 203
三、物质—人力—关系型企业价值增值分享的具体操作 ………… 205

第五节 案例分析 ………… 211
一、企业发展概况 ………… 211
二、企业不同发展阶段分享模式演变 ………… 212

第九章 结论 ………… 215

第一节 结论 ………… 217
第二节 不足之处 ………… 219

参考文献 ………… 221

附录 ………… 229

图目录

图 1-1 本书的研究思路与逻辑框架 …………………………………… 021
图 2-1 利益相关者概念的了解 …………………………………………… 044
图 2-2 企业税费负担 ……………………………………………………… 047
图 2-3 政府参与分配调查 ………………………………………………… 048
图 2-4 银行参与分配调查 ………………………………………………… 049
图 2-5 利益相关者参与企业剩余分配的标准 …………………………… 050
图 3-1 价值管理、价值创造与价值分享的关系 ………………………… 069
图 4-1 三种收益分享模式比较 …………………………………………… 095
图 5-1 传统观念下的供应商、目标企业和客户的关系 ………………… 109
图 5-2 价值链观念下的供应商、目标企业和客户的关系 ……………… 110
图 5-3 利益相关者及其提供的要素资本 ………………………………… 111
图 5-4 企业层级组织与人力资本对应关系 ……………………………… 113
图 5-5 利益相关者分享企业价值增值的逻辑 …………………………… 126
图 6-1 两种类型企业下经营者收益与自身努力程度的关系对照 ……… 140
图 6-2 混合分享模式下固定收益与剩余分享比例的关系 ……………… 145
图 7-1 经营者和员工的博弈 ……………………………………………… 159
图 8-1 物质—人力资本型企业的分享模式选择 ………………………… 177
图 8-2 物质—关系资本型企业的分享模式选择 ………………………… 188
图 8-3 物质资本采用固定分享模式时企业要素资本之间的关系 ……… 189
图 8-4 人力资本和关系资本的博弈 ……………………………………… 195
图 8-5 人力—关系资本型企业的分享模式选择 ………………………… 196

表目录

表2-1	利益相关者收入及剩余分配满意度分析	043
表2-2	利益相关者与企业的生存紧密度排序	045
表2-3	利益相关者收益及参与剩余分配情况调查	046
表2-4	企业所有权的归属	047
表2-5	贷款难易程度	048
表2-6	贷款利率	049
表2-7	供应商、客户和员工参与剩余分配的情况	049
表3-1	国外学者对利益相关者的分类汇总	062
表3-2	国内学者对利益相关者的分类汇总	063
表4-1	收益分享模式比较	094
表5-1	传统的生产要素形式	103
表5-2	新经济环境下要素资本的形态	104
表5-3	利益相关者提供的要素资本的形态	110
表5-4	利益相关者企业的类型划分	120
表7-1	物质资本治理型企业的分享模式选择	153
表7-2	人力资本治理型企业的分享模式选择	161
表8-1	物质—人力资本型企业的分享模式选择	180
表8-2	物质—关系资本型企业的分享模式选择	190
表8-3	人力—关系资本型企业的分享模式选择	197
表8-4	物质—人力—关系资本型企业的分享模式选择	204
表8-5	初创期企业治理结构及分享模式	212
表8-6	发展中期企业治理结构及分享模式	213
表8-7	发展后期企业治理结构及分享模式	214

第一章 绪论

第一节 选题背景与研究意义

一、选题背景

企业从它诞生之日起就处于不断的变革之中。随着世界经济信息化和知识化的特征日益明显，企业的资源结构也开始发生变化。企业的资产由原来的以物质资本等硬资本为主转向以人力资本等软资本为主，相应的企业的目标也由利润最大化转变为价值最大化，企业的管理模式也由利润导向转变为价值导向。这种以价值为导向的管理就是价值管理。这种新的管理模式突出了企业价值在企业管理中的核心地位，立足于企业整体价值的提升，是企业管理理论的现代延伸和最新发展。价值管理的核心主要是价值创造和价值分享。价值创造和价值分享就像一对孪生兄弟，是企业价值管理的两大难题。但是在价值管理的实际研究中，人们往往主要侧重于价值创造的研究，却忽视了价值分享其实也是价值管理的一项非常重要的内容。企业价值分享结果的公平与否直接影响着企业价值创造的效率和效果。企业创造的价值到底应该归属于谁？这个问题在20世纪80年代中期以前，答案不言而喻，股东毫无疑问是企业价值的唯一享有者。因为在崇尚物质资本的年代，股东是企业物质资本的出资人，因而自然也是企业所有权的拥有者。长期以来，以股东利益为导向的价值观念一直是经济学界的主流观念。但是近20年来，这一观念却越来越受到人们的批评，学者开始重新思考到底谁是企业的所有者。

布莱尔（1995）认为，"作为企业所有者的股东，其股权的作用远远小于其基于物权的财产所有权的作用，经理层对股东投资形成的资产具有真正的决策运用权，对此，股东并不能完全控制，因而算不上真正意义上的企业所有者"。而且从风险承担的角度看，尽管股东是企业风险的重要承担者，但并不是唯一的承担者，因而企业的所有权不能由股东独享。随着知识经济时代的到来，物质资本的作用开始相对减弱，人力资本在企业中的作用开始凸显。

尤其是在一些知识型企业中，人力资本已成为企业最有价值的资源。因此，一些学者提出，企业由谁拥有和控制，主要取决于企业要素资本提供者的"谈判力"，拥有企业最有价值资源的人才是企业真正的所有者（Rajan、Zingales，2000；杨瑞龙、杨其静，2001）。由于不同性质的企业资源结构不同，掌握企业最重要资源的所有者并不是固定的，因而利益相关者理论被提上了议事日程，认为企业的所有权应该由利益相关者共同享有。

随着利益相关者理论的不断成熟，利益相关者治理在实践中也得到了发展，主要表现在：一是从20世纪80年代开始，一向崇尚单边治理结构的美国，有29个州修改了《公司法》，要求经理为利益相关者服务，而非仅仅为股东服务。二是欧盟发布的《OECD公司治理结构原则》的注释中，特别提到公司治理结构的框架要确认利益相关者的合法权利，认为"公司的竞争力和最终成功是集体力量的结果，体现了各类资源所做出的贡献……在利益相关者中建立创造财富的合作是为了公司的长期利益"。此外，英国合作银行在1997年还将年度报告称为"合伙人报告"（The Partnership Report），分别对企业的股东、顾客和职员等利益相关者进行报告。韩国的《公司治理最佳实务准则》则对利益相关者参与公司监督管理做出了明确、细致的规定。日本《公司治理原则》也对利益相关者的利益有不同程度的关注。利益相关者理论在欧盟、美国、日本、韩国等国家的实践反映出利益相关者已经成为公司治理不可或缺的部分。

无论是理论的发展还是实践的检验都足以证明，利益相关者治理对企业价值的实现起着至关重要的作用。利益相关者成为企业的所有者并参与企业剩余分享的观点也得到了越来越多的认同。企业的本质是由利益相关者缔结的一组合约，每一类利益相关者都是一个产权主体，每个产权主体向企业投入各不相同的专用性资产，各项专用性资产结合在一起共同为企业创造价值。在利益相关者理论下，利益相关者是企业的所有者，企业的剩余应该由利益相关者共同来分享。这样就产生了几个问题：是不是所有的企业利益相关者都应该毫无例外地参与企业的剩余分享？利益相关者分享的企业剩余如何计量？各个不同的利益相关者分享企业剩余的方式是否都是相同的？企业剩余如何在各个利益相关者之间进行分配？诸如此类等一系列问题都是利益相关者参与企业剩余分享所亟待解决的问题。本书试图在前人研究的基础上来解决上述问题。

二、研究意义

企业是一组利益相关者达成的契约,企业的目标是实现企业价值最大化,而企业的价值是由各个利益相关者共同创造的。在物质资本是企业稀缺资源的情况下,股东一直作为企业的唯一剩余索取者索取企业的剩余,企业的员工、债权人、政府等仅按照约定的利率(税率)收取固定的报酬。但随着知识、技术、信息、人力资本等新的生产要素不断出现,以及它们在价值创造中的作用日益显现,物质资本不再是一种稀缺资源,也不再作为利润的主要产生源泉,投入人力、技术等其他要素资本的利益相关者也希望能参与企业的价值分享中。在此背景下,对企业利益相关者参与企业价值增值分享的研究就显得非常必要与迫切,研究的结果就具有重要的理论意义和实际应用价值。

首先,本书的研究具有重要的理论意义。

利益相关者治理一直是目前研究的热点。从利益相关者影响企业生存到目前的参与权利分配,利益相关者对企业的影响力与日俱增。本书试图在前人研究的基础上着重探讨利益相关者如何参与企业价值增值分享的问题。这既是对传统的股东至上理论的重大颠覆,同时从参与治理到最终分享企业的价值增值,也将利益相关者理论的研究向前推进了一步。而且,本书探讨的利益相关者分享的客体是企业的价值增值,从而将企业利益相关者治理与价值管理有机地结合在一起,实现了两个热点领域的统一。在具体的解决思路上,本书根据利益相关者提供的要素资本的禀性不同,首先将企业划分为不同的类型,然后分别逐类探讨了每一类型企业利益相关者的分享模式和具体分享办法,由浅入深,由简单到复杂,为公司治理提供了一条新的研究途径。

其次,本书的研究还具有一定的实践意义。

第一,利益相关者参与企业价值增值的分享有利于实现企业价值最大化的目标。企业的目标是企业价值最大化,而要实现企业价值最大化,就必须保证企业各个利益相关者都能最大限度地发挥积极作用。在股东治理模式下,企业的剩余索取权都是股东的,其他利益相关者只是根据契约约定享有固定的报酬,只要企业能够正常运转,通常各个利益相关者的利益都能兑现。但是这同时导致了另一个后果,在固定利益能够保证的情况下,企业的各个利益相关者不会付出自己的最大努力,从而出现了利益相关者之间的道德选择和"搭便车"现象，不利于企业价值最大化的实现。而利益相关者如果能参与企业价值增值的分享，即同股东一样享有企业的剩余索取权，那么各个利益相关者的积极性就会得到更大的发挥，从而有利于企业价值最大化的实现。而实现企业价值最大化，反过来又保证了利益相关者价值的最大化。

第二，利益相关者参与企业价值增值的分享有利于解决企业治理问题。企业治理的本质实际上是关于企业控制权和剩余索取权分配的一种制度性安排。企业治理的过程就是各利益相关者责、权、利相互制衡的过程。如果企业分配制度不合理，不能平衡企业各利益主体的利益，那么受损一方必然会要求改变既定的利益格局，要求重新进行企业剩余的再分配，从而导致企业治理结构的改变。利益相关者参与企业的剩余分享实际上就是各利益主体的利益进行自我调节的过程。目前企业治理的突出问题是企业内不同利益相关者之间的监督问题以及由此产生的监督成本问题。作为企业的所有者，总是希望其他利益相关者能无限地为企业做出最大的贡献，而其他利益相关者作为理性的经济人，则希望能用最少的努力获取自己固定的报酬，这样必然会导致企业内部治理方面的矛盾。而在利益相关者共同治理下，每个利益相关者都是企业的主人，都有动力参与企业的经营管理，可以很好地解决公司治理的问题。

第三，利益相关者参与企业价值增值的分享有利于解决委托—代理关系中的代理问题。在利益相关者治理下，企业所有的利益相关者通过集体选择，决定是否成为企业的内部利益相关者分享企业的剩余收益。而一旦他们选择成为企业的内部利益相关者，就会拥有企业的所有权。企业的经营成果好坏与每个利益相关者休戚相关。利益相关者自身的利益与企业的生存发展紧密地联系在一起，从而实现了利益相关者个人目标与企业目标的一致。由于每一个参与企业剩余分享的利益相关者都是企业的主人，因而利益相关者为企业工作就是为自己工作，从而可以有效地减少代理成本。

第四，利益相关者参与企业价值增值的分享是构建和谐社会的需要。在党的十七大上，胡锦涛同志提出要建设一个"民主法治、公平正义、诚信友爱、充满活力、安定有序、人与自然和谐相处的和谐社会"。和谐社会要求社会系统中的各种构成要素处于一种相互联系、相互协调的状态。利益相关者共同治理并参与企业剩余分享，不仅强调各利益相关者个体有其特殊的经济利益，还致力于在各个利益相关者的经济利益之间建立起一种新的利益分享制度，使各个利益相关者个体利益与企业整体利益的实现紧紧地联系在一起，在它们之间建立一种共同消长而不是此消彼长的新关系。利益相关者共同治理并参与分享使每一经济主体都有了自己的权利、责任和利益,在追求利益的动力和回避风险的压力下,每个主体的活力得到了极大的增强。

第二节 国内外研究现状

利益相关者理论产生于 20 世纪 60 年代,它是在对美国、英国等国奉行"股东至上"公司治理实践的质疑中逐步发展起来的。利益相关者理论的发展经历了一个从利益相关者影响到利益相关者参与的过程,按照对利益相关者概念的理解不同以及研究的侧重点不同,利益相关者理论研究分为三个阶段,即影响企业生存阶段、实施战略管理阶段和参与所有权分配阶段。影响企业生存阶段研究的重点主要是谁是利益相关者以及利益相关者参与企业运营的基础和合理性;实施战略管理阶段主要强调利益相关者在企业战略分析和规划实施中的重要性;参与所有权分配阶段主要是从公司治理的角度探讨管理层应该向股东还是向所有利益相关者负责以及利益相关者是否可以分享企业的所有权等问题。经济学家迪尔(Dill,1975)曾这样描述利益相关者理论的影响:"我们原本只是认为利益相关者的观点是外因影响公司的战略决策和管理过程……但变化已经表明,我们今天正从利益相关者影响迈向利益相关者参与。"参与所有权分配阶段开始于 20 世纪 80 年代,主要是针对利益相关者定义过于宽泛和刚性的指责,从公司治理和组织理论的视角研究利益相关者是否可以分享企业的所有权等问题。参与所有权分配的研究正是目前利益相关者理论研究的热点。

一、国外研究现状

国外关于利益相关者参与企业权利分配方面的研究,主要集中在以下几个方面。

(一)企业所有权的归属之争

企业的所有权实际上指的是企业的剩余控制权和剩余索取权。关于企所有权的配置问题,目前主要有两种观点:股东独享企业的所有权和利益相关者共享企业的所有权。

(1)股东独享企业的所有权。股东独享企业的所有权是"股东至上理论"的产物,其支持者认为股东是企业的所有者,企业的财产是由股东投入的实物资本形成的,他们承担了企业的主要风险,因此理所当然享有企业的剩余控制权和剩余索取权。典型的代表人物主要有格罗斯曼(Grossman,1986)、哈特(Hart,1986、1990)和穆尔(Moore,1990)等。

格罗斯曼和哈特(1886)提出并发展了"不完全合约"理论,论述了资产应对企业所有权起决定作用的具体情况,并对剩余权利在不同主体间的配置效果进行了比较。哈特和穆尔(1990)在此基础上进一步分析了企业内雇用者与被雇用者的关系,他们指出,"如果当事人的行为严重依赖于其对资产的利用,并且其行为对创造剩余是很重要的,或者其对其他人来说是一个关键的贸易伙伴,而这些人的行为既严重依赖于对资产的利用又对创造剩余很重要,那么其最可能拥有这些资产"。因此,如果某个利益相关者对剩余创造具有非常重要影响的话,那么资产应该由其拥有,企业的所有权也应该由其拥有。格罗斯曼、哈特和穆尔的观点代表了主流企业理论对利益相关者的态度,他们坚持认为企业的所有权只能归属于股东所有,企业的目标是股东财富最大化,在实现股东财富最大化的同时也可以兼顾到其他利益相关者的利益。

支持股东至上观点的理论基础主要是资本强权理论和股东利益与社会福利统一的理论。[①] 资本强权理论认为,资本的专用性、非流动性、稀缺性和信号显示功能,决定了资本所有权能够无条件地给其所有者带来某种控制其他要素所有者的权利,并能够因此获得分享组织盈余的权力。股东利益与社会福利统一的理论认为,最大限度地为股东赚钱就能极大地增进社会福利。如A.I.埃巴(2001)认为,股东利益与社会福利是统一的,他认为:"在市场经济中,从长远来看,只有管理人把股东利益放在第一位,才能使每个人最大限度地受益。"股东财富最大化的重要理由就是改善社会福利,这也说明公司治理的首要任务就是确保股东利益,但是如果同时损害了其他利益相关者的利益,那么管理者也不能持久地为股东创造财富。

股东至上理论的最大缺陷就是从局部的静态均衡得出"资本雇佣劳动是

---

① 转引自李心合:《公司价值取向及其演进趋势》,《财经研究》2004年第10期。

企业最有效率的所有权安排"这一观点,从而无形中排斥了投入专用资产并承担了企业风险的其他利益相关者的权利。后来随着企业伦理、社会责任等一系列问题的出现,人们开始关注除股东以外的其他利益相关者。

(2) 利益相关者共享企业的所有权。利益相关者共享企业的所有权则是利益相关者理论发展的结果。其支持者认为企业所有的利益相关者都对企业的生存和发展投入了一定的专用性资本,也分担了一定的经营风险,为企业的经营活动付出了一定的代价,因而都应该拥有企业的所有权。企业在其经营决策和治理架构中必须考虑各个利益相关者的利益,否则他们会影响企业的生存和发展。代表性的人物主要有阿吉翁和博尔顿(Aghion、Bolton, 1992)、布莱尔(Margrit M. Blair, 1995, 1996)、Rajan 和 Zingales(1997, 1998)等。

阿吉翁和博尔顿于1992年首次提出了控制权相机转移的观点。他们放弃了格罗斯曼、哈特和穆尔关于企业家有足够物质资本的假设,认为企业应该是企业家与资本家的结合,并论述了在何种情况下企业所有权归谁所有,资本家和企业家收益之和才能最大的情形。为了实现资本家与企业家的收益最大化,企业的最佳控制权结构在不同情况下应有所不同。如果资本家或企业家的收益与总收益之间呈单调递增关系,则由某一方单边控制可以实现社会的最优效率;如果资本家的收益或企业家的收益与总收益之间不存在单调递增关系,则控制权在二者之间的相机配置将是最优的。

美国布鲁金斯研究所(The Brookings Institution)高级研究员布莱尔(Blair, 1995, 1996)的研究则更为深入。她认为,"企业不是股东们实物资产的集合,而是一种具有治理所有在企业创造财富活动中做了专业化投资的主体的相互关系功能的法律框架结构"。布莱尔认为,并不仅仅是股东向企业进行了专用性投资,企业员工、债权人、供应商和客户都对企业做出了专用性投资,都承担着一定的经营风险,因而都应该有权分享企业的剩余。利益相关者参与企业治理的基础就在于其投入的专用性资产以及由此承担的企业剩余风险。专用性资产的多少以及资产所承担风险的大小是利益相关者团体参与企业剩余控制的重要依据。资产越多,承担的风险越大,利益相关者得到的剩余索取权和剩余控制权就越大,这也为利益相关者参与企业所有权分配提供了可参考的衡量方法。

Rajan 和 Zingales(1997, 1998)的研究则发展了布莱尔的思想,他们从企业不断变化的经营环境出发,认为企业本质是"市场不能完全复制的专用性投资的联结",企业与市场的本质区别就在于企业拥有专用性投资,这为拥有专用性资产的利益相关者参与企业的剩余分享奠定了基础。

另外,加拿大学者克拉克森也为利益相关者理论的研究做出了巨大贡献。1993年5月,他在加拿大多伦多大学组织的一次关于利益相关者管理问题的国际学术会议中,与会人员得到了这样一致的观点,即"企业的目标是为其所有的利益相关者创造财富和价值……企业是由利益相关者组成的系统,它与为企业活动提供法律和市场基础的社会大系统一起运作"。

综上所述,"股东至上理论"尽管在很长一段时间里一直占据主流企业理论的地位,但事实上,处于非主流地位的利益相关者理论在以弗里曼、布莱尔等为代表的一批经济学家、管理学家的努力下得到了迅速发展,并取得了一定的成果。随着利益相关者理论的日益完善和发展,利益相关者参与企业所有权权利分配的观点也深入人心,逐渐成为大家普遍接受的共识。

(二) 企业所有权在利益相关者中的分布状态

企业所有权安排是企业治理结构的本质所在。其核心是通过一个财产权利的契约安排,实现剩余索取权和剩余控制权的对应分配,以提高企业组织的决策效率。既然企业的利益相关者应该参与企业所有权分享的观念已经深入人心,那么作为企业所有权主体的剩余控制权和剩余索取权是如何在利益相关者之间进行分布的?即拥有剩余索取权的人是否一定拥有企业的剩余控制权,是人力资本拥有这些权利还是非人力资本拥有这些权利?

Means、Berle和Chandle (1987) 等认为,现代企业发展的结果应该是由经理人控制或支配。企业所有权应集中配置给企业家人力资本,非人力资本应该是利息的索取者,而非剩余索取者。Means和Berle从股东所有权与控制权分离的角度论证了经营者支配企业所有权的产权契约。他们认为现代公司权利正在发生转移,资本家的权利在逐渐消失,其权利在向技术结构阶层或经理人、科学家等专家阶层手中转移。Means、Berle和Chandle等认为,企业所有权集中配置给企业家人力资本才符合经理革命的逻辑。奥利佛·哈特和穆尔 (Oliver Hart, Moore, 1990) 则通过研究产权与公司的本质,认为企业所有权集中对称配置给非人力资本所有者的企业产权契约才具有最优性。Milgrom和Roberts (1992) 则中和了上述两种观点,提出了剩余索取权和剩余控制权对称性安排与企业治理结构效率的最优性观点。他们认为,保证剩余控制权和剩余索取权尽可能对应的最理想状态是企业家和资本家合一的时候。

如果企业家没有非人力资本，其就不可能成为一个真正承担风险的剩余索取者，而企业的性质又决定了企业家拥有控制权，因此，最优的企业产权契约应该是拥有非人力资本拥有者的资本家同时也是一个有经营能力的企业家。

日本学者伊丹敬之、加护野忠男、小林孝雄（1995）等则认为，企业员工应该拥有企业的所有权。他们认为，与股东相比，企业员工提供着更为稀缺和重要的资源，他们对企业的贡献更大，同时员工承担的风险也比股东承担的风险大。在企业经营破产时，股东可以卖掉股票逃避风险，而长期固定在企业工作的员工则是一种抵押性资源，一旦企业倒闭则面临失业的风险。因此，要保证剩余索取权和剩余控制权的对称分布，最合理的应该是基于人本主义的员工主权体制（今井贤一，1995）。布莱尔（Blair，1995）则详细研究了管理者、债权人、雇员、供应商和顾客等利益相关者作为股东的问题，认为股东并不是现代企业唯一的剩余索取权者，人力资本对企业的投资也是专用性的，也承担剩余风险，因而人力资本所有者也应该拥有剩余索取权。

通过上述对企业所有权分布方式的讨论可以看出，无论企业的所有权是集中分布于非人力资本所有者或集中分布于人力资本所有者，还是分散分布于物质资本所有者和人力资本所有者之间，他们的分歧并不在于两权的分布是否应该对称，而在于应该对称分布在谁身上的问题。无论是 Hart 的企业剩余控制权和剩余索取权集中对称分布给非人力资本所有者的企业产权契约，还是 Means、Berle 和 Chandle 等的企业剩余控制权和剩余索取权集中对称配置给企业家人力资本所有者的企业产权契约都只是众多企业理论观点中的一个而已。而实际上 20 世纪 80 年代后逐步发展起来的利益相关者理论则对两权分布方式的解释更加具有实践意义。

（三）利益相关者参与企业收益分配的方式

关于利益相关者参与企业收益分配的方式，最典型的是美国学者威茨曼（M. L. Weitzman，1984）提出的分享经济理论。分享经济的产生主要是为消除西方国家"停滞膨胀"现象提供一种理论的方法。威茨曼把员工的报酬分为工资制度和分享制度两种模式，按照劳动与资本的边际效率的分享比率来确定工资水平，从而使劳动和资本共同分享企业利润。分享经济理论在现实中有五种具体的形式：企业利润分享制、企业价值分享制、企业所有权分享制、企业管理权分享制和专业人员贡献报酬制。通过分享经济的不同实现形式，我们可以看出分享经济实质指的是企业员工参与企业所有权的实现方式。

这里的员工既可以是一般的员工，也可以是企业的关键技术人才，还包括企业的管理人员。但总体来说，主要是针对员工参与企业分享的阐述，对其他利益相关者参与企业分享的情况还未涉及，而且分享经济的提出并不是为了推进利益相关者理论，而是为了解决当时经济的"停滞膨胀"现象的一种理论方法，其直接目的是提高工人工作积极性的一种激励政策。

二、国内研究现状

利益相关者治理在我国还是一个比较新的研究课题，但同时也是一个热点话题。国内学者关于利益相关者的研究始于20世纪90年代，伴随企业理论和公司治理的研究展开。我国关于利益相关者理论的研究主要是借鉴和吸收国外的优秀成果，因此，利益相关者理论从影响企业生存到参与企业权力分配的阶段特征不是很明显，但是研究的热情丝毫不弱于国外学者。除了对利益相关者的概念界定和分类等方面的研究外，也有不少学者开始探讨利益相关者与企业所有权的问题，并逐渐开始研究个别利益相关者参与企业剩余分享的研究。最具代表性的是张维迎（1996）、杨瑞龙（1997，1998，2000，2001等）的研究。

（一）企业所有权的归属

自20世纪七八十年代以来，国内众多学者对企业所有权的归属问题进行了大量研究，主要有下面几种观点。

（1）物质资本拥有企业的所有权。张维迎（1995）认为，物质资本是个"信号"，当企业经营者拥有足够的财富时，其就给别人一种拥有企业家才能的信号，企业才能获得更好的经营环境。同时，由于非人力资本具有抵押功能，人力资本与其所有者是不可分离的，如果负责经营决策的企业家没有物质资本，那么其不可能成为真正意义上的风险承担者，而工作的性质决定了其总是握有相当的"自然控制权"（张维迎，1996）。因此，企业家同时也是一个资本家是最好的选择，从而论证了其"资本雇用劳动"的观点。张其静（2002）认为，既然非人力资本的所有权是权利的来源并且能直接或间接地控制人力资本，那么拥有非人力资本所有权的股东就能够控制企业，并且只有非人力资本的存在才能维护企业的稳定。

（2）人力资本拥有企业的所有权。国内学者方竹兰（1997）认为，人力资本所有者应该是企业的所有者。由于目前非人力资本的社会表现形式多种多样，非人力资本所有者大大降低了对企业进行投资的风险；而与之相反，随着人力资本的专用性越来越强，人力资本所有者很难自由地退出企业，从而人力资本也具备了抵押功能，承担企业的风险开始加大。方竹兰还认为，由于社会分工越来越细、社会需求越来越多样化和产业结构的不断深化，人力资本在企业价值创造中的作用越来越突出。人力资本既是风险的承担者，又是企业价值的创造者，因此人力资本所有者应该拥有企业的所有权。

（3）人力资本与非人力资本共有企业的所有权。周其仁（1996）从契约的角度阐述了人力资本与非人力资本一起拥有企业的所有权。他认为，"市场里的企业是一个人力资本与非人力资本的特别契约"。既然是一个契约，必然有两个以上的契约人共同拥有契约的所有权，因此，企业所有权不可能独归股东所有。以往的关于"企业由其资本所有者拥有"的结论，是因为在古典企业里，企业的物质资本所有者同时又兼任企业的管理者和企业家。这种非人力资本与人力资本的所有者合为一体的现象，造成了经济学上一个笼统的"资本"概念。随着现代企业组织的发展，企业家才能与管理才能使这些人力资本从一体的"资本"里独立了出来。古典"资本家"逐渐被一分为二：一方面是单纯的非人力资本所有者，另一方面是企业家（管理者）人力资本的所有者。原来的财务资本只是作为"消极货币"存在，只有作为"积极货币"持有者的人力资本的存在才保证了企业的非人力资本的保值增值。所以企业家（管理者）应该和原来的非人力资本（出资者）一样共享企业的所有权。

（4）企业所有权的相机安排。杨瑞龙和周业安（1997）从人力资本的产权特征、人力资本的累积性及其信号显示机制、物质资本的可抵押性三个维度分析了企业所有权的安排。他们认为，企业的所有权是一个相机安排过程，企业所有权的集中分布仅是特例，更为经常的是人力资本所有者和非人力资本所有者共同拥有企业的所有权。由于人力资本的不易计量以及劳动力市场的不完善等因素，雇员难以显示其真实的人力资本水平，而物质资本则具有良好的信号显示机制，能充分显示其个人的资本水平，再加上物质资本的可抵押性，因此一般来说拥有物质资本的雇主在企业初始合约中的谈判中会占有优势。但在工作过程中随着人力资本的专用性日益积累，人力资本的作用逐渐突出，人力资本所有者的谈判实力得到提高，从而最终也会享有企业的所有权。因此，企业所有权逐渐由开始阶段的物质资本单方拥有开始走向由利益相关者共同拥有。刘大可（2003）从两类资产与主体的关系、可抵押性及信号显示作用的不同等方面，也认为企业的所有权是一种随机安排过程。在企业发展的不同阶段，两类资产的谈判地位发生变化。在初期，剩余权利更多由非人力资本所有者拥有。在追求利益最大化的过程中，必然会允许企业剩余权利在人力资本与非人力资本间进行某种程度的分享，最终形成不同要素所有者共同分享企业剩余权利的格局。

（二）企业所有权在利益相关者中的分布

既然企业的所有权包括企业剩余索取权和剩余控制权，那么它们是如何在企业中进行分布的？是对称分布还是非对称分布？是集中对称分布还是分散对称分布？

（1）对称分布与非对称分布之争。所谓对称分布，简单地说，就是谁拥有企业的剩余索取权，谁就拥有相应剩余控制权。有学者认为，企业要实现效率最大化必然要求企业的剩余索取权和剩余控制权的安排相对应。如果剩余索取权和剩余控制权分离，则表现为产权残缺，而且企业会低效率。没有剩余控制权的剩余索取权是被动的、固定的和空洞的索取权，而没有剩余索取权的剩余控制权则是缺乏激励的控制权（肖耿，1997）。只有二者在对称分布的情况下，其所有者才会实现权责利的统一，既享受资产增加带来的价值，又承担资产增加所导致的成本，从而按资产价值最大化的态度和方式来对待和利用企业资产（牛德生，1999）。上述"控制权跟着剩余索取权走或剩余索取权跟着控制权走"的企业所有权对称安排的观点已被广大学者所接受。但也有少数学者对此提出了质疑，他们认为，在企业制度的发展变迁过程中，企业不仅没有向"两权"逐步对应的方向发展，反而出现了"两权"逐步偏离的现象（刘大可，2000）。刘大可以"希克斯效率"为企业剩余权安排的目标，认为企业在追求效率最大化的过程中，必然会出现"两权不平衡对应"，"剩余索取权与控制权的对应并非是企业效率最大化的必要条件"。然而，这种观点并没有得到学术界的一致响应。首先，该观点混淆了理论上和现实中两权对应的区别。剩余索取权和剩余控制权对称分布是两权分布的一种趋势和理想状态，并不意味着在现实中剩余索取权和剩余控制权就一定是完全如此分布。其次，刘大可所观察到的许多现象（如经理革命的出现、人力资本的抵押功能日益增强等），并不能说明剩余索取权和剩余控制权一定是不对称分布的。恰恰相反，这正是在企业制度变迁过程中对于两权不对称分布的微调,其调整方向恰好是力求剩余索取权和剩余控制权的对称分布。

综观国内外的文献,剩余索取权和剩余控制权分离的观点虽然受到了部分学者的质疑,但它已经作为一个基本范式为大多数经济学家所接受。只是不同的经济学家对于两权对称分布的具体形态看法不同,从而形成了当前学术界争论的关键。

(2)集中对称分布与分散对称分布之争。如果我们接受企业的剩余索取权和剩余控制权对称分布的观点,那么这种对称分布是集中对称还是分散对称,即企业的剩余索取权和剩余控制权都同时完全配置给人力资本所有者或者非人力资本所有者,还是在人力资本所有者和非人力资本所有者之间进行分散安排?经过梳理文献,主要有三种观点。

第一种观点认为二者是集中对称分布,且集中对称分布于非人力资本所有者。张维迎是该理论的典型代表。他假定:非人力资本与其所有者是可分离的,这意味着非人力资本具有"可抵押性",其所有者难以任意退出企业;人力资本与其所有者是不可分离的,这种不可分离性意味着人力资本不具有"可抵押性",其所有者可以随意退出企业,逃避风险。基于以上假定,他认为由于人力资本不可分离的特点,非人力资本所有者才是企业风险的真正承担者。因此,最优的企业所有权安排应该是剩余索取权和剩余控制权在"风险承担者"(股东)和"风险制造者"(经理)之间集中对称分配。在实践中为了保证剩余索取权和剩余控制权的尽可能对应,最理想的状态是企业家自己同时又是一个资本家(张维迎,1996)。

第二种观点认为二者是集中对称分布,且集中对称分布于人力资本所有者。典型的如方竹兰等是持类似观点的代表。她认为,由于非人力资本的社会表现形式具有多样化趋势,非人力资本所有者与企业的关系逐步在弱化和间接化,日益成为企业风险的逃避者,而人力资本的专用性和团队化趋势则使人力资本所有者与企业的关系逐步地强化和直接化,并日益成为企业风险的真正承担者。因此,人力资本所有者拥有企业所有权应该是历史的必然趋势(方竹兰,1997)。但方竹兰的观点却受到了批评,陆维杰(1998)指出,人力资本所有者无法承担全面的企业风险,人力资本也不是企业财富创造中的唯一要素,至少我们难以想象在银行等金融企业中人力资本所有者能够拥有企业所有权。另外,牛德生(2001)曾对知识型企业中人力资本和非人力资本的作用进行了剖析,他认为,在知识型企业中,人力资本和非人力资本存在着一个"更为特别的合约"。知识型企业中创新者将会从普通劳动者中分离出来，在一定条件下甚至会成为委托人，将剩余索取权和剩余控制权集中对称分布于人力资本所有者有利于知识型企业的生存和发展。

第三种观点即利益相关者理论的观点，其主要观点认为，企业的剩余索取权和剩余控制权应该分散对称分布于人力资本所有者和非人力资本所有者。杨瑞龙就是这种观点的典型代表。他认为，企业的剩余索取权和剩余控制权应该分散对称分布，因为无论它们集中对称分布于股东，还是集中对称分布于企业员工，都意味着另一方的权益被剥夺了。剩余索取权和剩余控制权应该一般应分散地对称分布于不同的参与主体之间，而每个主体拥有的企业所有权的份额取决于他们之间谈判力量的对比。如雇员人力资本的显示信号在初始阶段可能是弱的，但其信号显示会逐步因经验的积累等由弱变强，从而提高谈判地位，逐步争得部分所有权。随着谈判力量的变化，初始的合约可能会作调整，剩余索取权和剩余控制权会由集中对称分布走向分散对称分布（杨瑞龙，1997；杨瑞龙、刘刚，2002）。牛德生（1999，2000）进一步指出，企业剩余索取权和剩余控制权不仅分散对称分布，而且还是非均衡地分散对称分布。即在某些情况下呈现出相对倾斜于非人力资本所有者的分散对称分布关系，在另外一些情况下则可能是相对倾斜于人力资本所有者的分散对称分布关系。这种差异取决于"由生产力发展水平所决定的市场竞争状态和社会分工、企业内部分工的发展程度，以及与此相适应的政治、社会、法律规则和伦理道德规范的制度环境的发展程度"。

（三）利益相关者的利益要求

随着利益相关者参与企业所有权的呼声越来越高，这些利益相关者到底在企业中有何种利益需求，或者说他们希望在企业中得到什么利益？国内学者在认可利益相关者参与企业所有权分配的同时，还开始关注研究各个利益相关者的利益偏好问题，对这个问题的研究已经从一般性描述到了定量分析的阶段，表现在研究方法上由规范研究转向实证研究。

（1）一般性描述。开始人们只是对利益相关者的利益要求做一般性的描述。如周鹏和张宏志（2002）认为，企业的利益相关者就是指企业的参与者，包括股东、管理者、雇员、债权人、供应商、经销商、消费者等各个方面的企业参与者，他们都有各不相同的利益目标。如股东的利益要求主要是追求利润并实现其他战略目标；管理者追求的是更高的薪酬、在职消费以及职业声誉；雇员追求工资收入、福利和晋升机会；债权人则关心自己本金和利息能否顺利回收；供应商和经销商可能关心与企业的持久关系；消费者追求购买一种安全稳定的产品，并获取更多的消费者剩余；政府往往希望企业提供更多的税收等。任海云、王梅梅（2006）也将股东、经营者、职工、债权人、政府、供应商和消费者七个主体界定为主要利益相关者，并且按照显性及隐性契约分析了主要利益相关者在企业中的利益要求，并指出各种显性利益的保障契约。但是这种一般性描述所列举的利益要求，缺乏科学的调查和统计基础，实际上如果企业仅知道核心利益相关者的一些利益要求，但不知道这些利益要求的优先顺序，这种信息对于企业并没有多少实质意义（邓汉慧、赵曼，2007）。为了从总体上把握企业利益相关者的利益要求，分析的过程必须基于实证调研的数据资料。

（2）定量分析。陈宏辉、贾生华（2004）首次运用实证的研究方法对企业的利益相关者进行了界定和重新分类。他们首先根据利益相关者的主动性、重要性和紧急性三个维度对所界定出的十类利益相关者进行分类，然后通过对400家企业的问卷调查，从实践中得出这十类利益相关者各自的利益要求。在他们的研究中，每一个利益相关者的利益要求不止一项，而且每一项要求的紧迫程度也不一样，如股东的利益需求首先是长期生存发展，其次是高额的利润回报，最后是企业的良好形象；而管理人员的利益需求分别是高额薪酬、社会地位、自身能力提升、企业的生存发展、稳定的工作等。邓汉慧（2005）也在借鉴陈宏辉等研究的基础上，利用282个样本对资源型企业利益相关者进行了实证分析，认为股东、管理人员和员工是企业的核心利益相关者，他们对企业有各自不同的利益要求，而且对各种利益要求的重视程度也存在差异。

虽然学者已经开始注意研究每个利益相关者的利益偏好，但是对这些企业的利益偏好还主要停留在描述性阶段，尽管陈宏辉等已经开始运用实证的方法研究各个利益相关者的利益需求，但对企业的利益需求的界定仍然是以定性分析为主，至于每个利益相关者到底能从企业分享多少利益并没有明确的界定。

（四）利益相关者参与企业收益分享的方式

利益相关者参与企业剩余分享的研究主要是从要素资本参与企业收益分配的角度来探讨的，主要集中在两个方面。

一是探讨人力资本参与企业剩余分享的具体情况。如刘仲文认为，企业人力资本所创造的剩余价值应由多方受益，既不能全部留归企业，也不能全部划归人力资本所有者；人力资本参与企业分配的方式有劳力股、职工股、效益工资和生产者权益股等。周国强、戴昌钧（2004）在总结前人研究的基础上，提出以人力资本贡献价值为理论基点，同时结合对人力资本经营管理业绩考核来研究人力资本参与分享企业剩余的模型。时钰（2007）分析了企业家人力资本参与分配的情况，他根据企业家人力资本定价模型，构建了一个企业家收益模型。他认为企业家的收益结构实际包含了四个方面的内容，即年薪收益、股权收益、职位消费和保障收益。虽然这些探讨个别的利益相关者参与企业分享的角度不是从整个利益相关者治理的角度出发，但是与利益相关者参与企业剩余的分享的最终目标是一致的，起到了殊途同归的作用，并且对探讨利益相关者参与企业的价值增值的分享有较大的指导意义，因此也具有很强的借鉴意义。

二是探讨技术要素参与企业剩余分享的研究。技术要素参与收益分配的理论研究，在收益分配的方式上可归纳为三大类：薪资性分配、效益性分配、股权性分配。薪资性分配体现着劳动的差异，是对日常创新引致效益增加的肯定（丁恒龙，2004），主要形式有岗位工资制、协议工资制、人才特殊津贴等。效益性分配常常以独立成果的形式表达中等程度的创新。主要形式有一次性奖励、科技项目承包、利润提成、技术成果转让等（王锦成，2002；张传翔，2002；孔玉生、朱乃平，2004）。股权性分配赋予了重大创新及人力资本的最终剩余索取权，主要形式有技术入股、股票期权、科技人员持股等（李常枫、马美英，2003）。

众多学者的研究表明无论是人力资本还是科技要素参与企业的收益分配，都具有多方面的正向效应，值得企业推行。但遗憾的是，现有研究基本上是纲领性、原则性的，未具体阐述企业利润细分方法：如企业可供分享利润额应如何确定、人力资本和股东宜分享利润比例分别为多少、如何确定各要素资本应细分的利润额等。

另外，何晴（2008）还从社会或者公共政策的角度探讨了利益相关者的利益实现机制问题。她认为利益相关者的利益实现可以通过三种机制来实现。第一种是基于契约自由的利益实现机制，主要是指组成企业的要素供给者，包括股东、债权人、管理者、人力资本所有者等。第二种是基于法律责任的利益实现机制，这主要是指受到契约影响却无法参与契约制定的利益相关者，如受到企业污染影响的社区居民、自然环境和子孙后代等。第三种是基于非正式规则的利益实现机制。

通过以上国内外学者对利益相关者理论研究的回顾可以看出，目前关于利益相关者理论中究竟谁是企业的利益相关者，各自的权利要求等并没有达成一致，并且很多理论甚至还存在偏颇之处。但正是由于这些不同的观点才使利益相关者理论的研究得以不断深入。总体来说，目前关于利益相关者参与企业分享的问题主要还停留在利益相关者是否应该参与企业的剩余所有权分享的表面层次，没有进行深入的探讨。现有研究主要存在以下缺陷：一是主要侧重于利益相关者利益的分析和实现方式的研究，对利益相关者利益的量化问题未曾涉及；二是对企业利益相关者参与企业剩余分享的阐述还缺乏完整系统的体系；三是对企业利益相关者分享的客体没有明确的界定。本书试图解决上述问题。

第三节 研究内容与研究方法

一、研究内容

利益相关者治理是一个非常热门的研究话题，但是目前的研究主要集中在参与企业所有权程度的探讨上，至于哪些利益相关者可以分享企业的剩余，企业的剩余如何计量以及利益相关者如何分享企业的剩余等问题则没有被提及。本书赞成利益相关者参与企业所有权的观点，并试图在此基础上解决以上问题。本书的大体思路是：首先确定了收益分享的主体和客体，即哪些利益相关者可以分享企业的价值增值以及他们分享的企业价值增值如何计量；然后详细研究利益相关者分享企业价值增值的具体分享安排。由于每个企业参与企业价值增值分享的利益相关者可能并不相同，要笼统地探讨他们之间的分享安排难度较大。因此，本书首先根据利益相关者提供的要素资本的禀性不同对企业进行了分类，然后对每一类型企业的利益相关者逐一进行分析，探讨该类型企业的形成机理，利益相关者分享企业价值增值的模式以及具体的分享安排。全书有九章内容。

第一章为绪论，主要阐述本书的选题背景、研究的理论价值和现实意义、写作思路、研究内容以及研究方法和主要贡献等。

第二章为利益相关者分享企业价值增值的理论基础及现实依据。本书认为，利益相关者参与企业价值增值分享主要基于以下几个理论，即契约理论、利益相关者产权理论、资源依赖理论、共生理论和集体选择理论。其中，契约理论是利益相关者参与剩余分享的基础，利益相关者产权理论是利益相关者参与剩余分享的关键，资源依赖理论是利益相关者参与剩余分享的前提，共生理论则解释了为什么利益相关者能够达成一致行动的原因。集体选择理论则为利益相关者做出决策提供了一种方法。这些理论为后面利益相关者分享企业的价值增值打下了坚实的理论基础。另外，本书还从理论分析和实践调查两个方面分析利益相关者参与企业剩余分享的现实需要。

第三章至第八章是解决问题的部分，是本书的重点和核心，也是本书的主要贡献部分。

第三章为利益相关者与企业价值增值的界定，主要解决分享的主体和客体的问题，即哪些利益相关者可以分享企业的价值增值以及企业的价值增值如何界定。事实上，并不是所有企业参与分享的利益相关者都是一样的，每个企业的利益相关者根据自己提供的要素资本的特点和自己的风险承受能力会做出不同的选择，即使在同一个企业里相同类别的利益相关者的选择也是不一样的，所以首先要明确界定参与价值增值分享的利益相关者。

第四章为利益相关者分享企业价值增值的理论前提，主要阐述了利益相关者参与企业价值增值分享的原则与标准；利益相关者参与企业价值增值分享的模式；利益相关者分享企业价值增值的计量方法等。

第五章为利益相关者、要素资本与企业类型的划分，主要将企业发展所需要的要素资本与其提供者相联系，从利益相关者的角度重新对企业发展所需要的要素资本进行归类整理，认为企业生产发展所需要的资金，从其提供者的角度来看，主要有物质资本、人力资本和关系资本三类；然后根据利益相关者提供的要素资本的禀性不同，将企业划分为单边治理型企业、同质型结构企业和异质型结构企业，而对每一种类型的企业又根据利益相关者提供的要素资本的情况做了具体的分类，总结出了企业存在的各种类型。

第六章、第七章和第八章是本书的重中之重，主要针对前面的各类型企业，分别分析他们各自的形成机理、可能存在的分享模式以及在不同分享模式下的具体解决办法。这是本书的核心和创新之处。

第九章为结论。主要是对本书的内容进行总结，指出本书的不足及未来的改进方向。

本书的技术路线如图 1-1 所示。

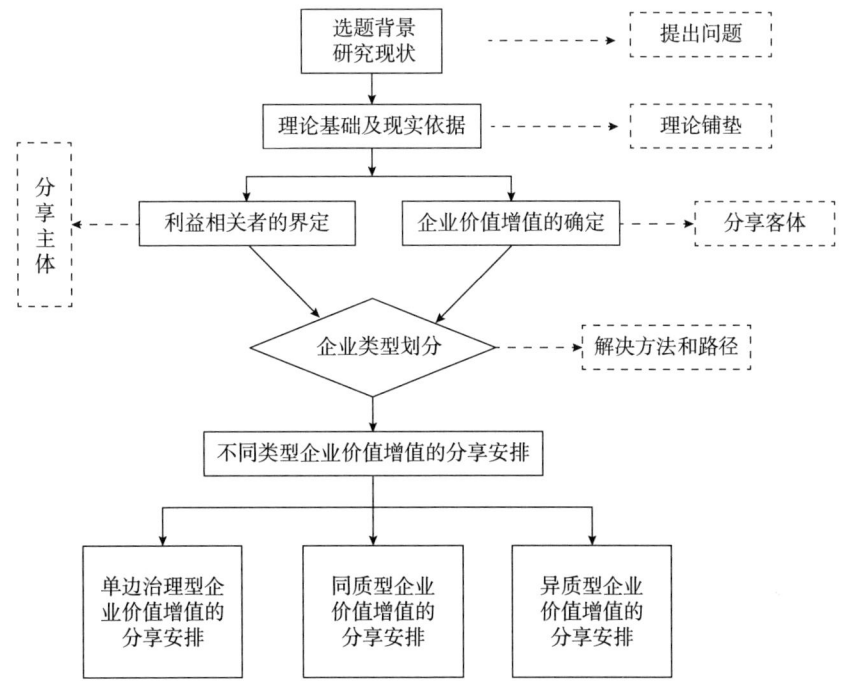

图 1-1　本书的研究思路与逻辑框架

二、研究方法

研究方法的选择，取决于研究对象的性质与特点以及研究目的的需要。对利益相关者问题的研究可以从经济学、管理学以及企业伦理学等角度展开。本书的研究主要是以规范研究方法为主，综合经济学理论中的企业理论、博弈论等理论，结合管理学、伦理学以及会计学等各个学科的综合知识，采用归纳总结、案例分析、比较研究等方法，注重理论联系实际，在研究方法上呈现出多样性的特征。

经济学研究方法是本书所采用的解决问题的主要办法。主要是借助于博弈论尤其是合作博弈理论中的讨价还价模型，来解决提供无法计量要素资本的利益相关者之间的分享安排,另外,每一类企业形成时利益相关者的博弈选择以及在企业模式的选择等方面充分运用了博弈论的相关知识。企业理论的应用主要体现在利益相关者参与企业的剩余分享的理论基础上。管理学研究方法则主要是通过实际调研,从企业的利益相关者自身角度出发,剖析、挖掘出利益相关者参与分享的可能性和合理性,总结出他们在企业中的真正需求,刺激其参与积极性。由于企业价值增值的实现必然是经济利益的流入与流出的差额,而这一过程的实现就会涉及会计学的一些基本理论。企业伦理学的研究则更多地借助于社会科学的方法,加入了价值判断标准。如企业间的价值分享必然牵扯到利益相关者之间的各自的利益分配,如何更好地照顾到各个利益相关者的利益必然需要借助于企业伦理学的角度分析。归纳总结和比较研究则是规范研究中最常用到的方法。对文献的梳理回顾不可避免地会用到归纳总结的方法,而关于企业内各个利益相关者之间的需求特性分析以及企业类型的划分,都是在不断的比较和总结中实现的。案例分析也是本书采用的研究方法之一。

本书的研究以规范研究方法为主,所以采用的技术路线主要有两条。

第一,理论研究。主要希望达到两个目的:一是通过广泛查阅文献资料,总结目前国内外对本领域的研究现状,找出存在的问题和不足,为本书提供研究的方向和思路,以找准切入点。二是通过仔细研读,学习前人的研究方法和研究经验,为本书的写作提供指导和帮助。

第二,实际调研。由于本书主要是进行理论分析,那么实践中企业的各个利益相关者有什么样的需求,他们对企业利益相关者参与企业剩余分享的态度如何都需要研究者去企业调研。另外,关于本书所分析总结出的利益相关者分享企业价值增值的模式和分享解决办法也需要去实践中加以检验。

第四节 本书的创新之处

利益相关者参与企业价值增值分享的研究是企业分配领域的一大革命。它打破了传统的股东独享企业剩余的做法,认为企业的利益相关者都有权参与企业的剩余分享。至于谁最终参与企业的剩余分享,则是各个利益相关者集体选择的结果。在具体分享安排上,根据参与企业价值增值分享的利益相关者提供的要素资本不同,重新划分企业类型,探讨每种类型的企业利益相关者的具体分享模式,由浅入深,由简单到复杂,从而为公司治理提供一条新的研究途径。具体表现在以下四个方面:

(1) 选题新颖。本书从利益相关者治理与企业价值管理两个热门话题的结合点选题,既将利益相关者治理的研究向前推进了一大步,又将利益相关者治理与企业价值管理相结合,体现了选题的新颖性。

(2) 丰富了利益相关者理论的研究。目前的研究主要停留在利益相关者是否应该参与企业所有权分配的讨论上,本书则重点研究了利益相关者如何参与企业剩余分享的问题,既是对传统的股东至上理论的颠覆,同时又延续并发展了利益相关者理论。

(3) 研究方法的创新。本书在具体解决问题部分,对于利益相关者分享企业剩余的安排,不是大一统地去分析,而是细分了很多类别,分别去分析每一次企业可能出现的情况,总结他们的共同点和不同点。

(4) 总结出了不同类型的企业可能存在的分享模式。由于构成企业的所有权主体的利益相关者不同,因而不同类型企业的利益相关者在分享企业价值增值时的模式可能不同。如对股东来说,股东不再是按照比例分享企业的剩余,还可能采用固定分享模式或者混合分享模式等。

第二章

利益相关者分享企业价值增值的理论基础及现实依据

第一节 | 利益相关者分享企业价值增值的理论基础

一、契约理论

契约（Contract，Compact or Covenant），也称合同、合约或者协议，在《牛津法律大辞典》中，契约是指两人或者多人为在相互间设定合法义务而达成的具有法律强制力的协议。现代经济学中的契约概念，是将所有的市场交易（无论是长期的还是短期的、显性的还是隐性的）都看作一种契约关系，并将其作为经济学分析的基本要素。契约理论经过近30年来的迅速发展，经历了古典契约理论、新古典契约理论和现代契约理论几个发展阶段。目前，占经济学主流观点的是现代契约理论。契约理论对利益相关者参与企业价值增值分享的主要贡献在于其现代经济学契约理论对企业本质的契约解释。

（一）契约理论、企业本质与利益相关者

关于企业的本质问题，经济学家曾有过不同的见解，但基本是从契约理论的角度去分析的。最早论述企业本质的是科斯。科斯在1937年发表了《企业的性质》一文，该文从理论逻辑上证明了市场交易费用的存在，认为市场与企业是资源配置的两种可互相替代的手段。科斯认为，"在市场上，资源的配置由非人格化的价格来调节，由一系列短期契约来完成；而在企业内部，相同的经济活动可以通过建立较少的长期权威关系契约来完成；市场与企业之间发生替代是由于完成同样资源配置活动所需的交易费用不同"。从契约角度对企业性质做出进一步研究的是阿尔钦和德姆塞茨（1972）。他们认为，"企业之所以会产生，主要是由于单个的私有所有者认为合作生产的总产品要大于他们分别进行生产所得产出之和，从而每个参与合作生产的人所得的报酬也会比独立生产时高"。张五常（1983）则在他的《企业的契约性质》一文中指出："说企业取代市场是不十分确切的，而应说一种契约形式取代另一种契约形式，也即用要素市场取代产品市场"。张五常认为，企业"这个契

约"发生在要素市场上；而价格机制的"那一系列契约"则是产品市场上的交易。因此，企业无非是以市场的交易合约替代了产品市场上的合约。

科斯、阿尔钦和德姆塞茨、张五常主要是从企业存在的原因方面阐释了企业的本质。科斯、阿尔钦和德姆塞茨认为企业之所以存在，主要原因是因为企业的存在可以导致交易费用减少，而且通过企业内部的合作生产可以提高生产效率，产生比单个生产收益更加显著的效果。科斯区分了市场和企业，认为企业可以取代市场，而张五常则认为企业与市场之间不是替代关系，而是两种不同契约形式的替代。尽管这三位学者对企业存在原因的阐述不同，但是他们都是从企业与市场的关系中去认识企业的本质，并且认同企业的本质就是一种契约，只不过是签约的主体不同而已。

随着对企业本质的深入探讨，经济学家开始从企业外部转向对企业内部的研究。经济学家詹森和麦克林（1976）认为，企业是各种契约的连结点，契约关系是企业的本质。他们在《企业理论：经理行为、代理成本和所有权结构》一文中把企业定义为各种资源的所有者、各级管理人员、工人和技术人员彼此之间订立的合约。由此，越来越多的学者开始将公司理解为一个由物质资本所有者、人力资本所有者以及债权人等利益相关者之间的一系列契约的组合。国内学者周其仁（1996）认为，"市场里的企业是一个人力资本与非人力资本的共同订立的特别市场合约"。企业合约在事前没有或不能完全规定各参与要素及其所有者的权利和义务，而总要把一部分留在契约的执行过程中再加规定。连建辉和赵林（2004）认为，应该从三个维度把握企业的契约性质：一是契约的共性，即企业是个市场性契约；二是契约的个性，即企业是个关系契约；三是契约的内容，即企业是关于合作剩余的创造与分配的契约。这三个方面是有机联系的统一体，缺少了其中的任何一个方面，都不可能对企业的契约性质做出完整的理解。他们认为，企业就是合作剩余的创造与分配的市场性关系契约。王竹泉（2006）则从集体选择的角度对企业的本质进行了分析，认为企业的本质实质上是各个利益相关者的一种集体选择。企业的各个利益相关者通过集体选择确定成为企业的缔约主体，从而确定他们的共同利益，进而决定了企业的目标。综合以上几位学者的观点可以看出，从企业内部本身去分析企业的本质特性，基本可以达成一个一致的观点，即企业是一组由利益相关者组成的有效率的契约组织，它是各种生产要素投入者为各自目的联合起来达成的一种具有法人资格的契约关系网络，也是有关利害关系的关系人之间的一组合约的连结点。归根到底，企业实质上就是一组所有相关利益者之间达成的一系列多边契约。在这个契约的签订过程中,签约主体可以按照资产的性质分类,也可以是众多利益相关者共同签约,这取决于利益相关者是否进入集体选择。

从"企业是一组所有相关利益者之间达成的一系列多边契约"这一基本论断出发,所有参与缔结合约的利益相关者都应该有可能参与公司的价值分享。企业的股东、经营者、员工、政府、供应商以及客户等都是企业的重要利益相关者,他们都为企业的价值创造发挥了重要作用,因而都应该有机会参与企业的价值分享。因此,企业并不只是股东的利益主体,而是所有参与企业价值创造的利益相关者共同的利益主体。这些利益相关者通过契约将相应的资源投入企业中,构成了企业生存发展的要素资本,从而也就具有了分享企业价值增值的前提条件。缔结契约的各方利益相关者都具有平等的谈判权利,所有当事人的合理利益都应尽可能地被考虑进去,从而保证每一个利益相关者利益的公平与公正。

(二) 现代契约理论与利益相关者的收益分享

现代契约理论将契约分为完全契约和不完全契约,然后从完全契约的概念所假设的条件出发,分析其与现实条件中不一致的地方,从而使经济学取得了重大突破。

完全契约是指能准确而完备地描述与交易相关的所有可能的未来状态以及在每种状态下各方的权利和责任的契约。完全契约的获得依赖于一系列严格的假定:第一,契约当事人必须具有完全的理性;第二,契约当事人没有机会主义倾向;第三,契约条款的影响和作用不存在外部性;第四,契约当事人拥有与契约相关的完全信息,并且不存在信息不对称;第五,存在足够多的交易者,不存在垄断性市场安排,每一个契约当事人都有自行选择契约伙伴的自由。在这些严格假定的约束下,契约的履行和实施都是自觉进行的,不存在需要保障契约履行的问题。但是,也正是这些严格的假定,使完全契约与现实实践相差太远,无法在实践中实施。为了让契约理论能更好地解释现实经济,现代契约理论在放松这些严格假定前提下,提出了不完全契约理论。

不完全契约是相对于完全契约而言的,它是指一种并不能完全描述与交易有关的所有可能的未来状态以及在每种状态下规定契约各方权利和义务的契约。现代契约理论认为,现实中的契约从某种意义上说都是不完全的,也就是说，现实交易中的契约总会留有遗漏和缺口。不完全契约产生的原因是多方面的。如艾伦·施瓦茨（1999）从法律契约理论的角度出发，强调了信息不对称对不完全契约的影响，认为语言的限制与疏忽、解决契约纠纷的高成本以及由信息不对称引起的不可缔约性、垄断经营的偏好等是引起契约不完全的主要原因。威廉姆森（2002）则强调了不确定性以及人的有限理性对不完全契约的影响。他认为，现实世界本身的随机性、信息交流的困难以及契约人为最大化自身效用而可能隐瞒、伪装或者扭曲信息，使人们不能了解对方的行为和想法，从而造成信息的不确定性。另外，由于有限理性，契约人对交易过程中的许多事件可能无法预测或者即使能预测也无法在契约中规定缔约人可能采取的行动以及相应的权利与责任，因为即使规定契约当事人的行动和权责，也可能由于事后的信息不对称而导致契约当事人对实际状态的表达不一致，从而无法采取恰当的对策。

由于完全契约所赖以存在的假设条件过于严格，在现实中很难找到实施的环境，因此，现代契约理论提出了不完全契约，从而将契约理论的实施范围大大扩展了。企业的本质是利益相关者之间达成的一系列多边契约。而由于利益相关者的人数众多，性质迥异，因而要满足所有利益相关者的利益，达成利益相关者之间的完全契约是不可能的，因而，利益相关者签订的缔约必然是不完全的。如果契约是不完全的，那么在现代契约中还存不存在最优契约？如果有最优契约存在，那么什么样的契约是最优的？现代契约理论认为，在放松了阿罗—德布鲁范式假设条件的情况下，仍存在一种在现实的约束条件下的最优契约，通常这不是帕累托最优契约，而是一种次优契约。通常来说，一个最优契约要满足下列条件：第一，要风险共担；第二，能利用一切可利用信息；第三，报酬结构要因人而异。如果有最优契约存在，那么如何去执行这个契约？因为契约是不完全的，所以在实施最优契约时就不能完全靠强制去实施，更多时候还需要靠缔约人的自觉实施。缔约人自觉实施契约主要是指缔约人基于道德的约束，通过合作诚意和信誉等来自觉执行契约，但是这也并不排斥法律的强制作用。在契约实施的过程中，缔约双方要充分考虑缔约各方的利益做出慎重的选择。

企业是利益相关者达成的一组契约。在这组契约中，由于利益相关者的利益需求或者个人偏好不同，因而他们达成的契约对不同的利益相关者的要求是不一样的。有的利益相关者希望获取稳定的报酬，有的利益相关者则希望获取高额的收益，有的利益相关者属于风险厌恶型，有的利益相关者则属于风险偏好型。不同的动机和偏好决定了他们在签订契约时会有不同的要求。对于那些希望获取稳定收益的利益相关者，他们可能选择与企业达成完全契约，分享企业固定的收益，从而不会因为环境的改变而存在不确定性事项。由于企业的经营是不确定的，因而不可能所有的利益相关者签订的契约都是完全契约，必然会有一部分利益相关者签订的是不完全契约，需要承担企业不确定性带来的风险。最后缔约的结果是一部分人与企业签订的是完全契约，从企业获取固定的收益回报；一部分利益相关者与企业签订的是不完全契约，他们从企业获取的收益是不固定的，需要根据企业的经营成果来定，从而承担企业经营不确定所带来的风险。而至于签订不完全契约的利益相关者如何去分享不确定的剩余，则主要依据各个利益相关者根据各自提供要素资本的贡献以及个人的偏好等集体协商实施，具体的解决方案则正是本书所探讨的重点。

二、利益相关者产权理论

产权作为一切经济制度的基石，对企业的经济行为起约束作用。企业产权制度及有关产权归属的理论总是不断发展变化的。关于产权理论主要有物质资本产权理论、人力资本产权理论和利益相关者产权理论三种观点。

在古典企业里，财务资本的相对稀缺性奠定了"财务资本雇佣劳动"制度的现实基础，并由此形成了体现"财务资本至上"逻辑的"财务资本拥有企业产权"的理论，也就是典型的物质资本产权理论。但是由于市场和机制并非万能，存在着外部性、垄断性以及信息不对称等市场失灵现象，股东并没有完全承担企业的全部经营风险，而是将一部分剩余风险转嫁给了其他利益相关者，而股东则可以通过投资组合等方式将自身风险降到最小，相比其他利益相关者拥有了更多的"退出"选择机会。在这种情况下，股东利益最大化很可能偏离企业利益最大化的最终目标。李心合认为，"股东价值取向的观念从社会学和经济学的角度来说是不负责任的，也不符合商业道德原则"；同时，"股东导向的公司价值观已经与社会经济发展和公司经营环境的变迁形势不相适应"。

美国经济学家在研究美国经济增长时发现，一国的经济增长在扣除了物质资本的增长贡献后，仍有一大部分经济增长无法解释，经济学家舒尔茨、贝克尔等把这一无法解释的部分归因于人力资本。此时，人力资本产权理论开始成为人们追捧的热点。方竹兰（1997）从人力资本的特征入手，论证了人力资本所有者拥有企业所有权是一个趋势，其认为，人力资本所有者是企业财富的制造者，作为积极货币的人力资本保证了非人力资本的保值增值和扩张，人力资本所有者拥有企业所有权是企业制度不断发展的结果，是历史发展的必然趋势。但是这种单一的人力资本产权理论也不能得到大家的一致认可。对人力资本产权的研究同时也导致了学者对传统的"财务资本雇佣劳动"逻辑的质疑，并相继提出了以"财务资本与人力资本并重"逻辑为基础的"财务资本所有者与人力资本所有者合作产权论"，也就是利益相关者产权理论。

贝克尔（1967）等认为，应该从多元理论的角度来重新界定产权概念。布莱尔（1999）曾指出，在实际生活中，要在一个错综复杂的企业组织里完整而又清晰地界定企业的产权是不可能的，除了源于产权概念的复杂外，很重要的原因还在于企业的控制权有一部分集中在利益相关者手中，只有基于"多元个体判断"形成的产权概念才能更符合实际情况。利益相关者理论认为，任何一个单独的个体判断理论都是无法放之四海而皆准的，必须建立一个多元的个体判断的产权理论。周其仁（1996）将"人力资本的产权特征"引入企业理论后得出结论：市场里的企业是"一个人力资本与非人力资本的特别合约"，现代企业导致"企业家人力资本产权与企业财务资本所有权的分离"而不是"所有权与经营权的分离"。

无论是贝克尔的多元理论，还是周其仁的人力资本与非人力资本的结合，其实质都认为企业的产权不应仅仅归属于单一的一方，而应该是由参与共同治理的利益相关者共同持有。利益相关者产权理论的核心就是利益相关者共同拥有企业的产权。利益相关者共同拥有企业的产权，并不意味着所有的利益相关者一定会拥有企业的产权，而是指一种权利的可能性。任何一个利益相关者都有可能成为企业的产权主体，但是具体到一个企业中，还需要根据利益相关者提供的要素资源的贡献以及利益相关者参与治理的程度等来决定。利益相关者产权理论认为，现代公司治理的主要目标应该是要明确利益相关者的责任和权利，而不仅是股东的责任和权利，现代企业的财务治理机制应是"利益相关者共同产权"治理。企业价值应是参与治理的利益相关者共同创造的。向企业提供专用性资源的并不限于股东，债权人、员工、政府、供应商、顾客等都向企业做出了投资，都面临着被"敲竹杠"和承担企业经营风险的可能，因而都应该分享企业的控制权和剩余索取权。因此，利益相关者理论认为包括股东在内的所有的企业利益相关者都对企业的生存和发展注入了一定的专用性投资，同时也分担了一定的企业经营风险，或者是为企业的经营活动付出了代价，因而都拥有企业所有权。

无论是传统的"股东至上"观点还是"利益相关者"观点，其实并没有否定股东提供的物质资本的作用，只不过按照前者，股东是公司的唯一所有者，按照后者，股东是公司的所有者之一而已。在利益相关者产权理论下，应该将所有的利益相关者置于平等的地位，充分重合和利用各个利益相关者投入的各种资源，尽可能最大化发挥各个利益相关者的作用，从而为企业创造更大的价值。总之，利益相关者产权理论塑造了一种新的"产权观"，向企业投入资源、为企业做出贡献的所有利益相关者包括股东、债权人等物质资本投入者和经营者、职工等人力资本投入者等，都可以成为企业所有权的拥有者，从而具有分享企业价值的权利。

三、资源依赖理论

资源依赖理论（Resources-based Theory）起源于塞尔兹尼克（Selznick）对田纳西河流域管理当局（TVA）的经典研究（Selznick，1949）。20世纪30年代，田纳西河流域当局是美国最大的公共机构，它把电和先进的农业技术带到了南方的农村地区之后，发现自己依赖于南方的地方精英，就把他们吸收到它的决策结构中，塞尔兹尼克把这一过程称为"共同抉择"（Cooptation）。虽然共同抉择也许会导致与被增选行动者的权力分享，但它也可能主要是一个象征性的策略。将资源依赖理论进一步发扬的是费佛尔（Pfeffer，1972a，1972b）和萨兰奇科（Salancik）。他们认为，如果一个组织非常需要一种专门知识，但是这种知识在这个组织中又很稀缺，并且不存在可替代的知识，那么这个组织将会高度依赖掌握这种知识的其他组织。后来伯特（Burt，1983）进一步提出了"结构自主性"模式来解释共同抉择和公司绩效。伯特认为，社会网络中的行动者将会受益，只要他们避免依赖其他人，在社会结构中占据相对稀疏的（非竞争性的）位置并且受到那些占据相对拥挤的位置的行动者的依赖。后来的研究越来越重视组织之间的影响过程，资源依赖理论逐渐与其他理论相结合，进入了资源依赖理论的新阶段。

作为企业来说，资源是指企业所能控制和使用的，能提高组织效率和效力的全部战略性资产，包括企业的物质资本、人力资本等各种资源。资源是企业赖以生存的基础，有价值的、稀缺的、不可模仿和无法替代的资源可以给企业带来经济租。Wernerfelt将公司看成异质资源的集合，公司绩效的差别与公司资源的差异有关，持续的资源异质是潜在竞争优势的源泉。因此，公司要想在激烈的市场竞争中占有一席之地，必须充分发挥和整合各种资源优势，以增强自己的核心竞争力。公司本质是利益相关者达成的一组契约，其实质是利用各个利益相关者之间的合作来获得其自身所不具备的资源。从资源依赖理论的角度看，利益相关者联盟之所以形成，主要原因除了分担风险和发展规模经济外，更重要的是还有助于企业获得互补性的资源。企业可以通过利益相关者的联盟，充分整合利益相关者提供的各种物质资本、人力资本和关系资本，发挥资本组合的最大化优势。

至于各个利益相关者为企业提供的要素资本的贡献有多大，则主要取决于企业对该资源的依赖程度。按照资源依赖理论，组织依赖于为其提供资源的利益相关者生存，而企业依赖某利益相关者的程度由该资源对企业的重要性决定，所以通过资源依赖理论可以解释为什么不同的利益相关者在企业中获取的收益不同。根据Pfeffer和Salancik的观点，利益相关者对企业影响或控制的程度取决于其所提供资源的价值，如果该资源更具有价值，其提供者就应该具有更大的影响力或控制力。资源依赖的程度决定了利益相关者在公司的地位。Emerson曾指出，某人（X）对他人（Y）所行使的权力与Y对X的资源依存度成正比。资源依存度主要依据这一资源对Y的重要性与他获得这一资源的可能性而定。Rajan和Zingales也认为，企业与市场的区别在于企业实质上是围绕关键资源而建立的专用性投资的组合，谁掌握了这种决定企业准租金生产的专用性投资，谁就获得了权利。对任何关键性资源的控制权都是权利的一个来源。也就是说，权利来源于其相关主体所提供资源的价值以及企业对该资源的依存程度。依存度越强的资源，其投资主体获得的收益就越大。而企业对资源的依赖程度又与资源的专用性有关，专用性越强的资源，替代性越小，企业对它的依赖性就越大。

因此，企业应该充分利用和整合利益相关者提供的各种要素资本，根据企业对各要素资本的依赖程度决定各要素资本的贡献。资源依赖理论表明，"为了继续生存，一个组织必须照顾为其提供必需的和重要资源的群体的要求……组织将（甚至应该）积极地响应环境控制关键资源的组织或群体的要求"，只有这样，企业才能立于不败之地。同样，对于那些提供要素资本的利益相关者来说，只有其向企业提供了企业生存发展所必需的要素资本，才能从企业的发展中获取相应的收益。

四、共生理论

"共生"（Symbiosis）一词最初源于生物学概念，是由德国生物学家德贝里于 1879 年提出的。它指的是不同生物种属按某种物质联系而生活在一起。共生研究的深化为人们认识生物进化提供了新的观点，开辟了新的认识通道。20 世纪五六十年代以来，共生的思想和概念不再为生物学家所独享，开始在社会学、经济学、管理学等领域初步应用。在我国，将共生理论从生物学领域向社会领域拓展，研究比较深入的主要是袁纯清和吴飞驰。袁纯清（1998）认为，共生的三要素包括共生单元、共生模式和共生环境。吴飞驰则引入了"生存成本""共生度""共生力"等基本概念，构筑了共生理论的基本分析框架。随着信息技术的飞速发展，人与人、企业内部之间以及企业与企业之间已经形成了一个共生圈，信息资源的共享已成为人类以及企业的基本生存方式。共生理论在经济领域的创造性运用，给人们提供了一个新的角度来认识和判断经济关系中的共生关系和共生模式，为人们认识和把握社会经济现象提供了新的思路和方法，具有重要的理论和现实意义。

企业作为一个组织，是以各种要素资本为逻辑起点和现实基础的。企业存在的意义就是将不同的要素资本进行整合，充分发挥他们的集体整合优势，从而增强企业的核心竞争力。企业是一个多重要素资本的集合。李心合（1999）认为，知识经济中的资本概念，应当是"全要素资本化"的概念，包括物力、人力、知识等六种资本形式。罗福凯（2003）认为，人力资本、财务资本、实物资产资本、技术资本、信息资本和知识资本是构成企业的主要生产要素。黄晓波（2007）则提出广义资本的概念，认为企业的要素资本应该包括财务资本、人力资本、社会资本、组织资本、生态资本等广义资本。尽管各个学者对资本的要素形式有不同的理解，但有一点是共同的，就是他们都认为企业是一个多重资本构成的组织。而多重资本之所以能够在企业内共存，就是因为不同的资本之间存在一种共生关系。

程宏伟（2000）在共生理论的基础上分析了企业物质资本和人力资本的互惠共生关系，构建出以物质资本和人力资本相组合的资本共生模式，并进一步分析得出结论：企业共生体产生最大收益的前提是企业人力资本与物质资本存在最佳的配置效率。只有在对称性分配条件下，才能最大限度地调动所有参与者的积极性,产生最大的经济效益。孙天琦(2001)也提出了企业共生网络的概念,他指出,"企业共生网络应该是包括企业、政府、股东、经理、消费者、雇员在内的一种全方位、多层次的共生网络"。刘元兵、周庆行(2004)则提出了经济共生态的概念,并将其定义为"诸种经济主体单元在一定的共生环境下,通过某种共生模式结合起来创造财富、分享财富所形成的经济关系"。他们的观点同样验证了企业的效益来自企业的利益相关者间的共同协作和合作能力,也就是企业利益相关者之间的共生力问题。

在企业中,股东、债权人、经营者、员工、政府、供应商、客户都是企业的重要利益相关者。这些利益相关者之所以能在企业维系正常的关系,是因为这些利益相关者之间存在互相依存、相互协作、互惠互利的共生关系(袁纯清,1998)。他们组合在一起共同组成了企业的共生环境,而每一个利益相关者则是这个共生环境中的一个共生单元。他们通过向企业提供不同的资本,然后借助于企业这个载体,不断创造出更大的价值供其分享,从而实现利益相关者的价值最大化。

五、集体选择理论

经济学是研究资源配置方式的,即生产什么、如何生产、为谁生产的问题。如果关于这些问题的决策是由一个人单独、自觉、自愿做出的,那么这类选择就是个人选择。当一个人的选择涉及他人的选择,从而需要协商时,集体选择就存在了。集体选择(Collective Choice)也称为公共选择(Public Choice),是指各参与者依据某种协商规则,相互协商而确定集体行动方案的过程。集体选择具有集体性、规则性、强制性、政治性等特征。参与者、选择方式和选择标准是集体选择的关键要素。集体选择的参与者是自由的,任何与之有关利益的人都有可能成为集体选择的参与者。

集体选择的决策方式主要有两种:一是一致同意规则。由一致同意规则得出的集体行动方案,对于所有的参与者来说都具有一个显著的特点,即按此规则能使每个人的偏好达到最大限度的满足,而不会使任何一个人受损。从而表明,一致同意得出的行动方案能实现帕累托最优。在此规则下,所有参与者的权利都能够得到绝对平等的保障,因而一致同意下的决策都反映了所有参与者的真实愿望。二是多数投票规则。多数投票规则是基于集体福利总和的改善这一前提的。在一个集体中,一项方案如果使多数人的福利改善

第二章 利益相关者分享企业价值增值的理论基础及现实依据

了,少数人的福利没有改善甚至有所下降,但从集体这一社会总体角度来讲,这一方案仍是有利于集体福利提高的。由此,在多数投票规则下,一项决策通过与否,取决于能否得到某一多数比例参与者的同意。至于集体选择的标准,经济学家通常采用公平和效率来作为评判的标准,但有时公平和效率很难统一,于是一些学者认为集体选择没有标准或者经常考虑结果的复合属性(Stokey、Zeckhauser,1978)或符合标准决策(Zeleny,1982),这种没有标准的标准似乎成了目前集体选择理论盛行的主要原因。

如前所述,企业是一组所有相关利益者之间达成的一系列多边契约。企业的利益相关者很多,那么是否所有的利益相关者都能参与企业的剩余分享,这除了要求利益相关者向企业投入资源以外,还取决于利益相关者的集体选择。王竹泉(2006)认为,企业的本质就是各个利益相关者的一种集体选择。企业的各个利益相关者通过集体选择确定成为企业的缔约主体,从而确定他们的共同利益,进而决定了企业的目标。按照集体选择理论,企业的利益相关者是从公司获取固定的工资报酬(如员工)还是分享企业的剩余分配(如股东),这取决于利益相关者做出的集体选择。在一定的规则约束下,如果企业员工对企业的贡献比较大,只要所有利益相关者达成一致,那么他们就可以参与企业的剩余分享;而对于以往总是不容置疑地参与企业剩余分享的股东来说,如果资金不是特别稀缺,那么他们也可以只从企业获取固定的报酬而不参与剩余分享;同样,如果企业的供应商和客户符合一定的条件,只要通过集体选择,他们也可以参与企业的剩余分享。

经过上述分析,我们可以看出利益相关者参与企业的剩余分享是有着深厚的理论基础的。经济学的契约理论、产权理论、资源依赖理论以及共生理论和集体选择理论都为利益相关者参与企业剩余分享建构了良好的理论基础。首先,从契约理论的角度分析,企业的本质是一组利益相关者达成的多方契约,这是利益相关者参与剩余分享的基础。其次,根据产权理论,利益相关者应该拥有企业的产权,这是利益相关者参与企业剩余分享的关键。再次,根据资源依赖理论,利益相关者只有向企业投入了资源,才能有权享受企业的剩余,这是利益相关者参与企业剩余分享的前提。经济学的这几大理论既有层次性,又相互补充相互支持,共同托起了支持利益相关者参与企业剩余分享的经济学理论支柱。最后,本书还通过生物学的共生理论分析了利益相关者共同参与企业治理的,主要原因是他们之间存在着共生关系,而集体选择理论解释了利益相关者能够达成一致行动的原因。

第二节 | 利益相关者分享企业价值增值的现实依据

一、理论分析

在传统的企业治理结构中，股东是企业的唯一所有者，独享企业的全部剩余。而在利益相关者理论下，企业的利益相关者都有权参与企业的剩余分享，那么这种思想是否成立，是否能在实践中得到认可？本节将首先从理论上逐一分析每一个利益相关者参与企业价值增值分享的可行性。

（一）股东

股东作为物质资本的提供者，始终是企业的所有者，他的所有权地位从来没有动摇过。由于股东是企业所有权的掌控者，所以不置可否地分享企业的剩余，而且在物质资本至上的时代是独自分享企业的剩余。作为企业所有者的股东，他的出资方式可以有多种。既可以用货币资金出资，也可以用实物资产出资，还可以用技术、专利等无形资产出资。股东作为物质资本的投资者，享有企业的剩余似乎已经是天经地义的事情，在此不再赘述。

（二）债权人

所谓债权人，主要是指那些对企业提供需要偿还资金的机构和个人，包括给企业提供贷款的贷款债权人和以出售货物或劳务形式提供短期融资的商业债权人。我们所指的债权人主要是指贷款债权人，最典型的就是银行。通常情况下，债权人将资金借给企业，有一定的时间限制，到期收回本金，作为回报，还要收取一定的利息。传统企业理论认为，债权人与企业是一种公司外部的债权债务关系，债权人不享有公司经营管理的参与权。然而事实上，债权人对企业关切程度的高低取决于公司的经营状况与其利益相关的程度，其利益关系程度越高，对企业经营状况的关切程度也越高。在一定的条件下，银行还可能将投放企业的债权变成股权，从而分享企业的剩余分配。目前银行是中国企业最大的债权人,公司经营状况与银行的债权实现与否紧密关联。银行为了保证到期收回资金,不得不加大对公司的监督和控制力度,从而使债权人主动地、积极地参与公司治理。笔者认为,债权人参与企业的治理是有理论依据的。首先,债权人承担的经营风险加大。债权人向企业投入了债权资本,从企业剩余中获取利息,但是当企业破产或清算时,债权人就要遭受较大的损失,因而其承担的风险更大。其次,债权人作为企业的外部人,就会由于企业与债权人之间的信息不对称、利益非均衡、目标不一致等原因,使债权人的利益受到损害,导致债权人存在收不回本息的风险。一个企业要长期稳定的发展,不能只强调股东利益而忽视债权人利益,要让银行充分融入公司的经营管理中,实现对银行债权人的真正保护。目前,中国商业银行持有公司股份已经开闸,民生银行、光大银行、兴业银行等一大批商业银行持有公司股份已经非常普遍,而且比例还在不断上升。允许银行成为贷款企业的股东,银行就会成为公司董事会的一员,从而可以参与企业的治理,银行才会放心地为公司注入资本,有效地避免债权实现不了的风险,从而债权人参与公司的剩余分享便顺理成章了。

(三) 经营者

经营者的出现是伴随着企业两权分离制度而产生的。在"资本雇佣劳动"时代,随着企业规模的不断扩大,拥有物质资本的股东并不都具有出色的管理才能,为了将企业经营得更好,企业的所有者开始将经营权移交给具有管理才能的经营者,专门来管理企业的日常经营。这时物质资本是稀缺的,经营者的管理才能在企业经营中的作用还没有充分展现,从而形不成竞争局面,其管理服务的价格也相差不大。但是随着科技的发展和知识经济时代到来,企业的价值创造不仅依靠物质资本,知识资本、技术资本等人力资本在企业价值创造中所起的作用也越来越突出。部分经营者的特殊管理才能在信息和知识型企业中展现了前所未有的作用(如微软的比尔·盖茨以其卓越的经营和创新才能给企业带来了巨大的财富),其资源也随着企业需求的扩大变得越来越稀缺。这时经营者的管理才能在某些领域与物质资本相比同等稀缺或更稀缺,经营者不再满足以往的拿取固定的工资报酬,而是希望能够得到更多的回报。而对于物质资本提供者的股东来说,如果给经营者的报酬太高,则担心存在道德风险,出现经营者拿着高收入工资却不努力工作的情况,导致监督成本大大提高。这时让经营者成为企业的所有者参与企业的剩余分享就成了一种"双赢"的解决办法。有了剩余索取权的经营者会为了给自己创造更多的收入而拼命工作,而股东也可以大大降低监督成本,从而经营者参与企业剩余索取权的分享便理所当然了。当经营者的管理才能在某些领域与物质资本相比更加稀缺时,甚至还可能出现经营者独享企业剩余,从而出现劳动雇佣资本的现象。

(四) 员工

企业员工是企业价值创造的推动者和实践者。正因为有了人,企业的价值才会源源不断地创造出来。彼得·德鲁克于1959年就提出了"知识劳动者"这个术语,表明了员工的重要性。Harris(1998)在对美国大公司(资产在1亿美元及以上)首席执行官的调查中指出,3/4的首席执行官预言,在不久的将来,对于组织而言,员工将成为比以前更挑剔的利益相关者,而只有4%的首席执行官认为员工将不再重要。员工作为企业人力资本的主体,已经成为企业价值创造的重要源泉。西奥多·舒尔茨认为,人力资本和物质资本永远是财富创造中不可或缺的两种基本元素,它们之间是合作并重的关系。在社会发展的任何阶段,财富的创造都不会只取决于一个方面,尤其是在知识经济时代,人力资本在高新技术行业已反映出比传统的物质资本更强的营运增值能力。随着知识经济的到来,企业的员工特别是技术性员工在企业中所起的作用越来越突出。舒尔茨指出,劳动者成为资本拥有者不是因为公司股票的所有权扩散到民间,而是因为劳动者掌握了具有经济价值的知识和技能,这种知识和技能和其他人力投资结合在一起是企业价值创造的重要源泉。从激励制度来看,企业的员工创造的价值越来越多,但是分得的收益却与其付出不成比例,使员工的工作积极性得不到提升。而让员工有机会选择拥有企业的所有权,分享企业的剩余收益,就会大大提高员工工作的积极性,从为他人工作变成为自己工作。这就必然要求进行收益分配机制改革,让企业员工以其投入企业的人力资本取得剩余索取权。

(五) 政府

政府是维持企业整个市场环境有序进行的重要管理者。政府的管理职能主要体现在运用经济和法律等政策手段调控国民经济运行,维护正常的交易秩序,并站在公正的立场上调节不同所有者、经营者、管理者和劳动者之间的矛盾和冲突。政府除了管理职能之外,还是很重要的投资者。政府既可以用闲置的国家资本投资,还可以用国家的资源投资,从而成为企业剩余收益的分享者。政府目前的收益主要是通过税收的形式从企业获取的,主要是根据企业的效益采用比例税率征收。采用比例税率虽然有一定的合理性,但是其实国家对每个企业的政策支持力度是不一样的。对于一些能源性行业来说,其资源是属于国家的,国家完全可以凭借着对资源的拥有权而分享企业的剩余收益,而不仅是从企业收取固定比例的税收。

(六) 供应商和顾客

供应商和顾客也是企业重要的利益相关者。供应商向企业提供生产经营所需要的生产资料,是企业物质资本的供给者;而顾客则是企业价值实现的重要利益相关者。企业生产的产品只有通过顾客才能转变成货币资金,从而实现价值的创造。从表面看,供应商和顾客与企业之间是平等的等价交换的关系。供应商供给原材料等生产资料给企业,企业支付给供应商货币资金,实现等价交换;而企业把产品卖给顾客,顾客向企业支付货币资金,也实现了等价交换。这在公平的完全竞争的市场环境中确实是一种平等交易。但是一旦市场环境发生了变化,企业的供应商和顾客则可能成为决定企业生存的重要利益相关者。如在垄断市场中,一个极端是假设市场上只有一个供应商,或者企业的产品比较特殊,只有一个顾客的时候,此时,供应商和顾客就拥有了某种权利,而这种权利则可能关系着企业的生死存亡。所以在这种情况下,供应商和顾客则可能以此要挟进入企业的剩余分享。如以供应商为例,如果供应商的产品供给远远小于需求,或者供应商提供的产品属于稀缺资源,这时供应商在与企业交易契约的签订过程中的谈判地位就会由弱势走向强势,不断地要求目标企业提高交易产品的价格。但是一味地提高交易价格就会导致目标企业的成本不断上升,利润不断下降,从而使目标企业的股东分享的剩余越来越少,这是股东所不愿意接受的。但是如果企业的原材料没有其他替代品,目标企业就会有如下三种选择:一是被动接受无限提高的价格,导致企业可能亏损;二是不接受价格,直接选择退出,企业倒闭;三是一种折中的方案,就是在一定的价格供给下,让供应商参与企业的剩余分享。第一种方案是一种最差的选择,目标企业经过辛苦经营,却不断亏损直至倒闭。因此相比而言,不如直接选择第二种方案。但无论哪种方案都是一个最坏的选择,因为两种选择的结果都是目标企业倒闭。相对而言,第三种方案虽然是一种次优方案,但却属于帕累托最优。因为在这种选择下,供应商为了获利就不会无限地提高价格让企业亏损或者倒闭，而是让企业继续经营下去以获取剩余的收益。而对于目标企业而言，这种做法虽然损失了一部分利益，股东分享的剩余收益减少，但是至少企业能够继续存在，股东还能继续获取收益，而且由于资源的相对稀缺，通过这种方式，企业就会与供应商保持长期的合作关系，不会因为原材料短缺致使企业无法经营下去。由于供应商和顾客分别是企业的上游和下游企业，他们都可以被看成是企业与之交易的客户，因而可以将供应商和顾客统称为企业的客户。

二、实践调查

长期以来，股东一直是企业的所有者并且是企业剩余的唯一分享者。但是随着市场经济的不断变化，企业的发展越来越需要更多的知识资本和人力资本去创造价值，尤其是在物质资本不是很稀缺的情况下，提供物质资本的股东独享企业剩余的做法已经不妥。在利益相关者治理呼声越来越高的背景下，为企业做出贡献的其他利益相关者都应该有权分享企业的剩余。基于此，笔者对在企业工作的实务工作者发放了调查问卷，希望了解企业实务工作者对利益相关者参与企业剩余收益分享的态度。①

（一）调查对象与问卷设计

本次问卷调查共发放问卷 120 份，收回问卷 95 份，问卷回收率约为 79.2%。调查主要是采取随机的原则，调查对象涉及国有企业、外资企业、民营企业以及个体私营企业，等等。调查人员所在的行业涉及交通运输、制造业、建筑业、批发零售、房地产等多个行业。在被调查者中，人员结构以中青年为主，97.9% 的被调查者年龄在 40 岁以下，60% 以上的被调查者的工作年限在 5 年左右，这些被调查者在单位中的职务主要是中层管理人员以下，主要代表一般员工的观点。

本次调查问卷包括两个部分：一是被调查者的基本情况。包括被调查者的年龄、职务、工作年限、所在单位的性质以及所处的行业等。之所以要进行基本情况的调查，主要是考虑到调查结果的数据可能受被调查者身份的影

---

① 本书将企业的剩余界定为企业的价值增值，但是在实际调查问卷设计的时候，为了便于调查者清楚调查的目的，在调查问卷中还是用"企业剩余"或者"剩余收益"的概念。

响。二是利益相关者参与企业所有权分配的具体情况调查。该部分问卷围绕利益相关者与企业收益分配这个议题,共设计了 17 个问题进行调查,内容包括对企业的利益相关者一般情况的调查和对具体利益相关者的情况调查两大部分。

(二) 调查统计结果与分析

1. 个人收入与企业剩余收益分配满意度调查

问卷首先调查了企业员工对目前个人的收入和企业剩余分配方式的满意度情况。结果显示,被调查者只有 2 人对目前的收入情况和企业的剩余分配方式非常满意,占整个被调查人数的 2.11%。而这 2 人中 1 人是私人企业老板,故对自己的收入和企业的分配方式非常满意,另外一人则是建筑行业一个私营企业的出纳,工作年限刚 11 年,可能是由于刚参加工作,对收入的期望值相对较低,所以对自己目前的收入和企业的剩余分配方式比较满意。另有 38 人对自己的收入不满意,占总被调查人数的 40%。而对企业的剩余分配方式不满意的有 36 人,占总被调查人数的 37.89%,还有 41.05% 的人认为自己的收入一般,32.63% 的人认为目前企业的分配方式一般。另外还有 14.74% 的被调查者对企业的剩余分配方式不清楚,这说明目前企业的剩余收益分配方式并不普及,还有部分员工对此不知情。虽然调查结果显示仅有 40% 左右的人对自己的收入和企业的分配方式不满意,但这主要是由于调查对象有一部分是在国有企业工作,国企的工资收入相对比较稳定,待遇相对较好,所以满意度相对较高。相对而言,40% 左右的被调查者对收入和分配方式不满意的结果,已经表明目前企业员工开始希望改革现有的收入分配方式,提高自己的收入水平。另外,从调查结果看,收入的满意程度与剩余分配的满意程度基本一致(见表 2-1)。

表 2-1 利益相关者收入及剩余分配满意度分析

项目	收入满意度		分配满意度	
	人数	百分比(%)	人数	百分比(%)
非常满意	2	2.11	2	2.11
满意	16	16.84	12	12.63
一般	39	41.05	31	32.63
不满意	38	40.00	36	37.89

续表

项目	收入满意度		分配满意度	
	人数	百分比（%）	人数	百分比（%）
不清楚	0	0	14	14.74
合计	95	100	95	100

2. 对利益相关者一般情况的调查

（1）对利益相关者概念的了解。调查结果显示，有24人明确清楚利益相关者这个概念，53人对此概念知道一点，了解利益相关者概念的人约占总被调查人数的81%（见图2-1）。这说明企业中大多数人都已经知道或了解利益相关者这个概念。

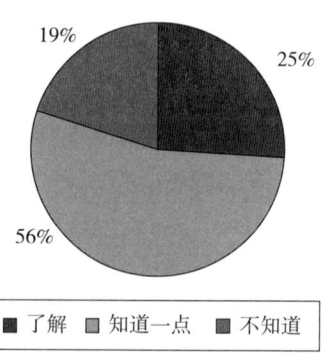

图2-1 利益相关者概念的了解

（2）利益相关者与企业生存紧密度的调查。调查结果显示，选项中的所有利益相关者都与企业的生存密不可分，其中50%以上的被调查人认为管理人员[1]、员工、客户、股东、政府、供应商都与企业的生存最密不可分，30%以下的人认为社区居民和其他特殊利益团体都是企业的重要利益相关者。但是在根据这些利益相关者对企业的重要程度排序时，大家对最重要的利益相关者的认可程度不一，比较分散。31.11%的人认为股东是企业最重要的利益相关者，21.11%的人认为管理人员是企业最重要的利益相关者，20.00%的人

---

[1] 本书主要分析了股东、债权人、经营者、员工、供应商、客户等利益相关者，其中经营者主要指企业的经理人，员工主要包括核心员工和一般员工。但在设计问卷调查时，为了更清楚地了解企业核心员工参与企业收益分配的情况，问卷中将员工分为管理人员和普通员工，将经营者划归为管理人员类别。

认为政府是企业最重要的利益相关者,还有14.44%的人认为员工是企业最重要的利益相关者,认为客户、供应商和债权人是企业最重要的利益相关者的不到10%(见表2-2)。这说明大家对企业的利益相关者的认识比较宽泛,不再局限于以前的"股东至上"的认识,认为管理人员、政府和员工等都是企业重要的利益相关者。

表2-2 利益相关者与企业的生存紧密度排序

项目	生存紧密度	
	人数	百分比(%)
股东	28	31.11
管理人员	19	21.11
政府	18	20.00
员工	13	14.44
客户	8	8.89
供应商	3	3.33
债权人	1	1.11
社区居民	0	0
特殊利益团体	0	0
合计	90*	100.00

注:"*"表示在对利益相关者重要程度排序时,有5位被调查者没填写该项,故调查样本只有90个。

(3)利益相关者的收益情况调查。调查结果显示,95.79%的人认为目前员工的工资收入最低,最应该提高。而股东、管理人员、政府、债权人的收益过高,选择的比例分别占37.89%、32.63%、30.53%和21.05%(见表2-3)。而根据后面利益相关者参与企业剩余分配的情况调查发现,目前已经参与企业剩余分配的主要是股东和管理人员,因为他们参与企业的剩余分配,所以收益相对较高。而政府、债权人的收益过高则是因为目前政府的税负和银行的利率普遍较高,这也与后面的调查结果相吻合。

(4)利益相关者参与企业剩余分配情况的调查。关于利益相关者参与企业收益分配的调查分为两个问题,应参与分配和已参与分配。结果显示,目前企业中已经参与剩余分配的主要是股东和管理人员,分别占73.60%和48.42%;其次是员工、政府和债权人,分别占21.05%、16.84%和11.58%。

而对哪些利益相关者应该参与企业剩余分配的调查发现，分别有88.42%、83.16%、75.79%的被调查者认为企业员工、管理人员和股东是最应该参与分配的；其次是政府、债权人、客户和供应商，分别占37.89%、33.68%、24.21%和20.00%（见表2-3）。这说明在企业员工心中，参与企业剩余分配的不再局限于企业的股东和经理人，政府、债权人、供应商和客户只要他们为企业做了足够的贡献，也可以参与企业的剩余分配，这也充分说明利益相关者参与企业剩余分配的观念已为广大员工所接受。

表2-3 利益相关者收益及参与剩余分配情况调查

选项	收益过低		收益过高		应参与分配		已参与分配	
	人数	百分比（%）	人数	百分比（%）	人数	百分比（%）	人数	百分比（%）
股东	5	5.26	36	37.89	72	75.79	70	73.60
债权人	1	1.05	20	21.05	32	33.68	11	11.58
管理人员	13	13.68	31	32.63	79	83.16	46	48.42
员工	91	95.79	2	2.11	84	88.42	20	21.05
政府	3	3.16	29	30.53	36	37.89	16	16.84
供应商	6	6.32	12	12.63	19	20.00	4	4.21
客户	5	5.26	5	5.26	23	24.21	1	1.05
社区居民	7	7.37	0	0	13	13.68	2	2.11
特殊团体	4	4.21	3	3.16	14	14.74	2	2.11

注：此表格数据为多项选择，故百分数相加不等于100%。

（5）企业所有权的归属。为了更加明确利益相关者是否可以分享企业的剩余，我们还设置了企业所有权归属的问题。结果显示，23.16%的被调查者认为企业的所有权应该归属于物质资本出资者独有，27.37%的人认为企业的所有权应该归属于人力资本出资者独有，有28.42%的被调查者认为企业的所有权应该由物质资本出资者和人力资本出资者共同所有，另有7.37%的被调查者认为其他为企业做出贡献的利益相关者也应该分享企业的所有权（见表2-4）。调查结果赞同为企业做出贡献的其他利益相关者应该拥有企业的所有权，说明人们已经开始认可利益相关者对企业的重要性，并且认为只要条件合适，他们都能成为企业所有权的拥有者。这与当前提倡的利益相关者治理的观念不谋而合，也从另一方面证明利益相关者的观念已经开始深入企业普通员工的心中。

表 2-4 企业所有权的归属

项目	数量	百分比（%）
物质资本出资者独有	22	23.16
人力资本出资者独有	26	27.37
其他利益相关者	7	7.37
物质/人力资本出资者共有	27	28.42
所有利益相关者共有	8	8.42
其他	5	5.26
合计	95	100

3. 对具体利益相关者的调查

（1）政府参与情况调查。目前政府的财政收入主要是通过收取税收的形式获得，根据调查结果，约56%的人认为税费偏高，导致企业税收负担较重（见图2-2）。而对于政府是否可以参与企业的剩余分配这一问题，有34%的人认为政府可以参与分配，约48%的人认为政府不能参与分配，还有18%的人不太清楚（见图2-3）。反对政府参与分配的人相对多一点，主要是没有分清政府在企业中担负的职能。

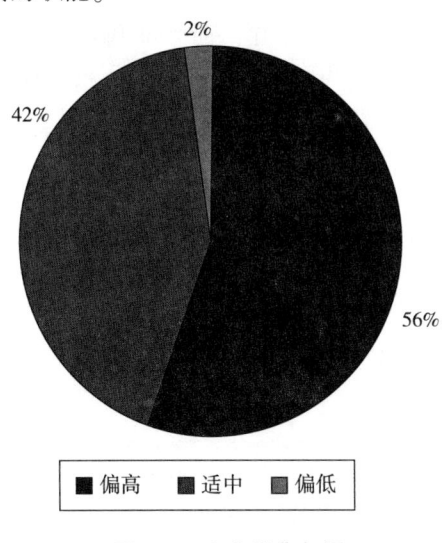

图 2-2 企业税费负担

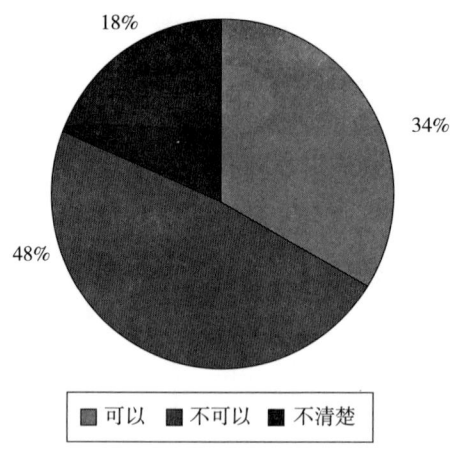

图 2-3　政府参与分配调查

（2）银行等债权人参与情况调查。银行作为债权人的代表，主要是向企业提供资金支持。从调查结果看，20.00% 的人认为目前贷款比较容易，58.95% 的人认为贷款难易程度一般，这说明目前资金已不再是稀缺资源，一般情况下企业都能从银行取得贷款（见表 2-5）。但是大家普遍反映银行的贷款利率较高。约 67.37% 的人反映利率偏高，只有 24.21% 的人认为适中（见表 2-6）。对于银行等债权人是否可以参与企业剩余分配的情况，45.26% 的调查者不赞同银行参与企业的剩余分配，这主要是受传统观念的影响，银行一般是作为企业的外部利益相关者存在，而外部利益相关者是不参与企业剩余分配的。另有 36.84% 的人认为应该视情况而定。这说明银行等债权人只要符合一定的条件是有可能参与企业的剩余分配的（见图 2-4）。

表 2-5　贷款难易程度

选项	人数	百分比（%）
非常难	20	21.05
一般	56	58.95
容易	19	20.00
合计	95	100

表 2-6　贷款利率

选项	人数	百分比（%）
偏高	64	67.37
适中	23	24.21
偏低	8	8.42
合计	95	100

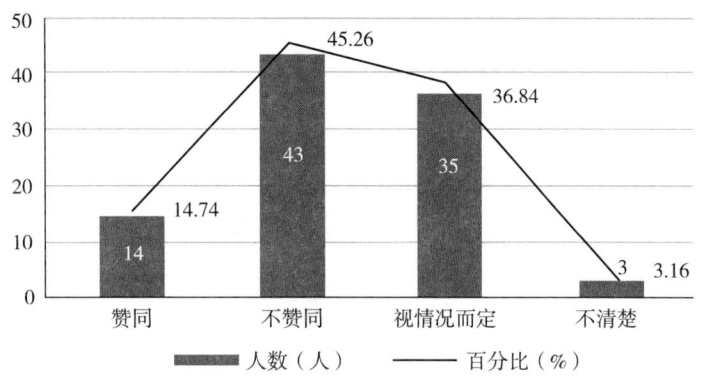

图 2-4　银行参与分配调查

（3）供应商、客户和员工参与情况调查。调查结果显示，大多数调查者认为供应商、客户和企业的员工可以参与企业的剩余分配，其中认为供应商和客户可以参与企业剩余分配的比例达到 88.30%，认同员工可以参与企业分配的比例达到 86.32%（见表 2-7）。这说明企业人员对于供应商、客户和企业员工参与企业剩余分配的情况也比较认可。

表 2-7　供应商、客户和员工参与剩余分配的情况

选项	供应商和客户		员工	
	人数	百分比（%）	人数	百分比（%）
可行	71	75.53	49	51.58
基本可行	12	12.77	33	34.74
不可行	2	2.13	7	7.37
视情况而定	9	9.57	6	6.32
合计	94	100	95	100

4. 利益相关者参与企业剩余分配的标准

关于利益相关者参与企业剩余分配的标准，调查结果显示，63.16%的人认为企业的剩余分配标准应该按照贡献大小分配，33.68%的人认为可以按照生产要素分配，无一人认为应该按权力大小分配（见图2-5）。这说明大家普遍接受利益相关者按照贡献大小参与企业剩余分配的做法，这也是最公平的一种分配标准。

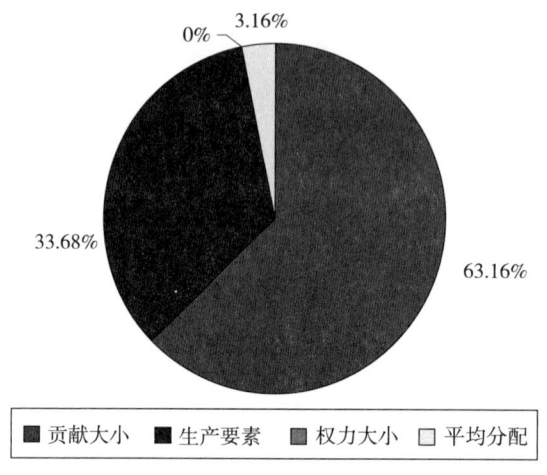

图 2-5　利益相关者参与企业剩余分配的标准

（三）结论

根据对问卷的调查结果，我们可以得到如下结论：

（1）目前企业员工对自己的收入或者企业的剩余分配方式基本呈不满意状态，因此，有必要改变现有的企业剩余分配方式，提高企业员工的收入水平。

（2）企业中的实务工作者大多数都了解利益相关者这个概念，并且认为股东、银行等债权人、管理人员、员工、政府、供应商、客户、企业周围社区居民、特殊利益团体（如环境保护组织）等都是企业的利益相关者，这些都与企业的生存密不可分。其中管理人员、员工、客户、股东、政府、供应商和债权人与企业的关系最为密切。在这些利益相关者中，股东、管理人员、政府、债权人的收益过高，员工的收入最低，所以应该提高员工的收入。

（3）目前实际中参与企业剩余分配的利益相关者主要是股东和管理人员，

另外部分企业的员工、债权人和政府也参与了企业的剩余分配。但企业中的实务工作者认为最应该参与分配的是企业的员工、管理人员和股东,除此之外,少部分人认为政府、债权人、客户和供应商也可以参与企业的剩余分配。这一结论表明,企业中的实务工作者已经开始接受对企业做出重大贡献的利益相关者都应该参与企业的剩余分配的观点。

(4)企业的所有权应该归属于物质资本出资者(股东)、人力资本出资者(经理人、企业员工)和为企业做出贡献的其他利益相关者(政府、供应商、客户等),只要为企业做出足够大的贡献,也可以拥有企业的所有权。这也从另一方面证明为企业做出重大贡献的利益相关者都可以参与企业的剩余分配。

(5)对于具体的各个利益相关者,调查结果表明,股东和管理人员最有权参与企业的剩余分配;对于政府,虽然大部分人不同意其参与企业的剩余分配,但这主要是由于对政府的管理职能和投资职能没有明确的划分,实际上只要政府对企业投入了资源,那么它也可以参与分配。银行目前的贷款政策比较宽松,资金比较宽裕,说明资金对于企业已经不是非常稀缺的资源。由于受传统观念的影响,银行进入分享企业剩余的情况还并不能被大多数人所接受。由于企业的价值主要是通过客户实现的,供应商是企业创造价值不可或缺的部分,所以普遍认为供应商和客户可以参与企业的剩余分配。员工是企业价值创造的关键人员,所以员工应该参与企业的剩余分配。

(6)利益相关者在参与企业的剩余分配时,主张按照贡献分配是一种主流的趋势,同时也要结合投入的生产要素进行。

由于本书主要是想通过问卷调查,了解企业员工对于利益相关者参与企业剩余分享的态度,以验证笔者所支持的利益相关者应该参与企业剩余分配的观点,所以笔者在发放调查问卷时,采用随机的原则,抽取企业,调查企业人员,以保证问卷的无偏性。但是,不同性质企业的员工对收入分配的看法有所不同。如国有企业或者垄断性企业的普通员工对自己的收入比较满意,而私企或者一般民营企业的普通员工对自己收入的不满意程度可能更高些。另外企业内部不同层次的员工可能对自己的收入满意度也不一样,如管理人员在普通员工眼中可能收入很高,但是对于管理人员自己而言可能并不是很满意。调查对象不一样,调查的结果也不同。所以要想非常精确地了解企业人员对于利益相关者参与企业剩余分配的思想,还需要扩大调查对象的范围,分行业分层次去研究不同层次的人对利益相关者参与剩余分配的具体想法,并比较他们之间的差异,以真正了解不同的利益相关者的具体想法。

第三节 相关概念辨析

一、分配与分享

"分配"一词，在《新华字典》的解释有三种：①按一定的标准或规定分（东西）；②安排；分派；③经济学上指把生产资料分给生产单位或把消费资料分给消费者。实际上《新华字典》中对于分配主要是从两个角度来解释的，一个是基于分配的对象可以量化的角度，另一个是基于分配对象不可量化的角度，如分配任务等。第三种解释其实并无特别之处，只是第一种解释的具体化，是"分配"在经济学领域的特殊应用。通常我们说的收益分配中的"分配"应该指的是第三种解释。"分享"一词在《新华字典》的意思只有一种解释：和别人分着享受（欢乐、幸福、好处等）。从《新华字典》的解释来看，分享的对象主要是一些抽象的东西，如欢乐、幸福等。分享也可以具体化，指分享好处，这个好处就是指量化的收益。分配和分享都可以用来表示将某种东西分给具体的对象，但是二者的感情色彩有很大的差别。"分配"一词有着很强的命令或者强制性色彩，无论对方是否同意都必须接受；而"分享"一词传递的是一种快乐的积极的心态，接受方很乐意或者高兴接受所分的对象。

分配与分享的含义不同，决定了价值分配和价值分享也是两个不同的概念。本书用"价值分享"代替"价值分配"一词，并不仅是字面上的差异，而是有着深层次的缘由，它反映了不同的企业治理观念。

首先，二者反映的背景不同。分配反映的是一种传统的公司治理观念，是在"资本雇佣劳动"的治理理念下的一个概念，通常企业的剩余都是股东的，企业的经营者或者员工获取的是固定的工资收入。在这种观念下，企业的员工所接受的是一种被动的分配。通常我们所说的分配一般是指企业的剩余分配。而"分享"是一个利益相关者共同治理理念下所界定的一个概念。在利益相关者治理观念下，企业的所有利益相关者如股东、债权人、经营者、员工甚至企业供应商或者客户等都是企业价值的创造主体，他们都应该分享企业的价值。分享的对象一般是指企业价值。

其次，二者反映的主动性不同。分配是一个被动的过程，参与分配的主体只能被动地接受所分配的对象。从情感表述上看，无论接受者对分配的对象是否满意都只能接受，参与分配的主体不是很积极。而分享是一个主动的过程，是以一种积极快乐的心态去获取所分得的对象。而且分享的对象往往都是参与分享的主体共同积极创造的，是一种成果的分享。

分享和分配虽然仅有一字之差，但是反映的内涵却大不相同。随着科学技术的不断进步，知识的作用越来越显著，传统的资本产权观念显然已经不能适应社会的需要。企业的产权不仅是属于物质资本所有者的，拥有技术、知识等资本的人也应当是企业的所有者，他们应当与企业的物质资本所有者一样分享企业的价值。另外，其他的一些利益相关者如政府、银行、普通员工等也为企业做出了贡献，他们同样可以分享企业的价值。

二、利润、剩余收益与价值增值

（一）利润与价值增值

利润是指企业在一定期间内获得的经营成果，具体包括收入减去费用后的净额、直接计入当期利润的利得和损失等。企业价值增值是指企业在一定时期内形成的价值增值，具体是指企业的经济利益的流入扣除外部利益相关者的支付后的剩余。① 从概念上理解企业的价值增值好像与企业的利润很相似，但是价值增值不等同于企业的利润。

首先，二者的理念不同。价值增值是在企业价值管理理念下形成的一个概念，价值管理的核心思想是在优先考虑企业长期发展的基础上，实现企业的价值增值，它的目标是实现企业价值最大化；而企业利润是在传统观念下的产物，它主要关心企业的短期盈利，而不会考虑如何发挥企业价值链的整体力量，合力将企业"蛋糕"做大。价值增值和利润是不同历史背景下的产物，因而它们的理念也不同。

其次，二者包含的内容不同。由于企业价值增值和利润对企业扣除项的

---

① 具体请参考第三章第二节第三部分内容。

界定不同，因此二者包含的内容也存在很大的差异。企业价值增值所界定的扣除项目主要是外部利益相关者获得的支付，而这个外部利益相关者是一个不确定的主体。随着企业经济环境的变化，企业的内部利益相关者也会随时发生变化。外部利益相关者可能成为企业的内部利益相关者，而内部利益相关者也可能随时退出成为企业的外部利益相关者，从而导致企业扣除项目的变化。而利润的扣除项目主要是指工人的工资、债权人的利息、支付给供应商的材料成本以及税收等，这些项目都是确定的。企业对于扣除项目的界定不同，导致二者在内容上产生了很大的差异。

最后，二者分享的主体不同。企业价值增值的分享主体是企业的所有利益相关者，包括股东、经营者、职工、债权人、政府甚至企业的供应商或者顾客等。而利润的归属主体一般是指企业的股东，股东是企业利润的唯一分享主体。在现代企业中，为了激励经营者，也可能会让经营者参与一部分利润的分配，但是份额比较少，改变不了股东是企业唯一所有者的本质。

（二）剩余收益与价值增值

关于剩余收益，一般有两个特指概念。一是从经济学的角度的定义，主要是指经济利润，是指企业某期间的会计利润与该期间的资本成本之差，是企业创造的高于市场平均回报的收益。它主要用来衡量投入资本所产生的利润超过资本成本的剩余情况。此时，剩余收益是对传统会计利润的一种修正，以指导公司准确得出真正的经济收益。二是指投资中心获得的利润，扣减其投资额按规定的最低收益率计算的投资收益后的余额。是一个部门的营业利润超过其预期最低收益的部分。此概念下的剩余收益是一种专门用于评价公司各业务部门业绩的财务指标。

本书所提到的剩余收益概念并不是一个有特别内涵的概念，而仅作为企业剩余的一种统称。它是指企业所获得的所有经济利益的流入扣除相关的经济利益的流出之后的剩余。根据经济利益的流出的范围不同，企业的剩余收益会有不同的含义。如果经济利益的流出是指传统意义中企业的成本费用，则剩余收益实际指的就是企业的利润；如果经济利益的流出是外部利益相关者的相关者支出，则剩余收益指的就是企业的价值增值。所以，本书的剩余收益实际是剩余的统称，有时也称为企业剩余。企业的价值增值就是剩余收益的一种表达方式。因此，本书中有时用剩余收益或者企业剩余的概念替代价值增值。特别是在设计调查问卷的时候，为了避免概念上的理解误差，问卷一律用剩余收益来替代价值增值。

三、企业所有权与剩余索取权

剩余索取权是对企业剩余的一种求偿权利。剩余索取权是由不完全契约引出的一个概念。由于企业投入要素资本后所得到的企业收益是一项不确定的产出，因而所有的要素资本投入者不可能都从企业获取固定的收益，必然会有一部分人去承担企业经营不确定性所带来的结果。承担不确定性结果的人就具有了剩余索取权。本书所提到的内部利益相关者都拥有企业的剩余索取权，可以分享企业的价值增值。

企业所有权是从企业产权的角度来说的，拥有了企业所有权，便拥有了对企业的控制权和剩余索取权。但是对于所有权的具体含义，主要有三种不同的观点。第一种观点用剩余索取权来定义企业所有权，谁拥有了剩余索取权谁就拥有了企业所有权，代表人物有格林斯特、哈特（1986）等。第二种观点用剩余控制权来定义企业所有权，拥有了剩余控制权就拥有了企业所有权，典型人物有哈特（1995）等。第三种观点认为企业所有权是剩余控制权和剩余索取权的统一，代表人物有张维迎、杨瑞龙等。

因此，剩余索取权与企业所有权两个概念的主要区别在于对企业所有权内涵的界定。但是无论如何界定企业的所有权，有一点是可以肯定的，就是拥有企业所有权的人肯定会拥有企业的剩余索取权。本书认为企业剩余索取权与企业的所有权是统一的，因而，本书中有时会用企业所有权替代企业剩余索取权。

第三章

利益相关者与企业价值增值的界定

第一节 | 利益相关者的界定与分类

一、利益相关者的界定与分类回顾

（一）利益相关者的概念回顾

利益相关者概念，最早是由20世纪60年代斯坦福大学的一个研究机构首先提出的。他们认为"对企业来说存在这样一些利益群体，如果没有他们的支持，企业就无法生存"。1984年，弗里曼（Freeman）出版了专著《战略管理：利益相关者方法》，认为"利益相关者是能够影响一个组织目标的实现，或者受到一个组织实现其目标过程影响的所有个体和群体"，标志着利益相关者理论的正式形成，从此掀开了利益相关者理论研究之风。而对于利益相关者概念的界定，学者众说纷纭，已形成众多的概念解释。

国外学者在弗里曼等的影响下，对企业利益相关者的概念进行了广泛的探讨。如斯坦福大学的一个研究机构（1983，1984）对利益相关者的定义是"利益相关者是这样一些团体，没有其支持，组织就不可能生存"；弗里曼（1984）认为，"利益相关者是所有可能影响公司目标实现或受其实现过程影响的个体或群体"；克拉克森（1995）认为，利益相关者是对一个企业及其活动拥有索取权、所有权和利益要求的人。多纳德逊、普尼斯（1995）认为，利益相关者是那些在公司活动过程中有合法利益的人和团体。在这些关于利益相关者的定义中，以弗里曼的观点最具有代表性。米切尔和伍德曾总结了1963~1977年西方学者给出的利益相关者的定义有代表性的就有27种。此外，美国学者唐纳森（Donaldson）、普瑞斯顿（L. E. Preston）等也对利益相关者进行了界定，认为"利益相关者是在公司的程序性活动和（或者）实体性活动中享有合法性利益的自然人或社会团体"。他们把企业的利益相关者限制在那些既与企业有利害关系，又对企业有影响力的人。玛格丽·M. 布莱尔（M. Blair）从企业理论角度出发，认为利益相关者是那些向企业投入了专用性资产，并作为既成结果已经处于风险投资状况的人或集团。

国内众多学者也对利益相关者的概念进行了研究。如万建华（1998）认为，利益相关者就是宣称在某一企业里有一种或多种利益关系的个体或群体。李维安（2002）认为，广义的公司治理不仅局限于股东对经营者的制衡，还涉及广泛的利害关系者，如股东、债权人、雇员、供应商、政府和社区等与公司有利害关系的个人和群体。陈宏辉（2004）从关联性和投资专用性两个角度界定企业的利益相关者，认为利益相关者是指那些在企业中进行了一定的专用性投资，并承担了一定风险的个体和群体，其活动能够影响该企业目标的实现，或者受到该企业实现其目标过程的影响。

从以上各种对利益相关者的定义可以看出，尽管对企业利益相关者概念的界定众说纷纭，观点不一，但其分歧主要是在对利益相关者范围的界定上。有的范围较宽泛，有的范围较狭窄。定义最宽泛的认为，凡是能影响企业活动或被企业活动所影响的人或团体都是利益相关者。除股东、债权人、员工、供应商、顾客、政府部门外，相关的社会组织、社会团体、周边社会成员等，全都被纳入此范畴。定义最狭窄的认为，只有那些在企业中下了"赌注"的人或团体才是利益相关者，主要是指在企业中投入了专用性资产的那些人或团体。而中间定义的则认为凡是与企业有直接关系的人或团体才是利益相关者，即排除了政府部门、社会组织和社会团体以及社会成员等。

（二）利益相关者的分类回顾

在对企业利益相关者概念界定的同时，利益相关者的分类也成为大家探讨的热点。因为界定了企业的利益相关者，并不意味着完全把握了利益相关者的特性。在对企业的利益相关者进行界定后，还需要利用某些标准或维度，对众多的利益相关者进行分类。梳理利益相关者理论的研究文献，我们发现20世纪80年代末期以后，随着对利益相关者概念的界定，西方学者也兴起了对企业的利益相关者进行分类的高潮。主要代表性的分类有以下几种：

弗里曼（Freeman，1984）从所有权、经济依赖性和社会利益三个角度对利益相关者进行了分类。认为持有公司股票的经理人员、董事和所有其他持有公司股票者等是企业拥有所有权的利益相关者。在公司取得薪俸的所有经理人员、债权人、内部服务机构、雇员、消费者、供应商、竞争者、地方社区、管理机构等是与企业在经济上有依赖关系的利益相关者。特殊群体、政府领导人和媒体等则与公司在社会利益上有关系的利益相关者。

弗雷德里克（Frederick，1988）为深入了解利益相关者与企业的利益关系及影响程度，将利益相关者分成直接利益相关者和间接利益相关者。直接利益相关者是与企业直接发生市场交易关系的利益相关者，如股东、企业员工、债权人、供应商、零售商、消费者、竞争者等。间接利益相关者是与企业发生非市场关系的利益相关者，如各级政府、社会活动团体、媒体、一般公众、其他团体等。

查克汉姆（Charkham，1992）按照相关群体与企业是否存在交易性的合同关系，将利益相关者分为契约型利益相关者和公众型利益相关者。前者包括股东、雇员、顾客、分销商、供应商、贷款人，后者包括全体消费者、监管者、政府部门、压力集团、媒体、当地社区。

克拉克森（Clarkson，1994，1995）则提出了两种有代表性的分类方法：①根据相关群体在企业经营活动中承担的风险，将利益相关者分为自愿的利益相关者和非自愿的利益相关者。前者是指在企业中主动进行了物质资本或人力资本投资的个人或群体，后者是指由于企业的活动而被动地承担了风险的个人或群体。②根据相关群体与企业联系的紧密性，将利益相关者分为首要的利益相关者和次要的利益相关者。

威勒（Wheeler，1998）则将社会性引入利益相关者的分类中，并结合克拉克森提出的紧密性，将利益相关者分为首要的社会性利益相关者、次要的社会性利益相关者、首要的非社会性利益相关者和次要的非社会性利益相关者四类。

米切尔（Mitchell，1997）则仔细研究了利益相关者理论的产生与发展脉络，把对利益相关者的界定与分类结合起来，提出了评分法（Score - based Approach）。他从影响力、合法性、紧迫性三项维度，把利益相关者分为确定型利益相关者、预期型利益相关者和潜在的利益相关者。确定型利益相关者同时对企业拥有合法性、影响力和紧迫性三项属性，如股东、雇员和顾客；预期型利益相关者则拥有上述三项属性中的两项，他们与企业保持较密切的联系，具体又细分为支配型利益相关者、危险型利益相关者、依赖型利益相关者；潜在的利益相关者是指只具有三项属性中一项的群体，具体又分为静态型利益相关者、自主型利益相关和苛求型利益相关者。米切尔评分法通过评分对利益相关者进行界定和分类，大大改善了利益相关者分类的可操作性，极大地推动了利益相关者理论的应用，并逐步成为利益相关者分类中最常用的方法。① 国外对利益相关者的分类可以汇总如表3-1所示。

---

① 陈宏辉：《企业利益相关者理论与实证研究》，浙江大学博士学位论文，2003年。

表 3-1 国外学者对利益相关者的分类汇总

人物	分类依据	具体分类
弗里曼 （Freeman，1984）	所有权、经济依赖性和社会利益	拥有所有权的利益相关者、经济上有依赖关系的利益相关者、在社会利益上有关系的利益相关者
弗雷德里克 （Frederick，1988）		直接利益相关者和间接利益相关者
查克汉姆 （Charkham，1992）	根据相关群体与企业是否存在交易性合同关系	契约型利益相关者和公众型利益相关者
克拉克森 （Clarkson，1994，1995）	根据相关群体在企业经营活动中承担的风险的种类、根据相关群体与企业联系的紧密性	自愿利益相关者和非自愿利益相关者、首要的利益相关者和次要的利益相关者
威勒（Wheeler，1998）	社会性维度、紧密性维度	首要的社会性利益相关者、次要的社会性利益相关者、首要的非社会性利益相关者、次要的非社会性利益相关者
米切尔（Mitchell，1997）	影响力、合法性、紧迫性	确定型利益相关者、预期型利益相关者、潜在利益相关者

资料来源：笔者根据相关资料整理。

国内学者在借鉴国外研究的基础上，结合我国现实提出了一些代表性观点（见表 3-2）。

万建华（1998）根据利益相关者是否与企业有正式的、官方的契约将利益相关者划分为一级利益相关者和二级利益相关者。其中，一级利益相关者主要包括财务资本所有者、人力资本所有者、政府、供应商和顾客等；二级利益相关者包括社会公众、环境保护组织、所在社区、新闻媒体等。

李心合（2001）从合作性和威胁性两个维度将利益相关者分为支持型利益相关者、边缘型利益相关者、不支持型利益相关者和混合型利益相关者四类。支持型利益相关者主要指股东、债权人、经营者、顾客、供应商和提供服务者等；边缘型利益相关者主要包括员工的职业联合会、消费者保护组织以及那些未经组织起来的股东等；不支持型利益相关者主要是指存在竞争关系的企业、工会及新闻媒体等；混合型利益相关者包括紧缺的雇员、顾客等。

陈宏辉和贾生华（2004）在借鉴国外学者"多维细分法"和"米切尔评分法"等思路的基础上，从主动性、重要性和紧急性三个维度采用评分的方法将利益相关者分为核心利益相关者、蛰伏利益相关者、边缘利益相关者。其中核心利益相关者是企业不可或缺的群体，与企业有紧密的利害关系，如股东、经营者和企业员工等；蛰伏利益相关者是那些已经与企业形成了较为密切的关系，在企业正常经营状态下，他们只是表现为一种企业的显性契约人，一旦其利益要求没有得到满足或者是受到损害时，他们可能就会从蛰伏状态跃升为活跃状态，从而直接影响企业的生存和发展，如消费者、债权人、政府、供应商等。边缘利益相关者往往被动地受企业的影响，他们的重要性程度很低，其实现利益要求的紧迫性也不强，主要指特殊利益集团和社区。

王竹泉（2006）则根据企业是否参与集体选择，将利益相关者分为内部利益相关者和外部利益相关者两类。利益相关者实际参与企业的集体选择，他们是企业这一集体的共同利益和目标的制定者，并力图通过他们的合作实现这一共同利益和目标；外部利益相关者不能直接参与企业的集体选择。

刘美玉、林忠（2007）则从有利于参与公司治理的角度对利益相关者进行了多角度分类。如根据生产要素的性质，将利益相关者分为人力资本所有者、非人力资本所有者和社会资本所有者；根据企业与利益相关者的关系，分为企业内部关系的利益相关者、企业之间关系的利益相关者、企业外部关系的利益相关者；从产权角度为标准来划分，分为产权主体的利益相关者和非产权主体的利益相关者；根据专有资源的流动性划分，分为强流动性利益相关者和弱流动性利益相关者；根据追逐利益的领域不同，分为资本市场利益相关者、产品市场利益相关者和组织利益相关者；根据利益相关者要求的主要权利的性质不同，分为利益索取型利益相关者和社会责任型利益相关者；根据对投入专用性资源的回报和风险性划分，分为强风险收益型的利益相关者和弱风险收益型的利益相关者等。

表3-2 国内学者对利益相关者的分类汇总

人物	分类依据	具体分类
万建华（1998）	根据与企业的契约关系	一级利益相关者、二级利益相关者
李心合（2001）	合作性和威胁性	支持型利益相关者、边缘型利益相关者、不支持型利益相关者和混合型利益相关者
陈宏辉和贾生华（2004）	主动性、重要性和紧急性	核心利益相关者、蛰伏利益相关者、边缘利益相关者

续表

人物	分类依据	具体分类
王竹泉（2006）	是否参与集体选择 提供生产要素的性质	内部利益相关者和外部利益相关者 人力资本所有者、非人力资本所有者和社会资本所有者
刘美玉，林忠（2007）	企业与利益相关者的关系以产权角度为标准	内部利益相关者和外部利益相关者产权利益相关者和非产权利益相关者
……	……	……

资料来源：笔者根据相关资料整理。

综上所述，目前国内外学者关于利益相关者的分类方法繁多。他们或从与企业关系的紧密程度来分类，或从承担企业风险的角度来分类，或从公司治理的角度来分类，或从利益相关者本身的特性来分类，等等。由于对利益相关者概念的理解不同，所以对利益相关者所包括的范围的认识就有所差异，从而导致对利益相关者不同的分类方法。在利益相关者的分类问题上，我们鼓励多方位、多角度对利益相关者的类型进行划分，但在实际应用中要结合所研究的具体问题来对利益相关者进行分类。

二、本书对利益相关者的界定与分类

（一）本书对利益相关者的概念界定

利益相关者的概念界定难以统一，但是仔细剖析近30年来利益相关者理论的发展史，我们可以发现，学者关于利益相关者概念的争议主要是在对利益相关者认定的范围上。如果认定的范围过于宽泛，如将"影响企业活动或受到企业活动影响的个体或群体"或"与企业有关系的人"都认定为企业的利益相关者，就会将世界上所有存在的甚至现在还不存在而将来会出现的人或群体都囊括其中，从而使对利益相关者的研究无从下手。但是如果对利益相关者的定义范围过于狭窄，又会导致可能忽略影响企业的其他利益相关者，从而不利于对影响企业因素的全面考察。实际上，与企业产生关系或者有潜在关系的利益相关者很多，这些利益相关者与企业的利益关系或远或近，不同的利益关系决定了其对企业施加影响的程度不同，因此，要界定一个统一的确切的利益相关者的概念不是一件易事。

笔者认为,对企业利益相关者的概念界定不必太过苛刻。因为,无论是从宽泛的角度来定义企业的利益相关者,还是从狭窄的角度来定义利益相关者,这些利益相关者都与企业的生存发展有一定的关系,差别仅在于这些利益相关者与企业关系的紧密程度不同。笔者认为对于企业利益相关者的界定,要按照适度范围和因事而异的原则。适度范围原则是指对利益相关者的界定范围不能太宽泛也不能太窄。因为定义过宽将企业利益相关者的范围无限扩大,会导致研究无从下手;而如果定义的范围过窄,则可能遗漏一些重要的利益相关者。因事而异原则,是指要根据研究的不同对象来界定企业利益相关者。如要研究社会责任问题,则社区居民、环保组织等都应该包含在内;而如果要研究利益相关者的收益分配问题,则社区居民、环保组织等都不应被考虑在内。基于此,本书将企业的利益相关者界定为一切与企业有直接经济利益往来的人或者团体。在这种定义下,本书所研究的利益相关者就包括股东、债权人、经营者、员工、供应商、客户、政府等。

另外,在理解企业利益相关者概念的时候,还要注意以下三个问题:

第一,利益相关者具有相对性。由于企业的性质不一样,它在市场中的地位和优势各不相同,所以各个企业的利益相关者也是不一样的。因此,我们在讨论企业的利益相关者的时候,一定是针对某一具体企业而言的。对一个从银行贷款的企业来说,银行债权人属于本企业的利益相关者,但是对于没有从银行贷款的企业来说,银行债权人就不是它的利益相关者;对一般性的制造企业来说,供应商和客户可能是企业非常重要的利益相关者,但是对于一些垄断性企业特别是国家垄断性企业来说,他们较少从外部寻找供应商或者客户,供应商和客户可能就不是企业非常重要的利益相关者了。所以,企业的利益相关者一定是针对某一个企业而言的,具有相对性。

第二,利益相关者具有动态性。企业的利益相关者在企业中并不是一成不变的。对于同一企业而言,不同时期不同阶段,企业的利益相关者也是不同的。利益相关者在企业中呈现出动态的变化。随着企业经营环境的不断变化,其利益相关者也处于不断地调整过程中。

第三,利益相关者具有层次性。无论是从广义的角度还是从狭义的角度去界定,企业的利益相关者都不是单一存在的。同一企业的利益相关者,他们各自的利益需求不一样,与企业关系的紧密程度也不相同,所以,在研究企业利益相关者的时候,应尽可能地根据与企业关系的密切程度或者对企业权利的控制程度等将利益相关者分层讨论,这样可以避免将不同质或者不同类型的利益相关者混杂在一起。

(二) 本书对利益相关者的分类

虽然目前对利益相关者的概念有很多不同的观点,但是这些观点本身没有太大的差异,仅仅是范围上的区别而已。因此,我们没有必要将时间和精力放在如何界定统一的利益相关者概念上,而应该结合研究的问题确定其主要利益相关者。企业利益相关者人数众多且存在着多维度的差异,如契约的可交易性、关系的直接性、风险承担的自愿性、联系的紧密性等。正是由于这些维度的差异,在企业的利益相关者中,有的可能会对企业主动施加影响,并主动承担企业经营的风险;有的则可能被动地受到企业经营行为的影响、被动地承担企业经营风险。因此,不同的利益相关者对于企业生存和发展的重要性是有差异的。笔者认为,在对企业的利益相关者进行分类时应考虑以下因素。

首先,分类能够反映各利益相关者最本质的区别。为了避免利益相关者的不同质性导致的混乱,在分类时一定要根据各个利益相关者的本质特征,尽可能地将本质相同的利益相关者划分在一起,以反映不同类别的利益相关者的根本不同,而不只是表面上的差异。

其次,分类方法应该与要研究的问题相对应。根据不同的划分标准,企业的利益相关者可以被划分成很多不同的类型。但是我们不能纯粹为了划分类别而去对企业的利益相关者分类,而是要根据研究的特定目的采用相应的分类方法。如为了分析利益相关者参与权利分配的问题,我们可以按照各个利益相关者的权利性进行分类等。

最后,分类方法应具有较强的可操作性。如前文所述,对企业利益相关者进行类别划分是为了解决问题。如果对利益相关者的划分标准非常合理,却缺乏可操作性,那么这种划分标准也只能被束之高阁。所以,关于利益相关者的划分标准必须能真实反映各利益相关者在企业中的角色定位,具有可操作性。

由于本书探讨的是利益相关者参与企业价值增值分享的问题,因此在对利益相关者进行分类时也必须结合这个核心问题。根据本书对利益相关者的界定,一切与企业有直接经济利益往来的人或者团体都属于企业的利益相关者,主要包括股东、债权人、经理人、员工、供应商、客户、政府等。本着研究问题的目的性和可操作性的原则，本书借鉴王竹泉教授（2006）的分类方法，根据是否参与集体选择，将企业的利益相关者分为两类：一类是参与企业集体选择的利益相关者，称为内部利益相关者；另一类是不参与企业的集体选择但是在企业的生存发展中起着重要作用的利益相关者，称为外部利益相关者。内部利益相关者通过参与企业的集体选择成为企业的所有者，他们是企业共同利益和目标的执行者，通过相互合作实现其共同的利益和目标，并且有权分享企业的价值增值。企业的外部利益相关者不参与企业的集体选择，但他们是企业的重要利益相关者，他们的活动会对企业产生重要的影响，他们可以分享企业的价值但分享的不是企业的价值增值。

之所以划分为内外部利益相关者是基于这样的考虑。在利益相关者理论下，企业是属于利益相关者的，而经营企业是有风险的，并不是所有的利益相关者都愿意承担这种风险，只有那些愿意承担风险并且与企业的经营目标一致的利益相关者才是企业真正的主人。本书从权益主体对利益相关者进行划分，可以从本质上将利益相关者划分为不同的类别。作为企业内部的利益相关者，他们具有相同的利益目标，企业经营得好，他们分享的剩余就多；反之，享有的剩余就少，所以内部利益相关者与企业的经济效益是休戚相关的。而外部利益相关者根据事前与企业达成的契约享受相对固定的收益，企业经营的好坏与他们没有太大的关系。只要企业能按照固定契约支付给他们相应的利益，他们就不会有损失。因此，这两类利益相关者在本质上有着天壤之别。

另外，我们所提出的利益相关者分享企业剩余的观点，并不是指所有的利益相关者一定同时参与企业的剩余分享，而是指所有的利益相关者都有参与剩余分享的权利。在实际中表现为：可能是单个利益相关者独享企业的全部剩余，也可能是全部利益相关者一起共同分享企业的剩余，更普遍的情况是由企业的部分利益相关者共享。至于到底哪个利益相关者参与企业的价值增值分享，则取决于它所提供的资源的稀缺性、对企业贡献的大小以及其自身的谈判能力，等等。也就是说，我们所提出的利益相关者参与企业剩余分享，既不是指由股东单边决定企业的价值增值的分享，也不是一味地追求由所有的固定利益相关者共同决定企业价值增值的分享，而是指参与分配的利益相关者是一个开放的系统，所有的利益相关者都有权进入该系统参与企业剩余的分配，而最终谁会进入该系统以及分配多少则是多方共同博弈的结果。利益相关者博弈的最终结果则是一部分成为企业的内部利益相关者，另一部分成为企业的外部利益相关者。

值得注意的一点是,参与企业集体选择的利益相关者并非是一成不变的。随着企业的发展变化,利益相关者也会做出不同的选择。原来是企业的内部利益相关者可能退出成为企业的外部利益相关者,原来是企业的外部利益相关者同样也可以选择成为企业的内部利益相关者,因而内外部利益相关者始终是处于一个动态的调整过程。利益相关者的动态调整并不是简单的位置变动,而是反映了一种所有权状态的变化。

第二节 企业价值增值的界定

一、价值管理理念的提出

20世纪80年代以来,世界经济中的全球化、知识化、信息化特征日益明显,对企业经营活动以及区域经济发展产生了重大影响。越来越多的企业根据环境的变化已经从对自然资源、经营规模和市场份额的依赖中转向对知识、资本市场价值的寻求。相应的企业的管理目标也从利润最大化、规模最大化向价值最大化转变,财富的创造途径和企业经营思想正发生革命性的变化。以企业价值为基础的管理已经成为企业界一种新的企业管理模式。

价值管理的思想最早要追溯到20世纪初Fisher(1906)的资本价值理论。后来莫迪利安尼(F. Modigliani)和米勒(M. H. Miller)的资本结构定理对价值管理产生了重大影响,唤起了人们对企业价值的高度关注。拉帕波特(Rappaport)于1986年在其《创造股东价值》一书中提出了以"股东价值"为中心的管理方法和程序,开创了价值管理的新纪元。而正式标志价值管理理论形成的则是麦肯锡的汤姆·科普兰(Tom Copeland)和詹姆斯·奈特(James A. Knight)。汤姆·科普兰和詹姆斯·奈特在他们的著作中,明确提出了价值管理的概念和应用模型,从而为价值管理的推广和应用做出了重要贡献。

价值管理主要包含价值创造与价值分享两大研究主题。价值创造是价值管理的核心，也是价值管理的最终目的。企业的一切活动都是围绕价值创造而产生的，从企业战略开始到投资、技术和研发、生产、销售、财务活动、人力资源活动、企业文化等，一切都是为了实现企业价值这一目标。而价值分享是对企业价值创造的再利用，价值分享的结果是否公平有效，反过来又会直接影响价值的创造。价值分享主要是对参与价值创造的人的贡献的肯定，分享结果直接影响创造者的积极性与创造性，从而影响整个企业价值创造的空间。如果说通过增加收入或者降低成本提升企业价值的空间是有限的，那么通过价值分享提高各个利益相关者的创造性和主动性从而提升企业价值则是一个无限空间。在价值分享的主体中，内部利益相关者的治理效率又是影响整个价值创造的核心。价值管理、价值创造和价值分享的关系如图3-1所示。

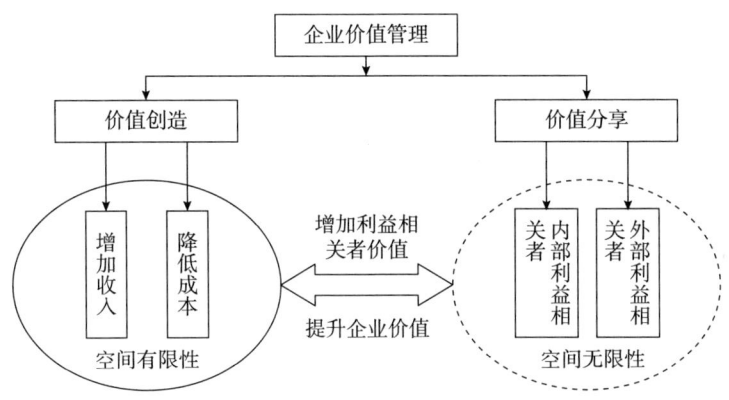

图3-1 价值管理、价值创造与价值分享的关系

价值管理理念综合了企业的产品价值、员工价值、顾客价值、投资者价值、供应商价值、企业价值、社会价值，构建起了企业的价值体系。可以说，现代企业之间的竞争，从根本上看，是企业价值创造能力之间的较量。企业价值的创造和企业整体价值的提升是企业长盛不衰、持续发展的根本。国外实证研究表明，如果一个企业重视企业价值，当它的价值在不断增值时，它的生产效率、创新能力往往比其他企业强，创造的财富更多，同时相应的产品价值、员工价值、顾客价值、投资者价值、供应商价值、社会价值都能很好体现。20世纪80年代，杨纪琬和阎达五曾提出"会计管理"的概念，极大地扩展了会计视野。陈良华（2002）认为，会计管理的实质就是价值管理。价值管理已成为现代企业管理十分关注的核心问题。无论是传统制造业的生产管理,还是现代服务业的服务管理;无论是企业内部业务流程管理,还是虚拟企业间供应链管理;无论是从事产品经营的一般企业,还是进行资本经营的投资公司,价值管理已成为包容各种组织管理的核心理念。

价值管理的有效性已经被诸多国际大企业的成功应用所证明。美国通用公司在企业内部建立了价值管理委员会,专门监督、指导和推进各分公司的价值管理活动。德国的戴姆勒克莱斯勒公司也把价值管理作为企业进入21世纪的三项重要发展战略之一。价值管理作为一种企业理念,始终注重顾客、股东、员工等的利益,以真诚、公正的态度服务于企业每一利益相关者,凝聚成一整套企业文化,为企业持续的价值创造提供动力。价值管理始终关注创造价值这个企业最核心的目标,从战略角度对企业内外资源进行系统的整合和优化,以实现企业整体价值最大化。随着价值最大化上升为公司整体的管理思想,价值管理作为一种以创造价值、实现价值增长为目标,在公司的经营管理和财务管理中遵循价值理念,依据价值增长规则和规律,探索价值创造的运行模式和管理技术,逐渐成为企业现代管理实践的最佳模式。这种新的企业管理模式突出了企业价值在企业管理理念中的核心地位,立足于企业整体价值的提升,是企业管理理论的现代延伸和最新发展。总之,价值管理是根源于企业追逐价值最大化的内生要求而建立的以价值评估为基础,以规划价值目标和管理决策为手段,整合各种价值驱动因素和管理技术、梳理管理与业务过程的新型管理模式。

二、企业价值增值的概念

(一)企业价值的内涵

20世纪50年代中期,西方学术界明确提出价值概念,其后一直是财务理论讨论的中心议题。几十年来,随着财务理论的不断发展,"企业价值"这一术语受到了财务界的普遍认同与运用。尽管这一术语已经被广泛使用,但是至今still未形成一个统一的定义。不同的学者在使用这一术语时,所指的范围、强调的重点及目标有很大出入。

有些学者认为企业的价值就是企业资产的账面价值。由于我国企业中的各项资产以历史成本计量,因此企业的价值就等于各项资产历史成本的简单加总。这种观点虽然遵循了客观性及谨慎性原则,但是账面价值并不能正确反映企业真实的价值现状。有些学者将企业价值定义为企业的市场价值。假设市场是有效的,股票的价格反映了大家对公司的认可程度,因此市场价值是对企业真实价值的反映和估计。但由于股票价格受到多种因素的影响,比如市场中存在"噪声",所以市场价值不能反映企业的真实价值。为了真实地表述企业的价值,又有学者提出了内在价值的概念。企业的内在价值是指企业在其未来的生产经营过程中产生的现金流量的贴现值。与其他价值观点相比,内在价值更强调企业的未来发展盈利能力。从理论上说,内在价值更能体现企业的整体价值。但是,不同的价值评估人员对企业的未来现金流量的估计和贴现率的选择都不尽相同。所以,采用内在价值来评估企业价值包含有较强的主观因素。

吕帅、纪建悦（2008）等将企业的价值与企业的利益相关者联系起来,认为企业的价值就是目前状态下多利益相关者共同参与状态所带来的未来盈利能力的折现值。虽然吕帅、纪建悦等将企业价值与利益相关者联系了起来,但他们所界定的企业价值本质上仍然是一个内在价值的概念。

总起来说,以上几种关于企业价值的理解,都是从整体上去衡量企业的整体价值。但是衡量企业的整体价值在操作中很难实现,企业的整体价值其实是一种动态的不断调整的过程。只要企业在运营,它的价值就处于不断变化的状态,尤其是当企业做出一些重大的经营决策时,如有的企业上市前后其整体价值差距非常大。初成立企业的价值可能无法与成熟的大型企业相比,但是如果初成立企业具有很强的发展潜力,那么它可以成为像微软这样的大企业；相反,处于成熟期的企业可能面临无法发展的地步,一步步走向衰退的边缘。所以,内在价值法衡量企业的整体价值虽然从理论上看比较合理,但是实际上却存在着太多的不确定性。因此,对企业整体的价值衡量虽然从愿望上来说是好的,可实际上很难实施。

既然企业价值是衡量企业发展水平的一个重要指标,那么企业的整个发展过程都必须贯彻价值管理的理念。鉴于目前关于价值管理难以计量的缺点,本书认为,对企业价值的界定,应该在价值管理的理念下将企业发展的每一个过程都能以价值最大化为目标。因此,为了计量方便,本书所指的企业价值是指企业当年所实现的价值。在利益相关者理论下,企业的目标是利益相关者价值最大化,利益相关者价值最大化等同于企业价值最大化。但是企业的利益相关者人数众多,要想让所有的利益相关者都实现价值最大化是不可能也是不现实的。因此,还必须从这些利益相关者中找出最核心的利益相关者。基于此,本书将企业的利益相关者分为内部利益相关者和外部利益相关者。企业的所有权实际上是归属于企业内部利益相关者的。企业的利益相关者最大化目标,实际上是指企业的内部利益相关者的价值最大化,企业经营存在的目标即是为内部利益相关者创造更大的价值。

(二) 企业价值增值的概念

所谓的企业价值增值,指的是企业在一定时期内产生的价值的增加额,即指企业在一定时期内形成的经济利益的流入减去经济利益的流出。王竹泉、高芳(2004)认为,在交易中,产出的经济价值表现为流入的交换价值,投入的经济价值表现为流出的交换价值,产出与投入的差即为经济价值的增加,也就是价值增值,它可用流入的交换价值减去流出的交换价值来衡量。但是与企业利润的概念类似,不同的主体对于企业产生的增加值的关注点不一样,因而企业价值增值也会根据产出的扣除不同而有不同的内涵。那么在利益相关者治理的观念下,企业的价值增值到底是什么?

企业是利益相关者达成的一组契约,所有的利益相关者都是企业价值的创造者,都应该分享企业产生的价值增值。但是由于企业的利益相关者人数众多,并且性质各异,不同的利益相关者承受企业风险的能力不同。因此,本书借鉴王竹泉的分类方法将其分为内部利益相关者和外部利益相关者。外部利益相关者按照事前达成的协议分享固定的收益,而内部利益相关者将要承担企业经营不确定性所带来的风险,即企业的剩余索取权主要集中在内部利益相关者手中。由于企业的内部利益相关者进入企业的集体选择,承担企业的经营风险,所以企业的价值增值最后由内部利益相关者共同分享。企业所实现的经济利益的流入扣除企业外部利益相关者的支付,剩余的就是由内部利益相关者共享的企业价值增值,即企业的价值增值=内部利益相关者的价值=企业经济利益的流入-外部利益相关者的支付。

其中,企业经济利益的流入包括企业已经实现的经济利益或者已经产生但是还未实现的经济利益,也就是会计学中所讲的企业的全部收益;外部利益相关者的支付指的是所有以固定形式支付的不参与企业集体选择的利益相关者的支出;企业的价值增值实际上就是由内部利益相关者所分享的那部分企业价值。因此,我们所说的企业价值的最大化实际就是指内部利益相关者的价值最大化,即实现企业所有直接利益相关者的价值最大化。也就是说,在利益相关者理论指导下,企业的目标就是充分发挥各个利益相关者的资源优势，合力将企业价值这块"蛋糕"做大。企业价值"蛋糕"做大以后，剩余的就是各个利益相关者来分享企业剩余的问题。

利益相关者在分享企业的价值时，会有不同的优先权。但不管是外部利益相关者还是内部利益相关者，他们对企业价值的分享都是靠契约来完成的。由于外部利益相关者不进入集体选择，不承担企业的经营风险，所以对于企业价值的分享只是按照之前企业与外部利益相关者达成的交易契约来进行的。而对于内部利益相关者，则是根据内部利益相关者之间达成的组织契约来参与分享的。在市场经济条件下，应最大限度地保护契约自由，只要这种契约没有侵害其他利益相关者的利益，该契约就是公平的。本书将重点探讨内部利益相关者如何分享企业价值增值的问题。

三、利益相关者的状态依存性与企业价值增值的确定

如前文所述，企业利益相关者的构成是一个动态的不断调整的过程，内部利益相关者可能转化成为企业的外部利益相关者，外部利益相关者也可能随时转化成为企业的内部利益相关者，那么该如何界定内部利益相关者的价值增值呢？这需要结合利益相关者的状态依存性。

张维迎（1996）曾详细表述过企业所有权的状态依存性。设 x 为企业的总收益（$0<x<X$，其中 X 为企业最大可能的总收益）。w 为应支付工人的合同工资，r 为应支付债权人的合同收入，u 为应支付股东的最低预期收益。那么，企业所有权的状态依存特征可以简单表示为：①当 $x<w$ 时，生产者拥有支配性的企业所有权；②当 $w<x<w+r$ 时，债权人拥有支配性企业所有权；③当 $w+r<x<w+r+u$ 时，股东直接行使支配性的企业所有权；④当 $w+r+u<x$ 时，经营者拥有可操作性的企业所有权。张维迎从企业的正常和非正常状态两方面考察了企业所有权的状态依存特征的形态，向人们展示了并不是只有股东才能拥有企业的所有权，在不同的情况下，企业的所有权会存在一种状态依存性。张维迎虽然认为企业的所有权存在一种状态依存性，但他指的状态依存性是包含非正常情况下的状态依存，并没有将利益相关者纳入企业剩余收益的研究范畴。但是我们依然可以借鉴张维迎的这种思路，探讨在利益相关者治理的观念下，企业在正常情况下其所有权的状态依存性特征。

假设企业的价值增值为 V，企业从客户所得的总收入为 I，企业支付给供应商（这里的供应商包括所有向企业提供原材料、动力以及相关服务等的利

益相关者）的采购支出为 C，债权人的利息为 Z，支付给政府的税收为 T，支付给经营者和工人的工资分别为 W_m 和 W_w，股东获得支付为 S。并假设每一类利益相关者都有相同的选择。

（1）若 $V=S=I-C-Z-T-W_m-W_w$，此时股东是企业唯一的内部利益相关者，供应商、债权人、政府、经营者以及企业员工都是企业的外部利益相关者。此时企业的价值增值就是股东的价值增值为 S。

（2）若 $V=S+W_m=I-C-Z-T-W_w$，则此时企业的剩余由股东和经营者分享，股东和经营者是企业的内部利益相关者，供应商、债权人、政府以及企业员工是企业的外部利益相关者。此时企业的价值增值为 $S+W_m$。

（3）若 $V=S+W_m+W_w=I-C-Z-T$，则此时企业的剩余由股东、经营者和员工分享，股东、经营者和员工是企业的内部利益相关者，供应商、债权人、政府是企业的外部利益相关者。此时企业的价值增值为 $S+W_m+W_w$。

（4）若 $V=S+W_m+W_w+T=I-C-Z$，则此时企业的剩余由股东、经营者、员工、政府分享，股东、经营者、员工以及政府是企业的内部利益相关者，供应商、债权人是企业的外部利益相关者。此时企业的价值增值为 $S+W_m+W_w+T$。

（5）若 $V=S+W_m+W_w+T+Z=I-C$，则此时企业的剩余由股东、经营者、员工、政府和债权人分享，股东、经营者、员工、政府和债权人是企业的内部利益相关者，供应商是企业的唯一外部利益相关者。此时企业的价值增值为 $S+W_m+W_w+T+Z$。

（6）若 $V=S+W_m+W_w+T+Z+C=I$，则此时企业的剩余由股东、经营者、员工、政府、债权人和供应商共同分享，股东、经营者、员工、政府、债权人和供应商是企业的内部利益相关者，企业的价值增值为 $S+W_m+W_w+T+Z+C$，这是所有利益相关者共同主导企业所有权的企业治理结构。

（7）当然，企业的所有者还可能出现单边治理的情况，除了（1）股东单边治理外，还可以出现 $V=W_m=I-C-Z-T-W_w-S$，$V=W_w=I-C-Z-T-W_m-S$，$V=T=I-C-Z-W_w-W_m-S$，$V=Z=I-C-T-W_w-W_m-S$，$V=C=I-Z-T-W_w-W_m-S$ 等情况，分别表示经营者单边治理、员工单边治理、政府单边治理、债权人单边治理以及供应商单边治理等形式。当然实际中，这种治理形式是否合理存在，还需要做进一步的分析。

通过以上的分析可以看出，我们所设计的利益相关者共享企业价值是一个开放的系统，即是否进入集体选择完全由各个利益相关者自己决定。所以根据利益相关者的不同选择，企业的组织形式是不一样的，从而企业的治理结构也就不同。当进入集体选择的只是股东这一类利益相关者时，企业的价值增值就是由股东独享，这也是传统经济下的主要分配方式。当进入集体选择的是股东和债权人时，企业的价值增值就是由股东和债权人共享。而当企业的直接利益相关者都进入集体选择时，则企业的价值增值则是由所有进入集体选择的利益相关者共享。正是由于进入集体选择的利益相关者的种类不同，不同的组织形式企业价值增值的内涵也是不同的。

不仅企业内部利益相关者可以有多种不同的组合，而且内部利益相关者分享企业价值增值的契约也有多种。既可以是所有内部利益相关者完全按约定比例共同分享企业的价值增值；也可以是所有内部利益相关者先按固定金额分享一部分，其余再按约定比例共同分享；还可以是一部分内部利益相关者按固定的金额参与分享，而其他内部利益相关者按约定比例分享企业的价值增值；等等。但不管他们参与的形式如何，只要这些契约没有侵害外部利益相关者的正当利益，就都是自由和公平的，都应该受到保护。

第四章

利益相关者分享企业价值增值的理论前提

第一节 利益相关者分享企业价值增值的原则

经过前述分析，进入集体选择的利益相关者有权分享企业的价值增值。但是有权分享企业的价值增值并不等于对企业的价值增值进行平均分配。由于不同的利益相关者提供的要素资本不同，对企业的贡献程度不一样，各自承担的风险也不相同，因此必须制定一种公平的分配原则，以有效地保护各个利益相关者的利益，协调他们的合作效率，从而为企业创造更大的价值。经过分析，笔者认为，利益相关者参与企业的价值增值分享必须遵循以下五个原则。

一、收益与贡献对称原则

假设各利益相关主体投入的要素资本为 I，这里的要素资本既包括资金、设备等物质资本也包括经营者和员工投入的人力资本，还包括供应商、客户等投入的各种关系资本。如果某利益相关者 i 投入的要素资本 I_i 大于另一利益相关者 j 投入的要素资本 I_j，则利益相关者 i 分得的价值增值 V_i 应大于利益相关主体 j 的价值增值 V_j，即如果 $I_i>I_j$，则 $V_i>V_j$。

在利益相关者理论下，企业的各个利益相关者都向企业投入了要素资本，因而都具有分享企业价值增值的权利。但是由于企业的性质不同，每一个利益相关者向企业投入的要素资本的禀性和数量也不相同，因而不同的利益相关者分享的价值增值金额也是不一样的。对一些劳动密集型企业来说，物质资本是企业最重要的要素资本，因而物质资本投入者在企业的剩余分享中应该占有非常重要的位置；而对于一些以研发为主的高科技企业来说，具有较强创新能力的技术型员工对企业价值创造的贡献比较大，因而这些技术型员工分得的企业价值增值就会更多一些，从而更有利于企业的发展。因而，利益相关者在分享企业价值增值时，应该按照收益与贡献相配比的原则进行分配。

二、收益与风险对称原则

假设各利益相关者承担的风险为 R，如果某利益相关者 i 承担的风险 R_i 大于另一利益相关者 j 承担的风险 R_j，则利益相关者 i 分享的价值增值 V_i，应大于利益相关者 j 的价值增值 V_j，即如果 $R_i>R_j$，则 $V_i>V_j$。

利益相关者向企业投入一定的要素资本进行经营是需要承担一定的经营风险的。一旦经营不善，利益相关者就要承担由于企业经营亏损或者破产带来的损失。例如，股东要承担投资项目不当所带来的亏损或者破产损失，债权人要承担因企业经营失败资金无法收回的风险，等等。而在企业投资项目的选择上，高收益的项目同时也伴随着高风险。如果利益相关者属于风险偏好型，则可能为了获取更高的收益而去投资一些风险较大的项目；相反，对于风险厌恶型利益相关者来说，其可能为了规避风险而只要求获得较低的稳定的报酬。

三、共赢原则

利益相关者治理下，企业是归属于所有参与集体选择的利益相关者的。利益相关者之所以能达成共识，是因为这些利益相关者对企业都有一个期望收益，而且这个期望收益会高于其单独行动时所获取的收益，否则利益相关者宁愿自己单独行动而不会达成集体选择。在共赢原则下，达成集体选择的所有利益相关者都按照某种收益分配方法分享企业的收益，并且其获取的收益不会低于他单独行动时所获得收益。假设 V 为利益相关者待分享的价值增值，每一个利益相关者分得的价值增值为 v_i，则所有利益相关者分得的价值之和等于企业待分配的价值增值，而且每一利益相关者分得的价值增值 v_i 不会小于其单独行动时所获取的价值增值 v_i'，即 $V = \sum v_i, v_i > v_i'$。

四、效用最大化原则

企业价值增值是由多个利益相关主体共同合作的成果，同时也是他们所共同分享的对象。企业的每一个利益相关者都在追求个体利益最大化，其共同治理的效果取决于利益相关者的整体利益和个体利益是否协调一致。分配制度设计的合理性与否直接影响着每个利益相关者合作的积极性,从而影响着企业的价值创造。因此要实现多元利益主体共同协调发展,必须建立一个有效激励的收益分享机制与模式,这是分配制度设计的重要前提。

假设企业有 n 个利益相关者,企业当年实现的总的价值增值为 V,利益相关主体 i 的效用函数为 U_i,则收益的两个分配方案向量分别为:

$N_1 = (V_{11}, V_{12}, V_{13}, \cdots, V_{1n})$,

$N_2 = (V_{21}, V_{22}, V_{23}, \cdots, V_{2n})$,

令 $P_1 = \prod_{t=1}^{n} U_i$, $P_2 = \prod_{t=1}^{n} U_j$,若 $P_1 > P_2$,则 $N_1 > N_2$。

五、动态调整原则

企业是利益相关者达成的一组契约。但这个契约并不是一个固定的契约,而是一个不断变动调整的契约。企业的外部利益相关者可以根据环境的变化随时进入集体选择成为企业的内部利益相关者,内部利益相关者也可以随时退出集体选择成为企业的外部利益相关者。而且进入集体选择的内部利益相关者也可以随时根据环境的变化随时与其他利益相关者谈判重新调整收益分配方案。企业的各个利益相关主体之间的收益分配过程是一个不限次的讨价还价过程。在参与企业价值增值分享的利益相关主体中,股东和债权人投入企业的是物质资本,物质资本具有良好的价值显示功能,比较容易衡量。而经营者投入的人力资本以及供应商和客户等投入的关系资本是一种隐性资本,在实际工作中难以计量。因而,拥有人力资本和关系资本的利益相关者在进行谈判时,其要求分享的企业价值增值的金额较难准确界定。更多的情况是,人力资本和关系资本的求偿金额取决于该要素提供者本身的谈判能力,而要素提供者的谈判能力会随着对企业专用性投资的不断投入和经验的积累而发生变化,因而,提供人力资本和关系资本的利益相关者分享的企业价值增值也在不断地发生变化,从而导致利益相关者分享企业价值增值总是处于一个动态调整的过程。另外,由于参与企业价值增值分享的利益相关者系统也是一个开放的系统,利益相关者会根据经济环境的变化随时参与集体选择成为企业的内部利益相关者分享企业的剩余,也可能随时退出集体选择成为企业的外部利益相关者,因而利益相关者参与企业价值增值的过程一定是一个动态调整的过程。

第二节 | 利益相关者分享企业价值增值的标准

企业是一组利益相关者缔结的契约。企业的价值增值由各利益相关者共同创造和实现，因此，参与企业价值增值创造的这些利益相关者就有权去分享企业的价值增值。那么，利益相关者应该按照什么标准去分享企业的价值增值，才能均衡各个利益相关者的利益？在改革开放之后，我国在收益分配理论改革方面曾经有过两次大的跳跃。一是打破了平均主义，提出了"以按劳分配为主体，多种分配形式并存的"收入分配制度；二是提出"把按劳分配和按生产要素分配结合起来"，并"允许和鼓励资本、技术等生产要素参与分配"。中共十六大明确指出"确立劳动、资本、技术和管理等生产要素按贡献参与分配的原则，完善按劳分配为主体、多种分配方式并存的分配制度"。这两次分配理论的改革都是我国分配制度上的一大革命，也是适应当时市场环境的结果。按照生产要素的贡献分配体现了社会主义的基本原则和社会主义经济的本质要求，既注重了效率同时又兼顾了公平，是现阶段我国一种比较科学的收入分配制度。

作为微观层次的企业，在进行企业收益分配时也应该体现这种分配原则。企业的利益相关者在分享企业的价值增值时，既要坚持效率也要兼顾公平。坚持效率，就是要求各提供要素资本的利益相关者都有权参与企业的价值增值分享。只要各个利益相关者向企业提供了企业生产发展所必需的要素资本，那么他们就有权参与企业的价值增值分享。禁止任何一种要素资本参与企业剩余收益的分享，企业的经营效率都会受到影响。在技术和知识等凸显能力的知识经济时代，要充分考虑技术资本、知识资本等要素资本的重要性，允许和鼓励其要素提供者参与企业的收益分享，积极调动各类型利益相关者的积极性，才能为企业创造更大的价值。兼顾公平，就是要求各个利益相关者在分享企业价值增值时，应该按照贡献分配。企业利益相关者能否公平地分享企业的价值增值直接影响着企业价值创造的效率。在企业的经营过程中，各个利益相关者向企业提供的要素资本并不相同，既有可计量的物质资本，也有不易计量的人力资本、关系资本等,并且不同要素资本对企业的贡献程度也不相同。在资金密集型企业,物质资本可能是企业创造价值的主要资本要素;而在高科技企业中,人力资本的作用则会大大超过物质资本,成为企业价值创造的关键要素资本。因此在分享企业的价值增值时,按照各个要素资本的贡献进行分配不失为一种最公平的分配方法。

按照要素贡献分配是收入分配理论的一个重要创新,要素贡献论主要有以下两层含义:一是要素参与收入分配的衡量尺度是其在生产中的贡献;二是要素贡献论本身就内含了衡量要素贡献的尺度,即如何测定贡献大小。马克思的政治经济学和西方经济学都赞同财富共创论,他们都承认社会财富是各种生产要素共同创造的结果,要素贡献论所解决的主要问题就是分配的依据问题。要素之所以能参与分配,主要是因为他们在价值的形成和财富的创造过程中都做出了相应的贡献。但是由于不同生产要素做出的贡献不同,因而测量贡献的尺度也应该有所不同。由于现实生产过程中,各种生产要素往往是相互依赖、相互协作才能生产出某种产品,因此很多时候很难准确地判断各个生产要素在社会财富创造中的贡献,这是目前理论界面临的一个难题。西方经济学家曾对生产要素贡献的量化标准进行了探讨。如克拉克在其著作《财富的分配》一书中,系统地提出了边际生产力分配论,试图找出按生产要素分配的量化标准。马歇尔则从市场出发提出了供求均衡决定生产要素价格的理论。他们的探索无疑提供了十分宝贵的研究经验,也给了我们一定的启发。但是由于要素资本的种类较多且性质各异,尤其一些要素资本不易计量,因此要准确地测定某一种要素的贡献在实践中还是很难实现。

笔者认为,某一种要素资本对企业的贡献大小是由多个方面决定的,如要素资本本身的属性、要素资源对于企业的稀缺性等,这些都会直接影响要素资本对企业的贡献大小。要素资本的属性不同,对企业的贡献也不一样。如在传统企业中,由于物质资本的可计量性、同质性和可抵押性等特性使股东一直是剩余收益的唯一索取者,而人力资本由于它的不可计量性以及异质性等特征使人力资本在分享企业的剩余收益时一直处于劣势。要素资本的属性决定了它的用途和功能,从而形成人们对它的特定需求和利用。另外,由于企业的性质不同,即使同一要素资本,在不同企业的贡献程度也不相同。因此,利益相关者在分享企业价值增值时一定要结合要素资本在企业中的贡献程度。另外,要素资本的稀缺程度也会影响该要素资本对企业的贡献。通常而言,资源稀缺的要素资本对企业的贡献程度相对较大;相反,非稀缺资源的要素资本对企业的贡献程度相对较小。长期以来，在我国企业中提供人力资本的员工并没有广泛地参与企业的剩余分享，一个非常重要的原因就是中国的劳动力资源充足，属于非稀缺资源，在与其他利益相关者谈判时处于劣势，基本属于企业的外部利益相关者分享固定的收益，即使通过集体选择成为企业的内部利益相关者，也很少有较强的谈判力争取更多的收益。但是最近几年，随着企业的发展，用工数量逐年增加，而农村青壮年劳动力却越来越少，企业开始出现"用工荒"的现象。据《武汉晚报》报道，2010年春节过后，东部沿海地区出现"用工荒"，广东珠三角地区用工缺口达200万人。对于劳动密集型企业来说，"用工荒"无疑是一种沉重的打击。"用工荒"问题反映的不仅仅是简单的工资低或者用工转移的问题，而是反映出背后深刻的分配机制问题。企业应该将员工的个人发展与企业的长期发展联系起来，充分发挥人力资本要素的作用，才能为企业创造出更大的价值。

考虑到要素资本的不同属性以及参与过程的复杂性，笔者认为，在确认企业要素资本的贡献分配时可以采用定性与定量相结合的方式进行分配。对于容易计量的要素资本如物质资本，可以按照各自的投入额进行分配，投入得多分享得也多，体现了多劳多得的原则。而对于不易计量的要素资本如人力资本或者关系资本，则可以采用协商谈判的方法确认各自的贡献。因为无论是人力资本还是关系资本，它们最大的特点就是不易计量。既然不易计量，那我们就避开计量技术的难题，让参与分享的利益相关者通过各自提供的要素资本的贡献程度进行博弈谈判，最终达成一个各方满意的合约。达成合约的过程其实就是各个利益相关者谈判的过程。在这个谈判过程中，各利益相关者首先决定是否进入集体选择，通过集体选择的利益相关者成为内部利益相关者，从而有权利分享企业的剩余价值。至于分享剩余价值的多少，完全取决于该利益相关者在谈判过程中的谈判力，一个谈判力强的利益相关者可以分得较多的收益，其他利益相关者可以自行决定是否接受该分配方案。如果接受，各利益相关者达成一致的合约；如果有利益相关者不接受该合约，则可以选择退出，剩余的利益相关者再进入谈判过程，直到达成一个各利益相关者均能接受的合约，谈判结束，分享标准即被确定。各个要素资本所有者凭借达成的合约分享企业的价值增值。

基于此，本书认为，利益相关者分享企业价值增值应坚持按要素资本的贡献进行和谐分配。因为在利益相关者治理下，企业的价值是由各个利益相关者共同创造的，在激烈的市场竞争环境中，企业必须与其他企业联合成企业价值链网，共同创造价值链财富才能在激烈的市场竞争中站稳脚跟。无论是整个价值链网上的单个企业，还是单个企业的各个利益相关者，只要他们之间产生了合作，必然会涉及利益的分配问题，而分配是否公平则反过来影响他们合作的效率。因此，利益相关者在分享企业的价值增值时，一定要考虑各要素资本对企业的贡献程度。坚持按照要素资本的贡献进行和谐分配，这也是构建和谐社会的需要。

第三节 利益相关者分享企业价值增值的模式

企业是一个利益相关者达成的契约，参与集体选择的利益相关者成为企业的内部利益相关者，从而具有分享企业价值增值的权利。企业的价值增值是企业的经济流入扣除了外部利益相关者的支付后产生的剩余，是一种剩余的分配。参与集体选择分享企业价值增值的利益相关者可能有很多，每个利益相关者的风险偏好程度不一样，因此利益相关者选择分享企业价值增值的模式也不相同。如风险厌恶型利益相关者在选择分享企业价值增值的模式时会比较保守谨慎，尽量选择有固定收益、风险相对较低的分享模式；而风险偏好型利益相关者在做决策时比较激进，愿意冒风险去选择收益高的分享模式。另外每一个利益相关者对未来的收益预期以及当前经济环境做出的判断不同，也会使他们在分享模式上做出不同的选择。有的利益相关者对当前的经济环境比较乐观，对企业的未来发展有很好的预期，则可能选择剩余分享模式；而对当前经济环境持悲观态度，对企业的未来发展不很看好的利益相关者，则会选择保守的固定分享模式。正是由于利益相关者的个人特性不同，风险偏好程度不一样以及对企业未来和经济环境的预期不同，利益相关者在分享企业价值增值时会有不同的选择模式。

对于风险厌恶型利益相关者，他们希望从企业获取固定的收益，以规避风险，稳定收益，我们把这种分享模式称为固定分享模式；对于风险偏好型利益相关者，他们通常是企业所有权的主导者，承担企业经营的主要风险，是企业剩余收益的主要索取者，该类利益相关者在分享企业剩余时可能完全根据企业的价值增值收益情况分享企业的剩余，我们将这种分享模式称为剩余分享模式。还有一种分享模式，它介于固定分享模式和剩余分享模式之间，平时从企业获取部分固定收益，期末再根据企业的盈利状况分享部分剩余，我们将这种模式称为混合分享模式。因此，利益相关者分享企业价值增值的模式归纳起来主要有三种：固定分享模式、剩余分享模式和混合分享模式。在实际中，企业的各个利益相关者根据自己的风险偏好选择不同的收益分享模式。

一、固定分享模式

1. 固定分享模式的特点

所谓固定分享模式，是指利益相关者在参与企业价值增值分享时，不是根据企业经营成果的多寡分享，而是直接要求从企业收益中获取固定数额的价值增值。在固定分享模式下，利益相关者从企业获取的收益是固定的，不会因为企业经营状况的好坏而变动。对于利益相关者来说，这是一种最有保障的分享模式。只要之前参与集体选择的利益相关者达成了此种分配契约，则利益相关者就可以按照契约约定的固定收益数额参与企业的剩余分享。享受固定分享模式的利益相关者的典型特征是，该利益相关者不承担企业的实际经营风险，其从企业获取的收益是固定的，不受企业经营状况的影响，此种分享模式对利益相关者来说收益最小，风险最小。

采用固定分享模式的优点是可以保证利益相关者的既得利益。无论企业经营好坏，这些利益相关者都可以按照之前达成的谈判协议获得固定收益。但是固定分享模式也有一定的缺点，由于固定分享模式下利益相关者承担的风险较小，根据风险与报酬对等原则，低风险低收益，因而利益相关者获取的收益也比较低。由于固定分享模式的收益是固定的，利益相关者承担的经营风险小，因而固定分享模式一般适合于风险厌恶型利益相关者。另外，在实际经营过程中，如果利益相关者对企业的未来预期不是很好，或者对企业无法实施控制或者监督，也会要求采用固定分享模式。选择固定分享模式的利益相关者还会受利益相关者个人的特性影响。一般来说，消极悲观的利益相关者对企业的未来收益不会有比较好的预期，因而一般会选择固定分享模式。

需要注意的是，尽管利益相关者可以采用固定分享模式分享企业的价值增值，但是不能成为企业的唯一分享模式。这是因为企业的剩余是不确定的，因而利益相关者之间签订的契约必然是一个不完备契约，总有人要为企业经营的不确定性埋单。如果所有的利益相关者都采用固定分享模式分享企业的收益，就会出现企业的不确定收益无人承担的情况，这种情况在现实中是不存在的。因而固定分享模式可以作为内部利益相关者分享企业价值增值的一种模式，却不能单独成为企业的唯一分享模式。固定分享模式必须和其他的分享模式配合才能构成完整的企业分享模式。

2. 内外部利益相关者分享企业固定收益的区别

如前所述，由于外部利益相关者与企业签订的是完备契约，因而外部利益相关者都是按照固定的数额从企业获取收益。而如果内部利益相关者也可以从企业获取固定收益，那么内部利益相关者与外部利益相关者享有的固定收益有何区别？

首先，收益分配的性质不同。外部利益相关者不参与企业的集体选择，企业的经营成果与他们没有任何关系，他们所获取的收益对企业来说是一种成本支出。而内部利益相关者是企业的治理主体，其从企业获取的固定收益是一种剩余收益的分配，是对企业所有的经济利益的流入扣除外部利益相关者等相关成本费用之后的一种剩余分配。

其次，收益确定的依据不同。外部利益相关者获取的固定收益的数额的确定与企业的经营结果没有直接的关系，它一般是根据市场的交易价格作为参考依据，如普通工人的工资是根据同行业内劳动力市场的平均价格参考制定；债权人的贷款利率是以金融市场的基本利率作为参考标准。而内部利益相关者的固定收益的数额确定是根据各利益相关者对企业未来盈利能力的预期所做的合理估计后协商谈判的结果。其收益数额虽然是固定的，但是此固定数额的确定却依赖于各利益相关者对企业经营成果的预期。所以从表面上看，内部利益相关者获取的固定收益是一个固定数额，与企业的经营状况没有直接关系，但实际上该固定收益数额的确定却是与企业的经营成果相关的。

最后，外部利益相关者获取的固定收益支付优先于内部利益相关者的固定收益支付。由于外部利益相关者不参与企业的集体选择，因而不承担企业的经营风险，当企业发生破产清算或者亏损时，外部利益相关者获得的固定的收益支付要优先于内部利益相关者的固定剩余支付。而内部利益相关者既然参与了企业的集体选择，就应当承担一部分企业的经营风险，一旦企业亏损或者破产，他所获得的支付顺序应该排在外部利益相关者之后。

3. 固定分享模式下的分享安排

利益相关者按照固定分享模式分享企业的价值增值，关键是如何确定他们分享的固定收益。正如前面所分析的,内部利益相关者分享企业价值增值,其从企业获取的固定收益的数额是企业剩余收益的一部分,因而其获取的固定收益的数额必定与企业的经营成果有关系。这个关系并不是直接取决于经营成果的多少,而是参与谈判的各个利益相关者对企业经营成果的一种预期。各个利益相关者根据对企业的未来经营成果的预期,通过谈判达成分享协议。

假设 A 与 B 两个利益相关者都是企业的内部利益相关者,A 属于风险厌恶型利益相关者,欲采用固定分享模式分享企业的价值增值。假设 A 根据自己的判断,认为如果企业经营得不好,会产生 V_a 的企业价值增值,这种情况发生的概率是 P_a;如果企业经营得好,会产生 V_A 的价值增值,这种情况发生的概率是 P_A,A 评估自己对企业的贡献程度为 α_1,则 A 从企业获取的期望收益为 $E_{A1} = \alpha_1 (P_a V_a + P_A V_A)$。

对于利益相关者 B 来说,其对于企业的未来收益也会有一个自己的判断。假设 B 认为企业如果经营得不好,会产生 V_b 的企业价值增值,这种情况发生的概率是 P_b;如果企业经营得好,会产生 V_B 的价值增值,这种情况发生的概率是 P_B,假设 B 认为 A 的贡献程度为 α_2,则 B 对于 A 的预期收益估计为 $E_{A2} = \alpha_2 (P_b V_b + P_B V_B)$。

假设利益相关者 A 先出价,要求获得 E_{A1} 的固定收益回报,则利益相关者 B 就会与自己对 A 的预期判断做比较。如果 $E_{A1} > E_{A2}$,则 B 就会要求 A 降低固定收益的数额,B 还价 b,如果 A 觉得 b 太低,则他会再提高收益数额,两者不停地轮流喊价,直至达成协议。当然这里面还有一个利益相关者 A 接受程度的问题,A 可能接受的最低程度是当双方谈判破裂时,A 在别的企业投资或者是作为企业的外部利益相关者所得到的支付中的最大值。

通过上述分析可以看出,如果某一利益相关者希望通过固定分享模式分享企业的收益,则其固定收益数额的确定比较复杂,需要参与集体选择的利益相关者经过多次博弈才能达到均衡解。而这个博弈的过程则主要取决于双方各自的风险偏好、对企业经济环境的预期等因素。

二、剩余分享模式

(一)剩余分享模式的特点

剩余分享模式是指企业的利益相关者平时不从企业获取收益,期末从企业的总收入扣除外部利益相关者的支付后的盈余中分享企业价值增值的一种分享模式。这是一种典型的利益共享、风险共担的分享模式。在剩余分享模式下，利益相关者分享企业的剩余是不确定的，它与企业的经营成果休戚相关。如果企业有剩余，则归利益相关者共享。剩余多分享多，剩余少分享少，如果没有剩余则不分享。剩余收益分配模式下，利益相关者从企业获取的收益状况完全取决于企业的盈余，因而这种分享模式风险性比较大。

剩余分享模式的最大缺点是由于其收益的不确定性，风险很高。利益相关者最终获取收益的大小取决于企业的经营状况，企业经营得好，利益相关者分享的剩余就多，而如果经营得不好，利益相关者不但不能获取收益，还要承担相应的损失。但正是由于利益相关者获取收益的不确定性，才会更加激发企业利益相关者的积极性，为企业创造更大的价值。与利益相关者承担的风险相对应，在这种模式下，利益相关者获得的收益可能最大，因此，高风险高收益是剩余分享模式的典型特点。

由于剩余分享模式具有高风险高收益的特性，因而这种分享模式比较适合风险偏好型利益相关者。比如以获利为主要目的的股东，期望通过向企业投入物质资本来获得回报，由于对企业未来的预期较高，冒险型股东可能投入超过其自身资产的金额（比如通过贷款），并且愿意采用剩余分享模式以获取高额的回报。相比较而言，由于剩余分享模式下收益的不确定性，企业员工分享企业收益时较少采用这种分享模式。因为企业的普通员工一般属于风险厌恶型，一旦企业的收益无法保证，企业员工的生活就会缺乏保障，从而使员工没有安全感。另外，能够对企业实施监督和控制的利益相关者通常也会选择完全剩余收益分享模式。当然，是否选择剩余分享模式还与利益相关者本身的特性有关。积极乐观的利益相关者一般对企业的未来发展有比较好的预期，因而通常会选择剩余分享模式。

（二）剩余分享模式下的分享安排

采用剩余分享模式的利益相关者直接根据企业的经营成果来分享企业的剩余。它是企业剩余收益分配中最常见的一种分享模式，对传统治理结构中提供物质资本的股东来说，这是最基本也是唯一的一种分配方式。在剩余分享模式下，企业的各个利益相关者按照各自的贡献分享企业的价值增值。那如何衡量各个利益相关者的贡献？由于企业利益相关者提供的要素资本的禀性不同，因而在具体分享企业价值增值时需要区别对待。

1. 提供可计量要素资本的利益相关者的分享安排

如果参与企业剩余分享的利益相关者提供的都是能够予以计量的物质资本，由于物质资本的可计量性，因而这种分享方式最简单，直接根据各个物质资本所有者提供的物质资本的数额按比例分配即可。

假设物质资本出资者的出资额度分别是 I_1，I_2，…，I_n，企业当年实现的价值增值是 V，则每个利益相关者可以分享的企业价值增值则是 $V_i = \dfrac{I_i}{\sum_{i=1}^{n} I_i} V$。其中，$\dfrac{I_i}{\sum_{i=1}^{n} I_i}$ 是各利益相关者提供的物质资本的比例。

2. 提供不可计量要素资本的利益相关者的分享安排

如果参与分享的利益相关者提供的要素资本无法予以计量，利益相关者在分享企业价值增值时无法按照各自的投入比例确定各自的贡献，此时可以根据各个利益相关者提供要素资本的资源优势以及各利益相关者的谈判能力，通过协商谈判的方式确定具体的分享比例。影响各个利益相关者谈判能力的因素主要集中在以下几个方面：

（1）资源对企业的贡献。利益相关者提供资源的贡献程度是利益相关者获取企业剩余收益的最根本、最首要的标准。某种资源对企业的贡献大，则拥有该资源的利益相关者从企业获得的剩余收益就多；反之，如果某种资源对企业的贡献程度较小，则该资源的所有者从企业获取的收益就小。

（2）资源的稀缺性。资源的稀缺性是影响利益相关者获取企业剩余收益的另一个重要的因素。一般情况下，如果某利益相关者拥有的资源属于稀缺资源，则该利益相关者在谈判过程中的谈判力就相对较强。

（3）资源的退出成本。资源的退出成本也是影响利益相关者谈判的一个重要指标。如果某利益相关者拥有的资源不容易退出企业或者退出企业的成本极高，则意味着该利益相关者一旦投入企业，其承担的风险相对较大，从而也就意味着该利益相关者在与其他利益相关者谈判时拥有更强的谈判力。

（4）个人的谈判技巧。在协商谈判决定企业剩余分享的时候，利益相关者个人的谈判能力或者谈判技巧也会影响各个利益相关者分享收益的多寡。正所谓"巧舌如簧"，一个拥有较强的谈判技巧的利益相关者则会比没有谈判技巧的利益相关者在谈判的过程中争取到更多的权利。

3. 提供可计量要素资本与不可计量要素资本的利益相关者的分享安排

在企业价值增值的分享过程中，还可能存在一部分参与分享的利益相关者提供的是可以计量的物质资本，而另一部分利益相关者提供的是不易计量的资本这种情况。这就需要将企业价值增值在可计量要素资本和不可计量要素资本之间进行分配。在具体分享安排时，可以采用以下两种途径解决：

一种解决办法是将不易计量的要素资本尽一切办法将其可计量化，或者至少能计量出各类要素资本对企业的贡献度，然后根据各类资本的投资比例或者按照各要素资本对企业的贡献程度为标准来分享企业的价值增值。

另一种解决办法是不同性质的资本所有者进行谈判解决。由于参与谈判的部分利益相关者提供的资本是可以计量的，因而在具体谈判过程中，参与谈判的利益相关者首先将不可计量的资本形式的贡献与可计量资本形式的贡献进行对比，然后结合资源的稀缺性、资源的退出成本、资源的专用性程度等进行博弈谈判，当然谈判的结果会受参与谈判的利益相关者的个人谈判技巧的影响。

三、混合分享模式

（一）混合分享模式的特点

所谓混合分享模式，是指利益相关者平时按照协议从企业获取一定的固定收益，期末再按照一定的标准分享企业剩余的一种分享模式。混合模式实际上是前两种分享模式的结合。在混合分享模式下，利益相关者先从企业获取一部分固定收益，期末的时候再根据企业的经营状况分得一部分剩余收益，由于最终分得的剩余收益是不固定的，因而采用这种方式的利益相关者的最终收益也是不确定的。混合分享模式下利益相关者获取的固定收益也是企业最终收益的一部分，利益相关者前面获取的固定收益多，则后面分得的剩余收益就少；反之，如果利益相关者前面获取的固定收益少，则后面分得的剩余收益就多。

混合分享模式是一种折中的分享模式，它既克服了固定分享模式收益低的缺点，又没有剩余分享模式的高风险，因而是一种比较受欢迎的分享模式。混合分享模式的特点是，既可以保证相对较高的收益，又不至于承担所有的经营风险，经营风险相对较低。

由于混合分享模式风险适中，收益适中，因而是一种比较稳健的收益分享方式，一般适合于稳健型的投资者。当参与企业集体选择的利益相关者属于风险中性,既不偏好风险也不厌恶风险时,可以采用混合分享模式。另外,如果利益相关者对企业的未来预期不是很确定或者利益相关者对企业只能进行部分监督和控制时,也可能会采用混合分享模式。

(二) 混合分享模式下的分享安排

在混合分享模式下,利益相关者事先可以从企业获取一部分固定收益,期末的时候再从企业获取部分剩余收益。混合分享模式下的分享安排需要解决两个问题:一个是固定收益数额的确定问题,另一个是剩余的分享比例问题。不论利益相关者事先从企业获取的固定收益还是期末从企业获取的剩余收益,归根结底都是企业剩余收益的一部分,只不过是利益相关者的获取时间和获取方式不同而已。因而,从这个角度来说,利益相关者从企业获取的固定收益数额和剩余收益数额是一个此消彼长的关系。固定收益获取得多,则该利益相关者期末从企业获取的剩余收益就少,反之亦反。

1. 混合分享模式下固定收益数额的确定

混合分享模式下,利益相关者采用固定收益和剩余分享两种方式从企业获取收益。对于利益相关者获取的固定收益数额的确定,可以采用两种方式进行。如果某利益相关者提供的要素资本在市场上有相关的交易价格,则可以依据该交易价格作为基准,结合各个利益相关者提供资源的具体情况来调整决定。如果利益相关者提供的要素资本在市场上没有相关的交易价格,则可以直接根据参与集体选择的利益相关者相互谈判来决定。

影响利益相关者固定收益数额的因素主要有以下几方面:

(1) 对企业未来收益的预期。混合分享模式下,利益相关者获取的固定收益数额的确定,首先是基于对企业未来发展的预期。如果利益相关者对企业的未来发展不是很乐观,则他可能会要求固定收益支付的相对多一些,剩余收益部分少一些。反之,则会要求固定收益的数额相对低一些,而剩余收益的部分多一些。

(2) 利益相关者的风险偏好。固定收益是一项保险收益,它的收益额是确定的。因而固定收益数额的多少还与利益相关者的风险偏好有关。如果利益相关者不是很喜欢风险,则他在与其他利益相关者谈判的过程中可能要求固定收益的支付相对多一些,剩余收益的数额相对少一些。反之,利益相关者可能要求较多的剩余收益,而只要求获取较低的固定收益的数额。

(3) 可监督程度。混合模式下固定数额的多少还取决于利益相关者对企业的监督和控制情况。如果利益相关者能对企业实施有效的监督和控制，从而自己能控制企业的经营风险，在利益相关者要求固定收益的数额时可能要求不太多。相反，如果利益相关者无法对企业实施监督和控制，他对企业的经营风险无法控制，为了规避风险，利益相关者可能要求获取高的固定收益数额。

（4）谈判对方的可接受程度。某一利益相关者获得固定收益数额的多少，还取决于谈判对方的可接受程度。假设有两个利益相关者进行谈判，而这两个利益相关者对企业的未来预期以及风险态度差别很大，对企业未来预期较好、态度比较积极的利益相关者可能要求的收益与对企业未来预期很差、态度比较消极的利益相关者可能要求的收益相比差距很大，这时双方进行谈判，则前者要求的收益未必能得到很好的满足，通常都会低于利益相关者的预期。

2. 混合分享模式下剩余收益比例的确定

在混合分享模式下，利益相关者获得固定收益之后，期末还要再根据分享比例分享企业的剩余。其获得剩余收益数额的确定方法与完全剩余分享模式下收益的确定方法相类似。

如果各利益相关者提供的要素资本都是可以计量的，则可以按照各个利益相关者的投资额作为贡献标准来确定他们各自的分享比例。但选用混合分享模式的利益相关者期末获得的剩余收益，首先应该从期末利益相关者应该分得的剩余收益总数中扣除提前支付的固定部分，剩余的才是该利益相关者在期末获得的剩余收益（具体操作详见后面物质资本治理型企业价值增值的分享安排章节）。

如果利益相关者提供的要素资本是不可以计量的，则混合分享模式下，对于企业剩余收益分享的确定，则需要根据各方谈判协商确定。影响各方谈判结果的因素主要有下面几点：

（1）要素资源对企业的贡献。按贡献分配是企业分配制度最公平合理的分配方式。对于每一个利益相关者应该分享的收益数额首先取决于他们所提供资源的贡献程度。某利益相关者所提供的资源对企业的贡献大，则其分享的收益也多。

（2）所分享固定收益数额的大小。在混合分享模式下，固定收益和剩余收益都是利益相关者从企业获取剩余收益的一部分，都是企业价值增值的范畴。因而，利益相关者在混合分享模式下所分得的固定收益数额和剩余收益数额是一种此消彼长的关系。

(3)资源的稀缺性和退出成本。利益相关者掌握的资源属于稀缺性资源，或者该资源的退出成本高，则该利益相关者在谈判的过程中就会有较强的谈判力。相反，一般性的资源或者资源的退出成本极低，则其在谈判的过程中的谈判力就相应弱一些。

(4)个人的谈判技巧。与前面所分析的一样，利益相关者个人的谈判技巧也会直接影响利益相关者谈判的结果。掌握一定的谈判技巧的利益相关者在谈判过程中为自己争取的权益会多一些。

四、三种分享模式的比较

通过前面的分析，利益相关者分享企业价值增值的模式主要有固定分享模式、剩余分享模式和混合分享模式。三种收益分享模式各有各自的特点和优缺点。固定分享模式一般适合于风险厌恶型利益相关者，他们对企业的未来预期较差，一般无法控制企业或者无法对企业实施有力的监督，这些利益相关者从个人特性上来说一般都属于保守型。剩余分享模式一般适合于风险偏好型利益相关者，他们对企业的未来有较好的预期，一般能够控制企业或者能对企业实施有力的监督，这些利益相关者从个人特性上来说一般都属于激进型利益相关者。混合分享模式则介于前两者之间，利益相关者没有特别的风险偏好，他们对企业的未来预期不确定，能够部分控制或者监督企业，这些利益相关者从个人特性上来说一般属于稳健型利益相关者。三种收益分享模式比较如表4-1所示。

表4-1 收益分享模式比较

项目	固定分享模式	剩余分享模式	混合分享模式
风险偏好类型	风险厌恶型	风险偏好型	风险中性型
对企业的未来预期	预期差	预期好	预期不确定
监控企业情况	不能监控企业	能监控企业	部分监控企业
利益相关者的个性	保守型	激进型	稳健型

在实际中，企业的各个利益相关者可以根据自身的特点以及各自的风险偏好选择适合的收益分享模式。如果利益相关者采用固定分享模式分享企业的剩余收益，则该利益相关者与企业签订的是完全契约，所有事项按照完全

契约来执行即可，不存在争议的问题。如果利益相关者采用剩余分享模式分享企业的剩余收益，则该利益相关者与企业签订的是不完全契约，他们承担企业的所有经营风险，收益最高但同时风险也最大。如果利益相关者采用混合分享模式，则该利益相关者与企业签订的是两种契约：完全契约和不完全契约。此种情况下，该利益相关者的部分收益是固定的，部分收益需要根据企业的经营状况来确定，是一种不确定性收益。在这三种不同的收益分享模式中，固定分享模式的收益最低，风险最小；剩余分享模式的风险最大，收益也最大；而混合分享模式的收益与风险则处于两者之间。三种收益分享模式下的收益与风险情况如图4-1所示。

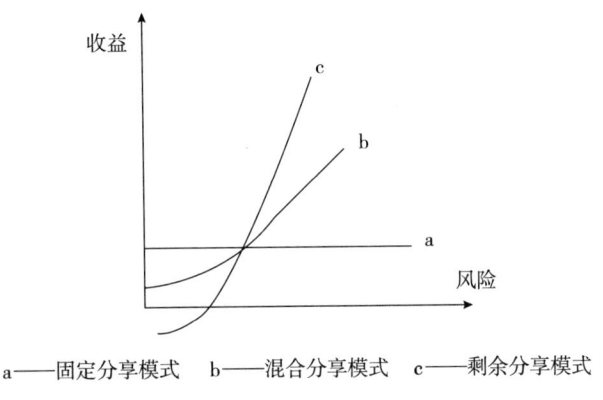

图 4-1　三种收益分享模式比较

这三种收益分享模式各有各自的优缺点，企业的利益相关者可以根据自己的具体情况选择适合自己的收益分享模式。在实际中，利益相关者究竟采用哪一种分享模式，主要取决于三个因素：

一是该利益相关者是否适合这种模式。由于利益相关者的性质各异，并不是所有的利益相关者三种模式都适合。如企业的普通员工一般属于风险厌恶型，而且由于本身的性质决定了其无法对整个企业实施监控，所以普通员工一旦成为企业的内部利益相关者，他更可能采取混合分享模式或者固定分享模式，而一般不会采取风险比较大的剩余分享模式。

二是其他利益相关者能否接受这种分享模式。利益相关者可以根据自己的偏好选择适合自己的收益分享模式，但这种模式是否能最终实现，还要看参与分享的其他利益相关者是否能接受这种模式。而其他利益相关者能否接受这种模式，主要看不同的利益相关者之间的风险分担情况以及该模式下其要求的收益是否被所有的利益相关者所接受。

三是谈判成本的问题。如果利益相关者选择了适合自己的收益分享模式，其他利益相关者也能接受这种分享模式，但是如果这种模式下的谈判成本太高，则该模式也不会得到推广和使用。

在实际中，企业的各个利益相关者会结合自己的情况与其他利益相关者协商决定最终选择哪种收益分享模式。

第四节 利益相关者分享企业价值增值的计量方法

利益相关者参与企业价值增值的分享，关键是如何合理地确定各个利益相关者应分享的具体收益数额。每个利益相关者分得的收益数额是否公平还取决于采用的计量方法。由于企业的利益相关者人数众多，所提供要素资本的性质各异，而且有的要素资本容易计量，有的要素资本难以计量，因而对于利益相关者分享企业价值增值的具体计量方法不能一概而论。数学方法是解决分配问题最公平、最有效的手段，这种方法最不会让人产生歧义，正所谓"用事实说话，用数据说话"。但是如果不顾实际情况，一味地追求数学化解决办法，可能掉进收集数据的陷阱，或者走进模型化的"死胡同"，反而使计量的结果更加令人怀疑。因而，本书在解决利益相关者分享企业价值增值时，采用了数学和经济学两种解决方法。

对于提供可计量要素资本的利益相关者，为了追求结果的公平，我们尽量采用精确的数学计量方法，用数据说话，保证每一个利益相关者的收益分享结果公平合理。而对于提供不可计量要素资本的利益相关者，由于其要素资本难以计量的属性，很难用精确的数学模型去解决，因而可以借助于经济学的讨价还价谈判模型来解决。

罗宾斯坦因用两个人分蛋糕的故事来描述多次轮流叫价的谈判过程。其模型如下：假设两个人要分一块蛋糕。参与人1先出价，提出他的分配方案X_1，参与人2做出判断是选择接受或拒绝。如果参与人2选择接受，则博弈过程结束，按照X_1分配蛋糕；如果参与人2选择拒绝，则参与人2提出自己

的方案 X_2，参与人 1 选择接受或拒绝。如果参与人 1 选择接受，蛋糕按 X_2 方案分配；如果参与人 1 选择拒绝，参与人 1 再出价……按照这个程序，如此反复，直到双方达成协议。假定参与人 1 和 2 的贴现因子分别为 δ_1，δ_2，如果博弈在 t 期结束，t 期是参与人 1 的出价阶段，参与人 1 支付的贴现值为 $\pi_1 = \delta_{1t-1} = X_1$，参与人 2 支付的贴现值 $\pi_2 = \delta_{2t-1}(1-X_i)$。罗宾斯坦因证明，在无限期的轮流出价博弈中，唯一的子博弈精练纳什均衡结果是：

$$x^* = \frac{1-\delta_2}{1-\delta_1\delta_2} [若 \delta_1 = \delta_2 = \delta, x^* = 1/(1+\delta)]$$

在利益相关者参与企业价值增值分享时，如果利益相关者提供的要素资本是无法计量的，则利益相关者可以借鉴罗宾斯坦因的讨价还价模型，通过各方协商谈判解决。

第五章

利益相关者、要素资本与企业类型的划分

第一节 利益相关者企业类型的划分依据

企业的本质是利益相关者达成的一组契约。如前所述，企业的利益相关者有很多，股东、经营者、员工、债权人、政府、供应商和客户等都是企业的利益相关者，而且都有可能成为企业的内部利益相关者，分享企业的价值增值。但是不同企业同一利益相关者对企业的影响程度不一样，同一企业不同的利益相关者向企业提供的要素资本禀性以及对企业的贡献也各不相同，要笼统地谈利益相关者分享企业价值增值的问题比较复杂和混乱，也不容易实施。本着将复杂问题简单化的原则，我们尝试将利益相关者企业根据一定的标准划分成不同的企业类型，然后再逐一加以分析。

关于企业种类的确定，一般有两个标准，即学理标准和法定标准。学理标准是研究企业和企业法规的学者根据企业的客观情况以及企业的法定标准对企业类型所做的理论上的解释与分类。这种分类没有法律上的约束力和强制性，但学理上的解释对企业法的制定与实施有着指导和参考作用。法定标准是根据企业法规所确认和划分的企业类型。法定的企业种类具有法律的约束力和强制性。以往我们所说的国有企业、集体所有制企业、私营企业和股份制企业即是企业依据不同的所有制形式做出的法定标准分类。在此，为了研究问题的方便，我们试图根据学理标准对企业的类型进行划分。那么应该如何对利益相关者企业进行分类？既然我们是要探讨利益相关者分享企业价值增值的问题，那么，在分类上必须要考虑各利益相关者提供的要素资本的不同特性，并希望通过这些特性找出他们的共性，从而作为划分企业类型的标准。

企业的利益相关者数量众多，任何一个利益相关者都有可能进入集体选择成为企业的内部利益相关者，分享企业的价值增值。由此可以看出，分享企业价值增值的利益相关者的主要利益需求是一致的，都是希望获取更多的企业价值增值。但是由于各个利益相关者向企业投入的资源性质不同，对企业的贡献程度也不一样，而且各个利益相关者的风险偏好程度不同，因此，最终他们获取的企业价值增值的数量是不一样的。是什么影响了各利益相关者参与分享企业的价值增值的多少？依据前面章节对利益相关者分享企业价值增值的理论基础的分析，利益相关者之所以能够参与企业的剩余分享，主要是因为他们向企业投入了专用性资源，该资源对企业的价值创造有重要的贡献。利益相关者提供的这些专用性资源还会因为其稀缺程度而对企业价值增值的要求权不同。如果利益相关者提供的资源对企业来说是稀缺资源，该利益相关者在企业价值增值分享中的要求权可能就会多一些；相反，其他提供普遍性资源的利益相关者的要求权就会少一些。另外利益相关者个人的风险偏好程度以及自身特性也会影响他们在企业价值增值的要求权。如有的利益相关者属于风险偏好者，他的投资可能比较大，因此最终他分得的企业价值增值就会多一些，而对于风险厌恶型的利益相关者来说，由于其投资的保守性，因而可能要求在利益相对能保证的基础上获得较少的价值增值。由此可以看出，利益相关者参与企业价值增值的分享主要是受资源的性质、贡献的大小以及风险偏好程度等因素的影响。在对利益相关者分类时，我们可以考虑从这几个因素入手进行分析。

贡献大小很显然不适合作为分类的标准。因为每个利益相关者对企业的贡献是不一样的，而且较难量化，一个不确定变量很难作为企业类型的划分标准。风险偏好似乎可以成为企业类型的划分标准。但风险偏好主要是依据人的特性，而不是利益相关者身份的差别，同一利益相关者对不同的项目可能呈现不同的风险偏好，从而无法对利益相关者做出根本性的划分。因此我们考虑根据利益相关者向企业提供的资源来划分企业的类别。正如前文所述，利益相关者之所以能够分享企业的价值增值，主要是因为其向企业提供了一定的专业性资源，该资源是企业生产经营必不可少的生产要素，我们可以称为要素资本。由于各个利益相关者的身份不同，向企业提供的要素资本也不一样。如股东向企业提供的主要是物质资本，而经营者和员工投入的是人力资本，这两类资本在性质上有根本的区别，可以据此对企业的利益相关者做比较清晰的划分。基于以上分析，我们最终确定根据利益相关者向企业提供的要素资本的禀性不同对企业划分类型。

第二节 利益相关者提供的要素资本及其特征

一、要素资本的形态

资本是与商品经济相联系的经济范畴,它是再生产过程中商品化、货币化生产要素的价值集合体。以前我们所指的资本通常是财务资本,但是随着经济的发展,资本的内涵也在发生变化。资本既是一个经济范畴也是一个历史范畴,资本的形态伴随着经济的发展而不断扩展和丰富。要素资本简单点说就是将各生产要素作为一种资本来看待,扩大了传统意义上资本的概念。所谓生产要素,是指进行社会生产经营活动所必须具备的各种因素或条件。从生产要素的存在形式上看,传统的生产要素经历了从威廉·配第的劳动和土地的"二元论",到萨伊的劳动、土地和资本的"三元论",再到马歇尔的劳动、土地、资本和组织的四元论(见表5-1)。

表5-1 传统的生产要素形式

观点	资本的形态	代表人物
二元论	劳动、土地	威廉·配第
三元论	劳动、土地、资本	萨伊
四元论	劳动、土地、资本、组织	马歇尔

这些生产要素被投入企业的生产经营过程,便形成了企业的要素资本。因此,要素资本是生产要素经过市场交易之后形成的生产者投入生产要素上的预付价值。王越子曾以资本形态的裂变来抽象概括"资本形式"的复杂结构特征及其动态演进过程,认为"运用'资本形态的裂变'概念,将其他学科或经济学其他分支的人力资本、组织资本、社会资本等新的资本范畴整合到属于'资本形式'范畴的分析框架中,对资本理论研究具有方法论改进方面的意义"。任何一个企业组织,其生产能力和价值增值机制的形成,都是以各种要素资本为逻辑起点和现实基础的。企业存在的意义就是将不同的要素

资本进行整合，然后充分发挥他们的集体整合优势，从而增强企业的核心竞争力。不同的要素资本的形态结合构成了企业不同的组织形式，要素资本形式的变化实际上承认了不同时期企业资源要素的不同贡献。在知识经济下，企业的要素资本形式到底由哪些构成，不少学者都提出了自己的观点。

李心合（1999）认为，知识经济中应确立的资本概念，应当是"全要素资本化"的概念，这个全要素资本化的构成主要包括物力型资本、人力型资本、体力型资本、知识型资本、衍生型资本、整合型资本六种形式。王荣武、王鹏涛（2002）认为，资本的表现形态有多种：以自然质的形态存在的资本要素；以信息形态（如知识）存在的资本要素；以人力资本形态存在的资本要素；以索取权形式（如货币）存在的资本要素；以制度形态存在的资本要素（结构性资本）；以文化形态存在的资本要素。罗福凯（2003）则认为在财务学上人力资本、财务资本（含货币、基础证券、衍生工具和易于变现的短期投资等）、实物资产资本、技术资本、信息资本和知识资本是构成企业的主要生产要素。黄晓波（2007）则提出广义资本的概念，认为与知识经济、可持续发展、"社会生态经济人"等会计环境相适应，新经济时代企业的资本呈现出一种"泛化"的趋势，即从传统财务会计中的"财务资本"转变为包括财务资本、人力资本、社会资本、组织资本、生态资本等的"广义资本"（见表5-2）。

表5-2 新经济环境下要素资本的形态

观点	资本的形态	代表人物
全要素资本化	物力型资本、人力型资本、体力型资本、知识型资本、衍生型资本、整合型资本	李心合（1999）
多形态资本要素	自然质形态、信息形态、人力资本形态、索取权形式、制度形态、文化形态	王荣武、王鹏涛（2002）
生产要素	人力资本、财务资本、实物资产资本、技术资本、信息资本和知识资本	罗福凯（2003）
广义资本	财务资本、人力资本、社会资本、组织资本、生态资本	黄晓波（2007）

尽管学者对要素资本形态的具体形式并没有形成一致的观点，但是他们共同的思想是：企业的要素资本除了通常我们所说的物质资本、人力资本之

外，社会资本、信息资本、技术资本、组织资本等也是企业生产发展所必需的要素资本形式。也就是说，他们认为企业的要素资本形式应该是一种多要素资本形式。除了物质资本和人力资本之外，其他形式的资本也对企业的发展起着至关重要的作用。他们之间的主要不同在于对资本形式的内涵和外延的界定不同。如罗福凯的信息资本和黄晓波的社会资本比较类似，黄晓波的组织资本和李心合的整合型资本有相似之处；而关于管理资本、技术资本、知识资本、人力型资本、体力型资本等概念的划分则是基于对人力资本的内涵和外延的界定不同而已，它们其实都属于人力资本的大范畴；而组织资本实际上是各种资本综合作用的结果，它是一种衍生的资本形态。本书认为企业是一种多要素资本形态的组合，至于到底企业是由哪种要素形态组成，则要结合企业的利益相关者本质来探讨，每一种要素资本的提供都会对应一个或者几个利益相关者。

二、利益相关者与要素资本

企业的股东、债权人、经营者、员工、政府、供应商和客户等都是企业的重要利益相关者，他们向企业提供各种资源，与企业发生不同程度的关系，因而也就具有了进入集体选择成为企业内部利益相关者的条件。下面我们将分别分析每个具体利益相关者的特性，总结他们所提供资本的特征。

（一）利益相关者投入的要素资本分析

1. 股东

通常而言，股东是指股份公司或有限责任公司中的出资人或投资人。这里的"资"主要是指企业的财务资本，即我们通常所认为的钱。企业存在的原因是盈利，但是企业的生产经营同样离不开资金的支持。缺少了资金，企业就像是一具没有血液的躯体，无法正常地运转。这也正是长期以来股东独享企业剩余的重要原因。此处我们所说的股东主要是指企业物质资本的提供者。这里的物质资本既包括货币形式的财务资本，也包括厂房、机器设备等实物资本，还包括可以单独计量的专利权、技术等无形资产形式的资本。之所以将专利权和技术等无形资产作为物质资本的范畴，主要是因为专利权和技术等无形资产一般是存在公平交易市场的，有市场价格可以参考，可以直接用货币资金的形式表示其价值，因而我们将其作为物质资本的范畴。但是这里的无形资本不包括不能单独计量地由个人拥有的技术或者能力。也就是说，不管采用什么方式投资，只要其投入企业的资产可以被可靠地加以确认和计量，并能够被其他利益相关者所认可，那么其就能以股东身份成为企业的所有者。

股东将物质资本投入企业以后，一般不能随意抽逃资金，因而其投入的资本具有一定抵押性和风险性，股东也因此获取了剩余收益的索取权。股东分享企业剩余的方式主要是通过股利的形式从税后利润中获得。无论是按照传统的股东至上的观点，还是按照利益相关者理论的观点，股东都是企业的所有者，只不过按照前者，股东是企业的唯一所有者，按照后者，股东是企业的所有者之一而已。但无论如何，股东作为企业的所有者，享有参与剩余分享的权利是毫无疑问的，也是从未动摇过的。有的时候，股东将物质资本投入企业后，自身也参与企业的生产经营。尤其是企业的大股东，他们往往是企业的高层管理人员，掌控着企业的整个生产经营活动。此时股东便兼有企业经理人或者员工的身份，除了是物质资本的提供者，还是企业人力资本的提供者。他们依据自身的学识、技术、经验和智慧，向企业提供难以用价值计量的人力资本。有的时候，如果股东拥有某种特殊的社会资源或者营销渠道，他还可以据此投资，我们称为"关系资本"。因而，股东主要向企业提供的是物质资本，也可以向企业投入人力资本或者关系资本。

2. 经营者

经营者作为公司里的一个重要利益相关者，在董事会授权的范围内行使经营权，负责执行董事会所制定的各种决策，在公司中具有举足轻重的地位。与股东的有形投入不同，经营者投入的主要是高水平的经营管理能力。这种经营管理能力是一种无形的资本，它依附于经营者本身而存在，无法计量也无法辨别，是一种典型的人力资本。在知识经济时代，拥有特殊管理才能和技术的人的稀缺性越来越明显，其在企业价值创造中的作用越来越突出，因此人力资本的价值得到了充分体现。而且，企业的经营者一旦在企业任职，他们就会向企业投入全部的人力资产，一旦企业亏损或倒闭，不仅面临投资损失，甚至会危及自己及其家人的生存，因此，人力资本的提供者对企业的经营也需要承担风险。所以由物质资本独享企业所有权的做法已经非常不妥。经营者作为经济理性的个体，同样也会追求其自身利益，要求参与企业的剩余分享。经营者除了向企业投入人力资本之外，如果其有充足的资金，也可以用货币资金向企业投资，成为企业的股东。当然有的经营者除了自身的管理才能之外，还可能拥有充分的社会资源，在追求人脉的今天，这种关系也可以成为分享企业剩余的一种要素资本。因此，经营者主要向企业提供的是人力资本，其次也可以提供关系资本和物质资本。

3. 员工

企业员工一般是指企业主所雇用的人力。但是在利益相关者理论下，企业是属于所有内部利益相关者的，因此在企业主的角度来定义员工显得很不合适。在此，我们将所有企业提供人力资源的人统称为企业的员工。由于经营者已经另外提及，所以本书所称的员工包括所有中高层管理人员以及一般的劳动力资源。如果企业股东除投入物质资本外，还参与企业的生产经营活动，向企业提供人力资源，那么股东同时也是企业的员工。员工在企业中主要凭借自身的能力、积累的经验知识和掌握的特殊技术等向企业提供无形的资本，我们称为人力资本。由于员工投入该企业后便将自身抵押给了企业，其投入的人力资产也就具有了专用性和可抵押性，因而员工和企业的股东一样，也应该分享企业的剩余。此外，员工参与着企业日复一日的实际运作，对企业的发展有很深的了解，因而获取与监督有关的信息成本是很低的，具有独特的监督优势。员工与企业的生存和发展息息相关，如果企业破产，员工的损失也许超过物质资本要素供给者的损失。所以员工也应该有条件参与企业剩余索取权的分享。

但是由于人力资源本身的差异性以及人力资本的不同质性，对员工参与企业剩余的做法不能一概而论，而是应该区别对待。所以在员工参与企业剩余分配的问题上，我们首先将企业的员工分为两类：核心员工和一般员工。所谓核心员工，是指在企业中具有较高专业技术和技能或者具有行业丰富的从业经验，能够为企业出重大贡献的员工。具体来说核心员工包括企业的核心技术研发人员、具有特殊管理才能的除经营者以外的管理人员、具有丰富客户资源的销售人员等。所谓一般员工就是指企业的一线生产或服务人员。这些人所干的工作技术含量低，有的可能只是一些机械化的劳动，他们的可替代性很强，投入的资源也是非专用性的资源，所以一般员工只是获取固定的工资报酬，由于缺少谈判的资本，一般单个员工参与企业剩余分享的可能性很低。但是如果企业员工作为一个集体，它的谈判力就会大大增强。员工的集体组织如工会、员工代表大会、非正式的员工自发联盟等都会形成一个可以与企业谈判的强大组织。其主要原因在于他们与企业的交易谈判带有"俱乐部产品"的特性，通过组织的方式集体提供，显然比个体要有效。企业员工除了向企业投入人力资本之外,与股东和经营者一样,还可以向企业投入物质资本,兼有股东身份;当然如果企业员工有充足的社会人脉关系,他也可以以此作为向企业获取剩余收益的资本。因此,企业员工主要向企业提供的是人力资本,除此之外,也可以向企业提供物质资本和关系资本。

4. 债权人

债权人作为公司经营的资金供给者之一,是企业不可或缺的利益相关者。债权人与股东一样都向企业提供资金支持,是企业物质资本的提供者。在"股东至上"理论下,债权人向企业投入资金与股东投入的资金存在着本质区别。股东投入企业的是资金的所有权,而债权人投入企业的是资金的使用权,而且一旦企业经营失败,债权人不承担经营风险,具有优先偿还权,因此债权人按照约定利率享受借出资金的到期利息,而股东则因为既投入资金的所有权同时又承担企业的经营风险,分享企业的剩余收益。但是在利益相关者理论下,随着企业经济环境的复杂多变,债权人借给企业的资金的风险性不断加大,债权人时刻面临着借款收不回来的风险,因而越来越多的债权人开始主动参与企业的治理,以尽量保证资金的可收回。在条件合适的时候,债权人甚至还可以要求分享企业一部分剩余收益,以弥补不断增大的风险。如果债权人对企业高度感兴趣,还可以直接参与到企业的生产经营活动,成为企业人力资本的提供者,当然债权人同样也可以用其丰富的社会资源作为投资,成为企业关系资本的投入者。因此,债权人向企业提供的主要是物质资本,除此之外,也可以向企业投入关系资本。

5. 政府

政府在整个市场经济环境中主要充当两个角色:管理者政府和投资者政府。作为管理者政府,政府的主要职能是:运用经济、法律等政策和手段调控国民经济运行秩序,维护正常的交易秩序,并站在公正的立场上,调节不同所有者、经营者、劳动者之间的矛盾和冲突。管理者政府对企业的投入主要是赋予企业依法经营的权利以及提供各种公共设施和维持正常的市场秩序。政府不是为某个企业单独服务的,而是为所有的企业都提供一个良好的生存环境。因此,政府的投入是一种无形的投入,而且这种投入无法用经济价值来衡量。它是一种特殊的资源,我们可以称为社会资源或者关系资源。凭借着这种资源的提供,政府也从企业获取一定的收益。目前政府获取收益的做法是从企业收取一定的税收来维持政府的正常运行,并且规定这种税收是一种强制性的义务。目前我国的税收主要以流转税和所得税为主。实际上,政府向企业征收的所得税就是政府参与企业剩余收益分配的一种形式,只不过这种形式由于政府的特殊政治权利,不是协商或者按贡献分配的结果,而是政府根据经济形势所做出的强制性规定。我们可以这样认为,由于政府向企业提供了一种公共的社会资源,我们可以称为社会资本或者关系资本,因而具有了参与企业剩余分享的权利。当然有的时候,如果企业主要是依赖于国家的资源而存在,那么政府就有可能凭借对资源的拥有权而分享企业的剩余。如一些煤矿企业,其实矿产资源是属于国家的,任何个人和单位都没有所有权。在这种情况下,国家可以凭借着对特殊资源的所有权而要求分享企业的剩余。当然,除此之外,政府完全可以向企业直接投入物质资本,成为企业的国有股东,这就是投资者政府。因此,政府主要向企业提供关系资本,除此之外,也可以提供物质资本。

6. 供应商和客户

供应商是企业原材料或半成品的提供者,企业只有购买足够的原材料才能生产产品。客户则是企业产品归属的终点,只有将产品销售给了客户,企业产品的价值才最终得以实现,从而企业的价值也得到了增值。这里的客户并非指最终的消费群体,而主要是指中间的销售商或者代理商等。正常情况下,供应商和目标企业以及客户和目标企业之间是一种等价的交易关系。供应商为目标企业提供原材料等,目标企业为供应商支付按照交易契约所约定的货款。客户支付货款购买目标企业的产品,而目标企业将同价值的产品保质保量地提供给客户。供应商主要关心目标企业能否按时支付货款以及履行订货合同的能力,而客户则关心目标企业能否按时交货以及产品的质量问题。供应商、客户与目标企业之间是一种物质资本的等价转移过程。传统观念下供应商、目标企业和客户的关系如图5-1所示。

图5-1 传统观念下的供应商、目标企业和客户的关系

但是在追求企业价值的今天,单个企业已经无法在市场中做大做强,必须和其他企业团结协作,形成一条统一的价值链(供应商—目标企业—客户),我们称为价值链企业。价值链上各个企业必须通力合作,首先合力将价值链企业的"蛋糕"做大,然后自身才能变强变大。此时,供应商处于企业

价值链的上游，被称为上游企业，而客户则处于供应链的下游，被称为下游企业。供应商作为企业价值链的源头，其专业化程度不断提高，导致他们所承担的风险也相应增大；而对目标企业来说，由于市场的竞争压力，他们不得不追求产品的个性化创新，使其所需要的原材料可能也相对更专业化。客户作为企业价值的最终实现方是企业的"上帝"，因此供应商、客户与目标企业之间的利益紧密相连。价值链观念下的供应商、客户与目标企业的关系见图 5-2。

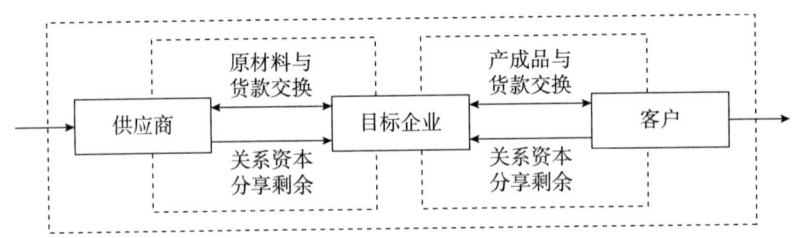

图 5-2　价值链观念下的供应商、目标企业和客户的关系

在价值链观念下，供应商—目标企业—客户是一个价值链整体，供应商与目标企业可以构成价值链的一个分支，客户与目标企业也可以是价值链的一个分支。在这个价值链体系中，供应商和客户一方面向企业提供原材料或者货币资金等物质资本；另一方面，供应商和客户还通过价值链这条纽带和企业紧紧地联系在一起。联系的节点在于，当企业的供应商或者客户谈判力非常强而又无法找到其他替代商时，或者供应商提供的物质资本属于紧缺资本、客户资源竞争异常激烈时，目标企业为了达到"共赢"，可能在双方进行物质交换的同时做出一种合作性质的让步，让供应商和客户参与企业的剩余分享。此时供应商和客户参与企业剩余分享的原因不是其提供的物质资本，而是为了实现价值链的统一而进行的一种关系投资，我们称为关系资本。通常情况下，向供应商购买原材料和向客户销售产品是一种等价交换关系，因此其提供的原材料或者货款不属于物质资本。因而，供应商和客户主要是向企业提供的是关系资本，当然也可以向企业投入资金成为物质资本的投资者。

以上各个利益相关者提供的要素资本情况如表 5-3 所示。

表 5-3　利益相关者提供的要素资本的形态

利益相关者	主要资本形态	其他资本形态
股东	物质资本	人力资本、关系资本

续表

利益相关者	主要资本形态	其他资本形态
债权人	物质资本	关系资本
经营者	人力资本	物质资本、关系资本
员工	人力资本	物质资本、关系资本
政府	关系资本	物质资本
供应商和客户	关系资本	物质资本

（二）利益相关者提供的要素资本小结

按照契约理论和资源依赖理论，利益相关者之所以能参与企业的剩余分享主要是因为他们都向企业投入了一定的资源，该资源就是利益相关者据以参与企业剩余分享的要素资本。通过前面对企业利益相关者提供的要素资本的分析，我们可以看出，企业的各个利益相关者都向企业提供了不同的要素资本，而且同一利益相关者可能同时向企业提供着不同的要素资本。虽然企业的利益相关者众多，投入的要素资本也不一样，但是根据不同利益相关者提供的要素资本的禀性不同，我们大致可以将各个利益相关者提供的要素资本归结为三类：物质资本、人力资本和关系资本。各个利益相关者向企业投入要素资本的情况总结如图5-3所示。

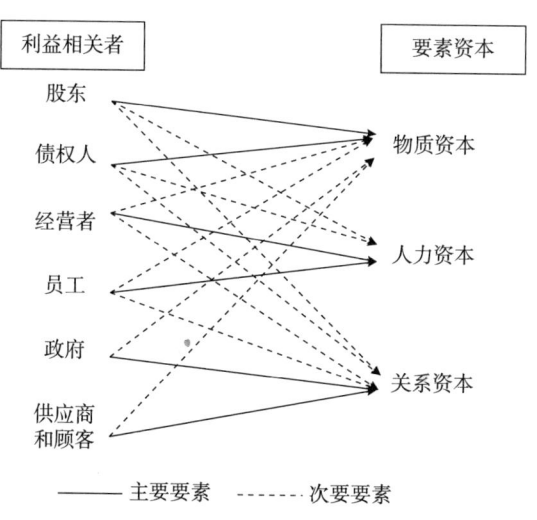

图5-3　利益相关者及其提供的要素资本

由图5-3可以看出，提供物质资本要素最典型的是企业的股东和债权人。股东通过向企业提供资金等物质资本而拥有企业的所有权，从而顺理成章地分享企业的剩余收益。债权人也是企业物质资本的重要提供者。只不过通常情况下债权人提供物质资本是以到期归还和收取利息费用作为补偿的，债权人提供的物质资本有时间限制，属于短期合约，风险相对较小，再加上目前我国企业的债权人主要是银行，不允许银行以股权形式参与企业，因此通常情况下债权人不参与企业的剩余分享。法律不允许银行以股权形式投资企业，并不表示债权人完全不能投资于企业分享企业的股权，在法律放开的情况下，或者其他一些情况下债权人还是有可能参与企业的剩余分享的。除此之外，经营者、员工、政府、供应商和客户只要他们资金充裕并且看好企业的发展前景，都可能向企业投资物质资本从而成为企业的股东。

提供人力资本的主要是企业的经营者和企业的员工。虽然我们都称为人力资本，但这些人力资本内部提供的资本性质也是不一样的。如对经营者来说，他们主要掌握的是一种管理才能，具有综合运用各种资源的能力，这是一种无形的且不易计量的资本，具有无法监督的特性，并且因人而异具有很大的差异性，我们可以将其称为管理型人才资本。而对于企业的核心员工来说可以分为两类：技术型员工和管理型员工。技术型员工向企业提供的主要是技术资本，他们通过以往自己知识的学习和经验的积累，具有很强的创新能力，从而能够为企业创造巨大的经济效益，他们提供的资本我们称为技术型人力资本。管理型员工向企业提供的是一种管理才能，对企业价值创造起着重要作用，与经营者一样，可以称为管理型人力资本。而企业的一般职工，向企业提供的是一些具有某种操作技能的没有什么创新性的机械劳动，我们称为企业的体力型人力资本。无论是管理型人力资本还是技术型人力资本，其依附的主体仍是企业的人，所以我们统称为人力资本。这些人力资本形式实际在企业中代表了不同层次的人（见图5-4）。除此之外，股东和债权人也可能是企业人力资本的提供者。

提供关系资本的主要是政府、供应商和客户。政府是国家的代表，它在为企业提供公平有序的市场环境的同时，也可以凭借对某些资源的拥有权而参与企业的剩余分享。同样，对于供应商和客户来说，企业的价值并不是由他们创造的，但是他们却会影响企业价值的结果以及企业价值的实现。供应商提供的原材料的成本的高低则会影响企业价值的增值结果，如果供应商要求的原材料的价格太高，必然会导致企业的成本增加，从而使企业实现的价

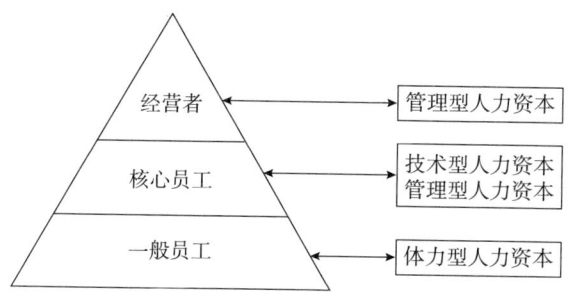

图 5-4　企业层级组织与人力资本对应关系

值增值减少,这样,内部利益相关者能够参与分配的剩余必然也减少,从而影响了利益相关者的分配结果,所以,供应商不会影响企业价值的创造过程,但是却会影响企业价值的增值。同样,如果客户一味地要求降低产品的售价,则企业实现的价值必然减少,从而利益相关者可以分配的剩余也就会随之减少,因此,他们也会对企业的价值增值产生重要的影响。在某些情况下,供应商和客户还可能由于对资源的垄断权,要求分享企业的剩余。这时,供应商、客户企业分享剩余的条件并不是因为他们向企业提供了物质资本,而是因为他们具有了对资源的拥有或者控制权。如果企业和供应商及客户保持良好的关系,那么企业的生产经营可能得到维持,否则也可能面临破产的边缘,所以供应商和客户则可以依他们所拥有的这种特殊的资源要求分享企业的剩余。在此,我们将政府、供应商和客户所拥有的这种特殊的资本称为关系资本。除此之外,企业的股东、债权人、经营者和企业的员工等也可能是企业关系资本的提供者。

三、要素资本的特征

(一)物质资本及其特征

所谓物质资本,一般是指用于生产商品与劳务的生产物资形式,如机器、设备、厂房、建筑物、交通运输设施等。物质资本是企业生产经营中必不可少的资本形式,具体表现为货币、有价证券等金融资本以及土地、设备、房屋等实物资本和具有价值的专利技术、品牌等无形资本。一般来说,物质资本具有如下特征:

(1)物质资本具有同质性。这是物质资本最基本的特征。物质资本本质上是人类劳动的物态化，无论它的表现形式是实物资本、金融资本还是无形资本，其本质都是一样的，都可以转化为价值的统一表现形式——货币。另外，物质资本所提供的服务也具有同质性，即同一种物质资本在生产过程中会提供相同质量的服务，在连续的生产过程中均匀地发挥作用。

（2）物质资本具有可计量性。由于物质资本的同质性，物质资本的价值可以统一用货币表现出来，所以物质资本可以很容易地计量。这是物质资本一个非常明显的可观察性特征。利益相关者投入物质资本的价值大小，一般不用费太大力气就能弄清楚。例如，某股东用厂房或者机器设备投资于某企业，通常我们可以很容易地将其价值用货币表示出来，从而很容易与目标企业达成投资协议。

（3）物质资本具有可抵押性。因为物质资本是价值的物化形态，而且具有同质性，同时还有很强的价值显示能力，因此，它是用作抵押物的最好选择。

（4）物质资本产权的可分离性。物质资本可以是独立存在的实物资本或者无形资本，它与其所有者之间可完全分离。也就是说物质资本的所有权和使用权完全不受空间的限制，可以自由分离与结合。这是物质资本最为重要的特征，正是这一特征的存在才使物质资本具有可抵押性和可转让性。

（二）人力资本及其特征

所谓人力资本，最早是由西方经济学家提出的一个概念，通常是指体现在人身上的生产性投资，如知识、技能、能力、观念等。由于这种知识与技能可以为其所有者带来工资等收益，因而形成了一种特定的资本——人力资本。之所以称为人力资本是因为这些资本都是依附于人这个主体而存在，具有不可分离性，始终与单个人捆绑在一起。一般来说，人力资本具有如下的特征。

（1）人力资本具有异质性。在前面已经提到，物质资本具有同质性。任何形式的物质资本都可以用统一的货币来表现。但人力资本不同，在生产过程中，人力资本的服务一方面表现为载体的不同，如不同载体的健康、知识、生产经验和技能等的差异；另一方面，同一人力资本主体，在不同时机、不同环境、不同场合，其行为表现也可能不同，也就是说人力资本作用的发挥和结果是与载体的主观努力紧密联系在一起的。不同的人具有不同的能力，有的偏重于管理组织才能，有的则偏重于技术研发能力，而即使属于同一类型的人，则也可能因为人本身的价值观和人生观不同对企业做出的贡献也不同。正是这一特点决定了激励制度对人力资本是非常重要的。

（2）人力资本价值的不可计量性。由于人力资本的异质性，人力资本的计量非常难，再加上人力资本的价值是一个动态的变化过程，后期的学习和经验的积累等使人力资本的价值始终处于不断变化中，这更加剧了计量的难度。虽然一些学者认为可以用个人财富或者把教育程度作为人力资本价值的传递信号，但是这种信息容易受许多主客观因素的干扰，而且用教育程度根本无法代表整个人力资本的价值。正是因为缺乏准确的价值传递信号，人力资本价值就成为其载体的私人信息，而信息的不对称就为人力资本的价值度量带来很大的模糊性和不确定性，使人力资本的价值显示机能很差。因此，在人力资本会计中，人力资本的定价问题一直是劳动经济学未能解决的一个理论难题。

（3）人力资本与其所有者的不可分离性。由于物质资本具有同质性，物质资本与其所有者之间是可以分离的，任何人都可以拥有某些物质资本。但是人力资本不同，它与物质资本的最大区别，就在于人力资本与其所有者是不可分离的。人力资本只能属于某一个载体，无法对其进行分割。任何一个人都无法拥有另外一个人所拥有的人力资本。人力资本的这一特点，决定了人力资本不像物质资本那样具有抵押性。因此，人力资本相对于物质资本在企业所有权安排中往往处于劣势地位。

（4）人力资本价值的变化性。人力资本与物质资本还有一个不同，就是物质资本在不考虑时间因素的情况下，它的价值是稳定的、不变的，而人力资本的价值则处于不断变动的状态。随着人受教育程度的提高、工作经验的积累、阅历的丰富等因素的影响，人的价值始终不断变化。因此，人力资本的价值具有很大的弹性空间。在人力资本发挥作用的过程中，一部分人力资本的创造效率会在使用过程中得到增强，人力资本价值会不断增值；反之，另一部分人力资本的使用则会随着时间的流逝，受其所有者身体条件等因素的影响，其价值会逐渐减弱甚至丧失，这也是人力资本难以计量的重要原因。

（5）人力资本的专用性。所谓人力资本的专用性，是指人力资本一旦投入某一企业，其知识、能力、权力、地位、荣誉、机会、人际关系以及心理状态等，都是特定经历和特定环境的结果，一旦离开这一环境将会贬值。人力资本的专用性是人力资本投资风险的主要来源，同时也是企业效率的重要来源。因此，在促进人力资本专用性投资以提高企业效率的同时，也应该注重人力资本投资风险的防范，这两者既互为条件，又相互促进。

(6) 人力资本的团队生产特性。人力资本还有一个非常重要的特征就是它的团队生产特性，即人力资本个人的专用性日益增强的同时，其团队特征也会日趋显著。从某种程度来说，在知识经济时代，单靠个人的能力是无法做出很大成就的，必须依靠和充分发挥团队的力量，从而会产生"1+1>2"的效果，这一效果其实就是团队生产的合作生产力。这一团队生产能力除了可以促进人力资本的价值之外，反过来也会对其形成"套牢"，造成人力资本退出企业的障碍，从而使人力资本承担企业风险的水平得到大大提高。

(三) 关系资本及其特征

"关系"是一个大家非常熟悉的概念。一般来说，"关系"包含以下几方面的含义：一是指人情关系，正所谓熟人好办事，"走后门""拉关系"等是对这个概念的贬义理解；二是指合作关系，在企业内部员工之间、部门之间所形成的工作关系以及企业与其供应商和顾客所形成的交易关系，这种关系氛围的营造会影响企业的效率；三是指营销关系，企业通过共同合作，可以扩大市场，增强企业的竞争力，提升企业的价值。本书所说的关系主要是指企业的营销关系。

"关系资本"一词较早见于美国经济学家布鲁斯·摩根的著作《关系经济中的策略和企业价值》。布鲁斯认为在关系经济中只要存在价值关系，关系就有价，关系就是一种资源，一种资产，并在此基础上首次使用了"关系资本"这一概念。目前关于关系资本的讨论不少，比较有代表性的观点有以下几种：

Bontis (1992) 认为，企业关系资本是依靠关系作用而带来价值增值的，对于企业来说，其关系资本主要包括客户资本、雇员资本，以及企业与同一价值网络的供应商、股东、政府和盟友等所有利益相关者的有利于提高企业价值的互动关系。Edvinsson (1998) 认为，关系资本是组织与其他组织或顾客往来之间的关系，又称外部关系，除了传统的客户范围外，还包括厂商上下游及相关环境之间的关系。国内学者彭星闾、龙怒 (2005) 认为，企业关系资本是企业与利益相关者为实现其目标而建立、维持和发展关系，并对此进行投资而形成的资本。田金花 (2006) 认为，关系资本是对企业与内部、外部的对象（包括组织和个人）之间经过长期交往、合作的互利行为所结成的一系列认同关系进行投资和运营，使之持续增值并给企业带来新的竞争优势的一种无形资本。

以上国内外学者都给出了关系资本的定义，虽然迄今为止关系资本的含

第五章 利益相关者、要素资本与企业类型的划分

义并没有统一,但是大家都已经认识到关系资本对企业价值创造的巨大作用。实际上,关系是一个内涵和外延都非常广泛的概念,只要企业的利益相关者拥有某种特殊的关系资源,而且该资源预期会给企业带来巨大的经济利益,那么拥有该资源的利益相关者就成为关系资本的拥有者。这种关系既可以是一种政治权利,也可以是一种垄断资源等。基于此,本书将关系资本定义为企业与所有利益相关者之间建立的关系网络及其带来的资源和信息优势。企业关系资本是通过积累而逐步扩张和壮大的,是企业在与其供应商、客户等利益相关者长期的交易中通过人际关系互动、彼此信任和规范等多种渠道而实现的。我们所界定的关系资本的内涵首先去除了人情关系含义,而着重考虑企业在经营过程中所有与之发生关系的人或者团体。

从企业的利益相关者角度出发,根据向企业提供关系资本的利益相关者不同,企业的关系资本可以分为企业员工的个人关系资本、企业与政府之间的政治关系资本以及企业与供应商和顾客之间的客户关系资本。由于政治关系资本在我国是一项权利性很强的资本形式,一般企业不具有与政府谈判的资本,即使谈判双方也是一种不平等地位,因而本书不将其列为谈判的重点。而对于员工的个人公关关系资本,由于人力资本和关系资本的难计量属性,而且这两种资本形式都与其所有者主体不可分离的特征,使我们很难区分人力资本的价值和人力资源所拥有的关系资本的价值,所以本书所探讨的主要是企业与供应商和客户的关系资本。

关系资本之所以作为一种资本形态存在,首先,因为它具备了资本的特性,能够给企业带来经济利益,这是其成为资本的必要条件。如石军伟等经过研究发现,企业社会资本对销售收入的提升有正面的促进作用;边燕杰、丘海雄则证明了企业社会资本对企业的经营能力和经济效益有直接的提升作用。罗党论、黄琼宇等研究发现民营企业的政治关系对企业价值有显著的正面影响等。可见关系资本可以给企业带来经济利益,因此具有资本的特性。其次,关系资本具有经典的理论支撑,这是其成为资本要素的充分条件。如马克思把分工协作与机器、科学等都看作影响生产力的因素。马克思认为,建立在分工基础上的协作能大大提高生产力,甚至创造新的生产力,这种生产力本身就是一种集体力。而亚当·斯密也认为,劳动分工是国民财富增进的源泉,分工生产可以提高劳动生产率。这里的分工协作实际就是指一种劳动关系。可见,关系资本作为一种资本形态并不是横空出世,而是具备一定的理论基础的。

关系资本既然作为一种资本形态,它就和其他资本形态一起在企业价值的创造过程中发挥着作用。但是关系资本有着不同于其他所有资本的特征:

(1) 关系资本的公共性。关系资本不是一种个人财产,不单独归属于某一个利益相关者,它具有集体的性质。公共性也是关系资本与其他资本的根本区别,其他可以看得到、摸得着的资产可以是个人的私有财产,但关系资本却一定不是完全受个人所支配的。

(2) 关系资本的相互依存性。关系资本的形成至少需要两方的相互沟通和协调,是关系伙伴间整体优化的结果。关系资本的产生与维持需要关系双方相互合作与协调,他们共生共存,并有具体的使用范围,结果是可以使关系网络中的相关利益人共同受益,达到互惠互利。

(3) 关系资本的不可替代性。企业关系资本是在企业的发展过程中逐渐形成的。这种关系资本一旦形成便为关系伙伴所共有,很难被其他企业模仿和替代。关系资本的建立通常是在各方具有共同利益的时候,其价值表现得比较明显。

(4) 关系资本的高风险性。关系资本是一把"双刃剑",如果某一利益相关者通过关系资本来投资,拥有关系资源的利益相关者可能面临一旦投入该企业,将失去在更好的企业投资获利的机会,而被投入关系的一方则会遭遇此关系所带来的收益风险。无论对哪方来说,其实都有一定的风险性。也就是说,关系资本的市价取决于对未来带来的利益和机会的估计,关系投资的风险大,回报也可能大,所以对关系的投资需要有眼光和魄力。

另外,关系资本和人力资本一样,也具有异质性和不可计量等属性特征。关系资本存在于企业的相关利益群体的关系网络结构中,既不依附于独立的个人或企业,也不存在于物质生活之中。达成关系的主体不同,关系资本的能力和价值也不一样,到底这种关系的价值是多少,则因事而异,因人而异,因而不同的关系资本的性质是不一样的,正是这种异质性使关系资本难以计量。

第三节 利益相关者企业的类型划分

依据前文的分析,要想解决企业内不同利益相关者的价值增值分享问题,我们可以考虑将企业按照一定的标准划分成不同的企业类型，然后分别去研究每一类企业的不同分享模式，从而总结出不同类型利益相关者分享企业价值增值的共性和个性，以找出一种或者几种通用的模式。尽管利益相关者的种类繁多并且性质各异，但是通过前面对企业各个利益相关者提供的要素资本的分析，我们仍然可以发现他们的一些共性特征。企业的利益相关者向企业提供着不同的要素资本形式，有的利益相关者还可能同时提供多种要素资本，成为多要素资本的提供主体。但是无论利益相关者以什么方式提供资本，经过前面的分析发现，他们提供的要素资本类型主要有三种：物质资本、人力资本和关系资本。企业实际上就是由不同利益相关者提供的物质资本、人力资本和关系资本三种要素组成的结合体。无论企业的利益相关者的构成如何变化，企业的要素资本构成不会超过这三种形式。由于利益相关者向企业提供要素资本的目的是从企业获取收益，因而，这些利益相关者通过向企业提供不同的要素资本而具有了分享企业价值增值的条件。但是提供要素资本仅是分享企业价值增值的必要条件而非充分条件。到底哪种要素资本的所有者最终会拥有企业的剩余索取权，则还要取决于这些利益相关者之间的博弈选择。但是不管如何，这些利益相关者都具备了分享企业剩余的条件，都有可能成为企业的内部利益相关者，从而掌握企业的所有权。

如前所述，企业的利益相关者提供的要素资本主要有三种形式：物质资本、人力资本和关系资本。因此，无论通过集体选择的利益相关者的构成如何，其所提供的要素资本形式可以归结为两类：一类是内部利益相关者提供的要素资本形式都属于同种类型，如利益相关者提供的都是物质资本、人力资本，或者全部是关系资本，等等；另一类是内部利益相关者提供的是不同形式的资本组合，如物质资本和人力资本的组合、人力资本和关系资本的组合、物质资本和关系资本的组合，还可能是物质、人力、关系三种资本的组合。这样我们可以根据企业内部利益相关者提供的资本形式，将企业划分为同质型结构企业和异质型结构企业。所谓同质型结构企业是指企业内部利益相关者提供的都是同类型的资本形式。异质型结构企业则是指企业内部利益相关者提供的要素资本是不同形式的资本组合。在同质型结构企业中，还有一类情况比较特殊，即由单一类别的利益相关者独立构成企业的所有权主体。在传统的企业中，只有股东可以单独成为企业的所有权主体，那么在利益相关者治理的观点下，既然参与企业剩余索取权的可以是企业的股东、债权人、经营者、企业的员工甚至企业的客户，那么这些利益相关者是否也可以单独成为企业的所有者？为了探讨这个问题，我们将同质型结构企业中由单一利益相关者组成的提供一种要素资本的企业单独作为一种类别，称为单边治理型企业。这样，我们根据企业利益相关者提供的要素资本的构成不同，将企业分为单边治理型企业、同质型结构企业和异质型结构企业（见表5-4）。

表5-4 利益相关者企业的类型划分

利益相关者企业类型	特点		举例
	利益相关者构成	要素资本种类	
单边治理型企业*	仅某一类利益相关者	一种要素资本形式	股东单独治理型企业
同质型结构企业	由两类及其以上的利益相关者构成	一种要素资本形式	股东和债权人共同主导的企业
异质型结构企业	由两类及其以上的利益相关者构成	两种及其以上的要素资本形式	股东和经营者共同主导的企业

注：单边治理型企业实际是同质型结构企业的特例。

需要说明的是，由于企业经营环境的复杂性以及利益相关者的个性差异，每一个利益相关者有时可能并不只是向企业提供一种资本，而是同时向企业提供多种资本形式。在这种情况下，向企业同时提供不同资本类型的利益相关者在分享企业收益时，可以先分别按照资本形态分享企业的价值增值，然后，该利益相关者将提供不同类型资本分享的价值增值加以汇总，就是该利益相关者从企业分得的价值增值之和。为了描述问题的方便，本书在讨论相关问题时，假设各利益相关者只提供一种资本形式，而不考虑同时提供多种资本的情况。

一、单边治理型企业

"单边治理"这个概念并不陌生，主要源于公司治理结构主体的构成。在"资本雇佣劳动"时代，由于物质资本稀缺，公司治理主体表现为由单一的物质资本主导，公司治理模式体现为股东的单边治理模式。如果说在企业发展早期，由于物质资本稀缺，而同质的人力资本地位和作用不突出，企业所有权理应由股东独享，"天然地"形成了一种物质资本主导下的股东单边治理模式的话，那么在知识经济迅速发展的今天，人力资本和科技要素的作用日益凸显，再强调单纯的股东单边治理就显得很不协调。

随着利益相关者理论的兴起，人们认为企业的治理应该是由利益相关者

第五章　利益相关者、要素资本与企业类型的划分

共同治理,从而认为单边治理的模式已经过时或者不应该存在了。但实际上,企业的经营性质不同,所处的发展阶段不同,企业的所有权结构就会不同。既可能出现单边的治理结构,也会出现利益相关者的共同治理结构。在企业的发展过程中,可能单边的治理结构并不一定是最终的企业所有权安排,但却是企业发展过程中的一个阶段。本书倡导利益相关者治理的公司治理结构,但是倡导利益相关者治理并不意味着要求所有的利益相关者同时一起来治理企业,而是根据集体选择的要求,各利益相关者适时地选择进入企业的治理结构。如个体企业或者私营企业在创立之初,在个人提供资金的情况下,企业主是企业的唯一股东,企业治理结构就是典型的股东治理型企业;随着企业的规模不断扩大,当拥有资金的股东觉得自己不再胜任管理者的角色时,他会专门聘请一个懂管理的人来和自己共同管理企业,为了激励这个经营者,他还会主动让经营者参与企业的部分剩余分享,这时企业就是由股东和经营者共同治理型企业。因此,企业的性质不同和企业所处的发展阶段不同,企业的治理主体也会随时发生变化,因而既有利益相关者的单边治理,又有利益相关者的共同治理。这里的利益相关者单边治理不仅是指股东的单边治理,实际上,除了股东单边治理之外,其他的利益相关者也可以单独成为企业的治理主体。如果私营企业的资金全部是从银行贷款来的,则企业主实际上只是企业的经营者,但是由于他掌握着企业的剩余控制权,所以企业主是企业剩余的索取者,这种治理结构应该是经营者治理型企业,而不再是股东治理型企业了。对于到底哪些利益相关者可以独立成为企业的治理主体,将在后面一章详细分析。

　　需要强调的是,我们在此所讲的单边治理不是指某一个人单独控制企业,而是指同一类人共同控制企业。如在资本雇佣劳动阶段,股东是企业物质资本的提供者,但向企业提供物质资本的股东并不是一个人,而是很多拥有物质资本的人,他们都是企业的股东。但是这一类别的人的划分不能过于宽泛。现在很流行的一种观点是把企业的单边治理结构分为两种:物质资本单边治理结构和人力资本单边治理结构,或者叫资本雇佣劳动的单边治理结构和劳动雇佣资本的单边治理结构(张银杰,2005)。物质资本治理和人力资本治理的企业结构是存在的,但是笔者认为将其称为单边治理结构有些不妥。这是因为向企业提供物质资本的并不只有股东,债权人、经营者和企业员工等都有可能向企业提供物质资本,成为企业物质资本的重要提供者,所以笼统地称为物质资本单边治理显然是不合适的。在利益相关者的治理观点下,物质

资本治理不是单边治理而是一种多边治理结构。同样，人力资本治理结构中，人力资本的提供者有经营者，也有企业的员工。企业的经营者具有管理控制权，而企业员工没有控制权，他们虽然都向企业提供人力资本，但是由于人力资本的不同质特性，这两类利益相关者对企业的利益要求是不同的，在公司治理结构中充当的角色也不同。因此，人力资本治理也不是单边治理而是多边治理。所以，我们所说的单边治理是从利益相关者的身份来界定的，由某一类人构成的企业治理主体，如股东单边治理企业、经营者单边治理企业等。

二、同质型结构企业

所谓同质型结构企业，指的是企业的所有权集中在同一类要素资本所有者手中的企业治理形式。在同质型结构企业中，企业的所有权结构是一种一元所有权结构，主导企业所有权的利益相关者向企业提供的要素资本属于同一种资本类型。同质型结构企业从利益相关者的身份组成看，属于多类型利益相关者，至少是由两类或者是两类以上的利益相关者构成。但是无论有几个利益相关者，他们提供的都是相同的要素资本，因此同质型企业也可以称为一元产权结构。

虽然同质型结构企业利益相关者提供的是同类型要素资本，但是由于各个利益相关者的身份不同，他们提供的同一种要素资本具有一定的差异性，需要结合利益相关者本身的特性进行详细的分析。如经营者和企业员工向企业提供的都是人力资本，但是两者的人力资本价值却有很大的差异。经营者提供的人力资本由于经营者人才资源的稀缺使其与其他内部利益相关者谈判时更具有谈判力，其在企业中可能获得更多的企业剩余；而企业员工相对于经营者来说，其资源不是非常的稀缺，创造性也不是很突出，因而在分享企业剩余的谈判中力量就比较弱。即使同为企业的员工，由于岗位性质的不同以及员工个人能力的差异，提供技术性的企业员工就比仅提供劳动力的企业员工为企业创造的价值大，因而在分享企业剩余时其就更具有谈判力。虽然同一类型要素资本间也存在着差异，但是相对其他要素资本形式来说，他们之间也存在很多的共性，因而我们可以将提供同一类要素的资本作为一个整体来进行分析。

根据前面对企业利益相关者提供的要素资本的分析，我们总结出各个利益相关者主要向企业提供三种不同的资本形式，即物质资本、人力资本和关系资本。由于每一类要素资本的性质是不同的，因而我们根据掌握企业所有权的利益相关者提供的要素资本的形态不同,又可以将同质型结构企业细分为物质资本治理型企业、人力资本治理型企业和关系资本治理型企业。

物质资本治理型企业也可以称为纯物质资本所有型企业,是指企业的所有者只由物质资本提供者组成,而且是由两类或者两类以上不同性质的物质资本所有者组成。纯物质资本所有型企业的最典型的特征是拥有企业所有权的全部是企业的物质资本提供者。目前的企业大多是以股东主导的物质资本所有型企业。

人力资本治理型企业是指企业的所有权全部归属于人力资本所有者。与物质资本独享企业的所有权一样,人力资本治理型企业是人力资本所有者参与企业所有权的另一个极端表现。人力资本治理型企业并不是指企业的生产经营不需要物质资本,而是指提供物质资本的利益相关者在企业中只是外部利益相关者,他们不分享企业的剩余,只是从企业获取固定的回报。人力资本型企业最典型的应用就是知识型企业。在知识型企业中,企业的生产经营主要依靠人的创造力提供,物质资本不是企业的稀缺资源,此时企业价值的形成主要是通过人力资本实现的。

关系资本治理型企业是指企业的所有权全部归属于关系资本所有者的一种企业治理结构。在关系资本治理型企业中,物质资本和人力资本提供者都是企业的外部利益相关者,他们不参与企业的集体选择,不承担企业的经营风险,只是从企业获取固定的收益。关系资本治理型企业的典型应用主要是在一些商品流通企业、物流运输企业以及一些网络公司等,他们往往需要借助于强大的关系渠道去实现自己的企业价值。如美国的铁路特快专递公司曾经是一个由不同的铁路公司合作拥有的企业。铁路特快专递公司之所以由各个铁路公司共同拥有,主要因为各个铁路公司有各自的运输渠道,这就是一种关系资本的投资。当然,各个铁路公司也可以向铁路特快专递公司投入物质资本,但是相对于关系资本的优势来说,此时物质资本已经不是最主要的资本形式了。

三、异质型结构企业

所谓的异质型结构企业,指的是企业的所有权集中在不同类要素资本所有者手中的企业治理形式。所谓的异质,实际指的是企业内部利益相关者提供的要素资本的性质不同。异质型结构企业也是一种多元化所有权企业结构,由两个或者两个以上的利益相关者共同拥有企业的所有权,并且利益相关者向企业提供的要素资本属于不同的资本类型。异质型结构企业与同质型结构企业相比，不仅利益相关者的构成属于多类型利益相关者，而且这些利益相关者提供的要素资本也属于不同的类型，因此，在对异质型结构企业进行分析时，考虑的因素就会多一些，分析起来也相对复杂一些。对于异质型结构企业，由于所有权主体提供的要素资本的种类不同，因而也可以称作多元所有权结构企业。

对于异质型结构企业，由于掌握企业所有权的内部利益相关者提供的要素资本属于不同的类型，因此，在分析企业各个利益相关者分享企业价值增值的时候，应该充分考虑各类要素资本的特性，从要素资本的特点出发去分析影响各类要素资本的因素，从而确定不同利益相关者各自的贡献，以公平合理地分享企业的价值增值。由于利益相关者提供的要素资本形态主要有三种，因此，对于异质型结构企业来说，实际上企业的所有权归属于这三种要素资本提供者的不同组合而已，由此我们又可以将异质型结构企业分为物质—人力资本型企业、物质—关系资本型企业、人力—关系资本型企业和物质—人力—关系资本型企业。其中物质—人力资本型企业、物质—关系资本型企业、人力—关系资本型企业由于其要素资本的形态是由两种要素资本构成，实际上他们的分享安排是解决两类不同的要素资本之间的分享问题，因而我们称为双边治理结构企业；而物质—人力—关系资本型企业是多种要素资本之间的分享安排，因而称为多边治理型企业。

物质—人力资本型企业指的是企业的所有权是由提供物质资本和提供人力资本的利益相关者共同构成的企业所有权结构。物质—人力资本型企业是目前比较常见的一种企业治理结构，除了股东单边治理结构之外，实际中存在最多的企业所有权形式就是物质—人力资本型企业。物质—人力资本型企业由物质资本提供者和人力资本提供者共同拥有企业的所有权，体现了物质资本与人力资本的统一，从而打破了原先的股东单独主导的企业所有权结构，提升了企业人力资本的价值。

物质—关系资本型企业是指企业的所有权由提供物质资本和关系资本的利益相关者共同拥有的企业所有权结构。这里的关系资本中的"关系"不同于我们平时说的"走后门""拉关系"，后者的关系指的是一种人际交往关系，而我们此处所指的关系资本主要是指政府或者供应商和客户等所拥有的特殊资源。它是企业中除了人力资本和物质资本之外其他的对企业有重要影响的特殊资源拥有者，而这些特殊的资源主要是通过行业垄断或者政治权利而拥有的，所以我们称为关系资本，如垄断性的供应商、某人所拥有的丰富的客户资源等。这些特殊资源拥有者凭借自己手中的特殊资源具有分享企业剩余的权利。关系资本是对特殊资源的拥有权,而这些特殊资本有一个非常明显的特点就是它的不易衡量的属性,我们无法说这种资源到底值多少钱,但是它对企业的生存可能起着生死攸关的作用。关系资本还有一个显著不同于物质资本的特点就是它的异质性。不同的利益相关者持有的关系资本千差万别,即使是同一种资源,不同的利益相关者持有对企业的价值影响可能也非常大。物质—关系资本型企业由物质资本所有者和人力资本所有者共同主导企业的所有权,而将发挥主动性的人抛在了所有权主体之外,因而只能适合那些对人力资本要求不高的资本密集型企业或者物流行业等,而不适合与对人力资本要求较高的高科技企业等。

人力—关系资本型企业是指企业的所有权由提供人力资本和关系资本的利益相关者共同拥有的企业所有权结构。人力—关系资本型企业的特点是构成企业所有权主体的利益相关者缺少了物质资本提供者,通常物质资本提供者是企业所有权的主导,但实际上,在资本金不是很匮乏的情况下,很多企业起主导作用的还是提供人力资本的利益相关者,尤其是很多高科技企业,人力资本是企业价值创造的主要源泉。同时市场的发展很多时候也需要关系资本的介入,和人力资本一起共同主导企业的发展。

物质—人力—关系资本型企业,是指企业的所有权是由提供物质资本、人力资本和关系资本的利益相关者共同拥有的企业所有权结构。物质—人力—关系资本型企业是一种多边治理型企业,也是所有权构成最复杂的企业治理结构。在企业中,提供物质资本、人力资本和关系资本的利益相关者需要各自展现自己的优势,在分享企业价值增值的谈判中尽量为自己争取更多的利益。而至于具体分享的多寡,则需要根据各个资源的稀缺情况、对企业的贡献程度以及每个利益相关者各自的谈判力来决定。

之所以对利益相关者企业做出这样的划分,主要是从解决问题的角度来考虑的。通常我们解决问题的思路是由简单到复杂,先解决单边治理型企业的分享安排,然后再解决多边治理型企业的分享安排,符合一般的逻辑规律。多边治理型企业又根据利益相关者提供要素资本的禀性不同,进一步划分为同质型结构企业和异质型结构企业,而每一类企业里面由于利益相关者提供的资本不同,在剩余分享时对各自的影响因素是不一样的,所以应该加以区别分析。另外,按利益相关者提供资本的种类不同将企业划分不同的类型,在解决问题的思路上又呈现出一定的层次性。既可以由简单到复杂地分析各自利益相关者的分享安排,也可以将复杂的由多利益相关者构成的企业所有者主体层层分解,将复杂的问题简单化。利益相关者分享企业价值增值的方案设计逻辑如图 5-5 所示。

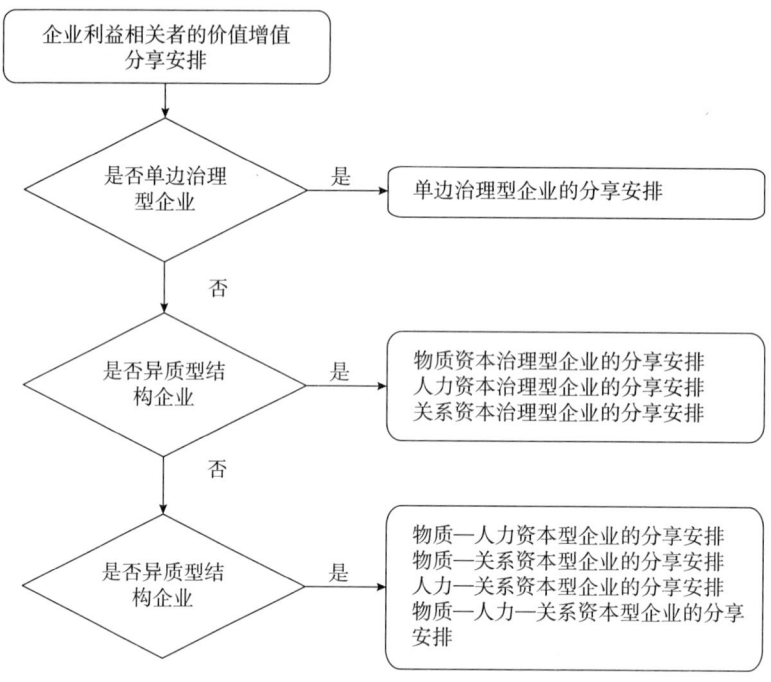

图 5-5　利益相关者分享企业价值增值的逻辑

另外还需要说明的是,我们是根据拥有企业所有权的利益相关者的资本形态,将企业划分为单边治理型企业、同质型结构企业和异质型结构企业,而对于每一类企业来说,企业内的要素资本形态都是多要素的,如对股东单边治理型企业来说,其要素资本形态既有股东提供的物质资本,也有债权人提供的物质资本,同时还有企业员工提供的人力资本等多种资本形式。但是在众多提供资本的利益相关者中,股东最终通过集体选择掌握了企业的所有权,成为企业的内部利益相关者,其他利益相关者仍然向企业提供着不同形式的资本,但他们是企业的外部利益相关者。同样,对于物质资本治理型企业来说,并不是指企业的资本形态只有物质资本,企业的运行还需要人力资本的支持,只不过物质资本掌握了企业的所有权而已。但是,物质资本治理型企业也并不是指所有的提供物质资本的利益相关者都是企业的内部利益相关者,也可能有一部分提供物质资本的利益相关者是企业的外部利益相关者。

第六章

单边治理型企业价值增值的分享安排

第一节 单边治理主体的确定

单边治理型企业是从利益相关者的身份出发来界定的由某一类利益相关者主导企业所有权的企业类型。单边治理型企业的所有权主要集中在某一类利益相关者手中，仅提供一类要素资本。从本质上来说，单边治理型企业是同质型结构企业的一种特例，是由单一利益相关者提供单一要素资本的特殊企业治理形式。在利益相关者治理的观点下，企业的股东、债权人、经营者、员工、政府以及企业的供应商和客户等都是企业的直接利益相关者，如此众多的利益相关者是否都能单独成为企业的治理主体，独享企业的所有权？美国的亨利·汉斯曼曾在他的著作《企业所有权论》中通过广泛的考察指出，企业的所有权不仅仅是由投资者股东所有，企业的雇员、供应商甚至消费者等也能主导企业的所有权。那么到底哪些利益相关者能单独主导，成为企业的治理主体？我们将逐一从理论上进行分析。

（1）股东。股东成为企业的治理主体是不言而喻的。目前我国企业的主要治理形式就是股东的单边治理。股东之所以会毫无疑问地成为企业的单边治理主体，有着深厚的理论基础和现实背景。奈特、科斯（1921）的风险偏好学说、阿尔钦和德姆塞茨（1972）的团队生产理论以及威廉姆森（1985）的资产专用学说等都是股东治理型企业的坚强的理论基础。我国现行企业中存在的以股东为主导的公司治理形式为股东治理型企业提供了良好的现实基础，因此，关于股东治理型企业在此不再赘述。

（2）债权人。企业的债权人，一般是指向企业出借资金的银行。从资本形式上来说，债权人投入的是物质资本，但是这个物质资本与股东提供的物质资本又有所不同。债权人提供的物质资本有时间限制，到期需要收回本金，同时还要收取一定的利息作为补偿。从表面上看，债权人相对企业是一个外部利益相关者，其只关心到期是否能够收回本金和利息，因而一般不会成为单独的治理主体。但是还可能存在这样一种情况，假设市场的资本金非常匮乏，资本的借贷市场非常紧张，而某一债权人有足够的闲置资金，如果他碰到有能力的合适的经理人，就可能聘请该经理人去成立企业并负责经营。债权人提供债权资本给企业,并规定还款的时间期限,到期收回本金和利息。同时债权人给该经理人支付固定的工资报酬,尽管企业的经营全部靠经理人来完成,但是由于资金的匮乏,经理人无法筹集到建立企业所需要的资金,此时他可能会接受这种条件,从而作为一个外部利益相关者分享企业的固定收益。由于资金资源的有限性,提供资金的债权人掌握了企业的所有权,成为企业剩余收益的索取者,此时就是典型的债权人单边治理形式。

债权人单边治理形式从理论上来分析是可以成立的,但是这种治理形式不可能存在很长时间或者被广泛推广。这是因为,虽然债权人向企业提供了物质资本,成为企业的所有者,但实际上这个所有者的时间是有限度的。因为债权人向企业提供的资金属于借贷资本,需要到期归还本金。而一旦到期债权人收回本金之后,则该债权人实际与企业就没有关系了,此时再从企业获取剩余收益是不合理的。因此,一旦债权人提供的资本到期,会有两种可能,要么债权人将债权转为股权,成为企业的股东;要么干脆退出企业,则此时企业的所有权就不再归属于债权人,而是转移给了企业的经营者。因为企业的经营管理都是由经营者负责实现的,当原来物质资本的提供者撤出之后,向企业提供人力资本的经营者当然就顺理成章地成为企业的治理主体。由于债权人资本使用的时间有限性,因而单独的债权人治理形式在实践中不可能长期存在,最多只能成为企业某一个过渡阶段的治理形式。

(3)经营者。在经营者治理模式下,企业的资本金全部是从债权人那里借来的,没有单独出资的股东,企业的经营者负责整个企业的生产经营过程。经营者向企业提供的是一种经营管理才能,这是一种无形的人力资本。经营者负责协调管理整个企业的经营业务,是企业最直接的管理者和控制者,也是所有利益相关者中参与企业治理最深的利益相关者。物质资本所有者将物质资本投入企业,其是否能获取高的收益,关键在于经营者的管理能力。因此,经营者对企业的贡献是非常重要的。物质资本是一种价值不变甚至随着时间的推移其价值还发生贬值的资本形式,而经营者提供的人力资本是一种价值可变的资本形式,其资本的价值可以随着经营者经验的积累以及能力的提高而不断得到提高。更为重要的是,经营者的人力资本形式可以独立发挥作用,但是物质资本必须借助于人力资本才能发挥其作用。另外,经营者提供的人力资本与经营者本身是不可分离的,一旦投入企业,不仅投入的人力资本具有了可抵押性,连拥有人力资本的人也具有了可抵押性,因而经营者承担一定的经营风险。正是由于经营者对企业的巨大贡献,同时也能承担一定的经营风险,因而经营者可以凭借其提供的组织管理才能单独成为企业的治理主体,即构成经营者治理型企业。

(4)员工。员工拥有企业的所有权乍一听起来似乎有些不可思议,但是现实中却确实存在着这样的企业,不少还经营得非常成功。在世界范围内,交通运输业是经常采用员工所有权的行业。一般而言,司机是这些企业的所有人。如在瑞典,所有的出租汽车服务和50%的卡车运输服务都是由工人合作社提供的;而在以色列,由驾驶员合作拥有运输企业的所有权模式正在被广泛应用并且向航空业渗透,1994年世界上最大的航空公司联合航空的7000名驾驶员经过7年的努力终于成功取得了该公司的控股权。员工治理型企业在美国的服务业中非常普遍,尤其是在法律、会计、投资银行、管理咨询、广告、建筑、医药等专业服务行业里,员工治理型企业一直是被经常采用的组织形式。值得一提的是,美国有一个三合板制造企业应用员工治理形式并非常成功。自20世纪20年代第一个工人合作社建设以来,采用员工治理形式的三合板企业在太平洋沿岸的西北地区一直占有相当的市场份额。截至1984年,当地有14个这样的企业,每个企业有80~350个社员,合起来的产量占美国三合板总产量的10%。在法国、英国、意大利和西班牙等国家都有非常成功的员工治理型企业。①

员工治理型企业虽然在国外有非常成功的应用案例,但是却不宜大力推广,主要是因为员工治理型企业的员工众多,要使所有的员工都满意是非常困难的,这导致集体决策成本太高。因此,员工治理型企业只能在那些利益同质性的企业里应用。在这种企业里,企业员工从事的是基本相似的工作,工作地位也基本相同,员工之间有较少的等级差别,因而企业做出的任何决定对每个所有人的影响相差不大,或者即使有一些冲突也会在一个宽泛的基础上被大家所接受。如律师事务所的合伙人,都是工作能力和效率相去不远的律师,他们从事的工作也比较独立,所以他们一般不会因为企业的经营政策发生意见分歧,而企业的经理,也是企业里唯一一个拥有专门技术和任务且负有管理责任的人,却不是合作社的正式社员,而是一个带薪的雇员。在中国,员工治理型企业还有一个比较好的应用就是农民合作社。在农民合作社中,其实真正所有人是每一个参与合作的农民,合作社里的管理人员只是相当于农户聘请或者委托管理的一个经营者。

---

① [美]亨利·汉斯曼:《企业所有权论》,于静译,中国政法大学出版社2001年版。

（5）政府。政府作为国家的代表，在整个市场经济中主要担当两种角色：管理者政府和投资者政府。作为管理者政府，因为向企业提供了安全稳定的市场经济环境，因而要向企业收取一定的税收以维持政府的正常运转。而作为投资者政府，政府可以通过向企业提供资金而成为企业的股东。在实际生活中，政府可以单独成为企业的治理主体，但是政府成为企业治理主体的身份主要是投资者。此时政府与企业的其他股东一样，都是以股东的身份参与企业的生产经营的。作为管理者的政府不能单独成为企业的治理主体。这是因为，作为管理者的政府是为所有的企业服务的，它提供的资源不具有专用性，不能单独成为企业的治理主体。因而政府治理型企业中的政府应该是以投资者的身份来认定的，实际上就是股东。但是政府的股东治理型企业和其他的股东治理型企业又有很大的不同。政府治理型企业，虽然企业的所有权主体很明确是政府，但实际上这个政府股东是一个虚位的股东。因为政府是一个组织，而且这个组织是代表所有民众的组织，代表所有民众意味着实际上这个主体是一个空的主体。因而，作为投资者政府可以在政府治理型企业中享受企业的全部剩余，但是作为管理者政府不能单独成为企业的所有权主体，只能通过强制性的措施从企业以税收的形式参与分享企业剩余。因为政府是一个单一的组织，所以对于政府治理型企业不存在企业剩余收益的再分享问题，企业的剩余全部归政府所有。

（6）供应商（和客户）。一般情况下，供应商和客户与企业的关系主要是一种等价交易关系，不属于企业的内部利益相关者。当企业的经营环境发生了变化，企业的供应商和客户就可能成为企业的内部利益相关者，分享企业的剩余。供应商和客户单独成为企业的所有权主体，这种情况听起来似乎有些不可思议。但是现实中，这样的例子是普遍存在的。美国最大的提供长途搬家服务的企业——联合卡车行（Allied Van Line），在 1928~1968 年就是一个由很多当地的实际提供服务的搬家公司共同拥有的合作社；在 1929~1967 年，美国的铁路特快专递也曾经是一个由不同的铁路公司合作拥有的企业；世界上最大的国际新闻社——美联社就是由它服务的几千家报纸、广播和电视台共同拥有的；万事达和维萨公司也是由经营这两种信用卡并提供相关服务的几百家地区性的银行合作拥有的企业。[①] 前两个是典型的供应商主导型企业，后两个则是典型的客户主导型企业。供应商和客户治理型企业之所

[①] ［美］亨利·汉斯曼：《企业所有权论》，于静译，中国政法大学出版社 2001 年版。

以存在，最主要的原因有两个——减少交易成本和占领市场份额。而从资源依赖的角度来看，企业的重要资源有可能超越单个企业而转向依赖整个企业网络或企业群体，如美国生产商价值55%的资源是由企业外的供应商提供的，在日本，这个比例甚至高达69%。这表明企业的重要资源和竞争优势在很大程度上是由企业的价值链决定的。因而，供应商和客户虽然从空间上看，属于企业的外部利益相关者，但是由于其为企业提供的强大的资源优势，供应商和客户就有可能转化成为企业的内部利益相关者。而国外存在的供应商和客户控制或者拥有企业的实践更加证明，供应商和客户主导企业所有权很早之前就是国外一种很流行的企业结构形式。随着企业专业化分工越来越细，这种供应商和客户合作社会越来越普遍。另外，随着网络资源的普及和推广，这种模式也会更多地应用到网络企业中。

第二节 单边治理型企业价值增值的分享安排

由于单边治理型企业的治理主体比较单一，所以这类企业的剩余分享安排最简单，基本原则就是单边治理的主体独享企业的剩余分享。下面将逐一进行分析。

一、股东治理型企业

（一）股东分享企业价值增值的模式

股东治理型企业是目前单边治理结构的最典型代表，也是应用最广泛和最被大家所普遍接受的企业治理形式。传统企业的主要治理形式就是股东治理型企业。股东治理型企业最本质的特征是企业的所有权只归属于股东，股东拥有企业的全部剩余索取权。股东治理型企业是典型的"资本雇佣劳动"型企业结构。那么股东作为企业唯一的所有权拥有者，应该如何分享企业的价值增值？通常情况下，股东分享企业价值增值的模式是通过剩余分享模式，即期末的时候根据企业的盈利多寡进行分享，企业有剩余则在股东间按照投资比例进行分享，没有剩余则不分享。那么股东是否只能采用剩余分享模式，可否采用混合分享模式或者固定分享模式？

1. 固定分享模式

在固定分享模式下，由于企业价值增值的不确定性，因而注定一部分股东从企业获取的收益是固定的，而另一部分股东从企业获取的收益是不固定的。从规避风险的角度看，即使同为企业的股东，他们的风险偏好程度也是不一样的。有的特别喜欢冒风险，希望获取高的风险回报；而有的股东则不希望承担太多的风险，宁愿获取较少的稳定收益。风险厌恶型股东可能会选择从企业获取固定的收益回报。因而，从理论上来说，股东是可以采用固定分享模式的。如果股东采用固定分享模式，那么该如何确定其分享的固定收益数额？

由于股东获取的是固定收益，而企业的价值增值在谈判时是不确定的且是未知的，因而很显然，股东无法通过各自的投资比例来分享企业的价值增值。如前所述，利益相关者分享企业价值增值是按照各自的贡献为标准的。股东提供的是物质资本，物质资本具有很好同质性特征，因而按照各自的投资比例进行分享是一种最公平合理的分享方式。但是采用固定分享模式的股东又无法按照投资比例进行分享，那么只能通过股东之间的博弈谈判来解决了。实际上，博弈谈判是一种不得已而为之的做法。因为谈判是受很多因素影响的，除了各自提供资本的贡献之外，其他如不同股东的风险偏好和谈判能力的强弱等都会对谈判的结果产生影响。从另一个角度看，通过博弈谈判来解决股东的收益分享问题，实际上是增加了谈判的成本。由于谈判受多种因素的影响，通过谈判来解决股东的收益分享问题，实际上将本来很简单的收益分享问题（如直接按照投资比例分享）复杂化了。所以对于股东，理论上来说可以采用固定分享模式，但实际上却是不可行的。

2. 混合分享模式

混合分享模式下，股东可以预先从企业获取部分固定的收益，期末的时候再根据企业的经营状况分享企业的剩余。对于股东能否采用混合分享模式，我们可以这样考虑。企业在进行会计核算时有一个前提是基于持续经营假设，对于股东的剩余分享我们也可以基于持续经营假设。假设企业在可以预见的未来是持续不断地经营下去的，并且企业都是盈利的。在这种假设前提下，企业的股东最终都会分得企业的价值增值。既然收益能保证，因此收益是分两次获得还是在期末一次性获得都是无所谓的，因而股东可以采用混合分享模式分享企业的价值增值。股东采用混合分享模式也是有理论依据的。

(1) 收益相对保全理论。对股东来说，其将货币资金等物质资本投资于企业的目的就是获取更多的收益。通常情况下，企业在进行会计核算时是基于持续经营假设，假设企业在可预见的未来是持续不断经营下去的。而对于股东分享企业的剩余收益来说，我们也可以基于持续经营假设，并且假定企业都是盈利的。基于持续经营假设和盈利假设，每年股东都是有收益回报的。既然有剩余收益回报，至于何时分得这个剩余收益就不是很重要了。目前的期末一次性分享企业剩余的做法比较简单，有则分，没有则不分。但是考虑货币的时间价值，企业的剩余收益在期初获得和在期末获得是不一样的，期初获得收益要大于期末获得同样的收益。所以期末一次性分得收益的做法实际上损失了一部分股东的收益。基于风险相对保全理论，股东在分享企业的剩余收益时，不能只在期末集中分享企业的剩余收益，而应该在平时也可以分得一部分固定收益，即采取混合分享模式。

(2) 风险偏好与风险分散理论。股东治理型企业的所有权归属于股东。股东对于企业来说都属于以盈利为目的的投资者。投资者投资于企业都是有风险的，全部剩余分享模式实际上是默认所有的投资者都具有相同的风险偏好，即属于风险爱好型，然后所有的股东都是在期末的时候根据企业的盈利状况分享企业的剩余收益。而实际上，尽管都属于企业的投资者，但不同的股东的风险偏好程度是不一样的，有的属于激进型股东，有的则属于稳健型股东，不同类型的股东承担风险的程度是不一样的。因而，即使同时作为企业的股东，在分享企业的剩余收益时，可以采用不同的模式。有的股东属于激进型，则可以采用剩余分享模式，有的股东属于稳健型，则在分享企业的价值增值时可以采用混合收益分享模式。混合收益分享模式可以保证股东的部分固定收益，降低股东的风险，是一种稳健型的投资收益方式。从利益相关者的角度看，企业实际是一个利益相关者达成的契约体。既然是一个契约共同体，则应该风险共担。因而股东在分享企业的剩余收益时，不能仅在期末的时候分享企业的剩余收益，而平时也应该分享一部分固定收益，以降低股东的风险。

股东采用混合分享模式分享企业的价值增值，即股东平时可以从企业获取部分固定的收益，同时年终的时候又可以根据企业的盈利状况分享企业的价值增值。当期企业实际产生的价值增值扣除前期已经实际支付的部分，剩余的就是期末时企业股东获得的价值增值。采用这种混合分享模式的优点是可以适当降低股东的风险，更加保证股东的剩余收益，让股东更加有安全感。而且考虑到货币的时间价值，通过先期的固定支付可以增加货币资金的实际使用价值，使股东的收益相对提升。最主要的是，这种收益模式不会降低股东的治理积极性。由于股东从身份上来说，仍是企业的所有者，参与公司的治理，因而属于企业的内部利益相关者。混合剩余模式一般适合于非风险偏好型股东，如自然人股东等。

综合以上分析，对于股东单边治理型企业来说，股东在分享企业的价值增值时可以采用剩余分享模式和混合分享模式，而不适合采用固定分享模式。

（二）股东分享企业价值增值的具体操作

1. 剩余分享模式下股东的分享安排

剩余分享模式是指期末的时候股东根据企业当期产生的价值增值情况进行分享企业剩余的一种分享模式。企业当期产生的价值增值多，则股东可以分享的剩余收益就多；如果当期没有剩余，则股东就不分享。剩余分享模式是目前企业股东在进行剩余分享时普遍采用的一种模式，几乎所有的股份制企业都采用这种分享模式。剩余分享模式主要是基于企业所有权的观点，企业是属于股东所有的，股东具有剩余索取权，因而企业所有的经济流入扣除外部利益相关者的支付等必要的成本费用后的剩余全部属于股东所有。在剩余分享模式下，企业所有的经营风险都由股东承担。只有企业在有盈利的情况下，股东才能分享企业的价值增值，因而股东分享的企业价值增值是不固定的，有着较大的风险性。剩余分享模式的一个优点是企业产生的价值增值只有在期末并且企业有增值时才进行分享，没有增值则不分享，平时不做任何的处理，在实际操作中比较简单。一般情况下，机构投资者、法人投资者以及风险偏好型自然人投资者比较倾向于剩余分享模式。

股东治理型企业虽然属于单边治理企业，但"单边"不等于"单个"，此处的股东单边治理代表的不是一个个体，而是一个群体，所有将实物资本投资于企业的个人、法人等都是企业的股东。但无论投资于企业的是个人还是企业法人，也无论其投资于企业的形式是实物资本、金融资本还是无形资本，只要他们是企业的股东，则企业当期产生的价值增值最终都归属于这些利益相关者。由于股东人数众多，因而企业本期产生的价值增值需要在所有股东之间进行分配。根据前面的分析，收益分配的科学原则是按照贡献分配。由于股东投入企业的都是物质资本，容易计量且资本具有同质性，因此股东之间按照各自的贡献进行分享时，其贡献就是各自的投资额度。各个股东在分享企业产生的当期价值增值时，按照股东各自的投资比例分享。

2. 混合分享模式下股东的分享安排

在采用混合分享模式分享企业的价值增值时，关键是如何确定固定分享的数额。如前面所分析的，股东提供的资本是一种可计量的资本形式，且具有同质性特征。因而在分享企业价值增值时最直接、最简单的方法是根据股东的投资比例进行分享。在混合分享模式下，股东的收益主要有两部分：固定收益+剩余收益。由于企业的剩余是不固定的，因而固定收益的确定也比较困难。如果采取博弈谈判的方式解决，就会陷入和固定分享模式一样的尴尬境地。本着低谈判成本的原则，首先股东在混合分享模式下仍然按照各自的投资比例确定总的分享数额。按照平时提前获取一部分固定收益的数额，期末按照投资比例确定的分享数额扣除提前支取的固定收益，剩余的就是期末待分享的剩余。在实际中，我们可以采用剩余收益提前支付法来确定股东所获得的固定的收益的数额。

所谓的剩余收益提前支付法，实际上是指将平时的固定收益看成企业剩余收益的一部分，只不过将部分剩余收益发放的时间提前而已。具体操作方法是，股东可以采用先期支付办法获取一部分固定的价值增值，然后期末的时候再分享剩余的价值增值。这种分享方式并没有改变股东的收益性质，只不过在支付手段上有了变化而已。如果企业当期产生亏损，则期末股东不再分享企业的价值增值，先期已经分得的固定收益也不再退还，如果下期继续亏损，则停止发放下期的固定支付的价值增值直至企业产生盈余为止。先期已经发放的企业亏损当年的价值增值的固定部分，则首先在第一个盈利年度产生价值增值后抵扣，直至先前发放的亏损从当年的固定价值增值中弥补完为止。这种收益方式与目前的完全收益分享方式没有本质的区别，其本质仍然是全部剩余分享方式，股东仍然承担所有的风险，并且分享收益的数额并没有发生变化。但在支付方式上却是平时获取部分固定收益，期末的时候再分享剩余的价值增值。这种收益分享方式的好处是可以保证股东的部分收益，减少企业的风险，而且可以弥补因期末获取收益所丧失的货币时间价值。

剩余收益提前支付法首先需要解决的是分享的固定收益的数额如何确定？如前所述，股东的固定收益是其作为内部利益相关者享有的剩余收益的一部分，至于分享的时间是前面分享还是后面分享并没有本质性的区别。但是基于理性经济人假设，股东肯定会希望收益提前发放，但如果全部提前发放，一是因为企业的价值增值不确定,提前发放数不可能和实际分享的数额正好相等;二是全部发放后,股东的收益当年有了保证,股东参与企业治理的积极性就会降低,所以全部固定分享模式不是一种很好的分享方式,最佳的分享模式是介于固定分享模式和剩余分享模式之间。那么到底如何确定固定收益和剩余收益的比例?实际上,由于剩余收益提前支付法的本质仍然是剩余分享模式,股东仍然承担所有的经营风险,因而股东提前获取的固定收益的数额多少完全取决于股东的个人意愿。为了避免股东提前获取高额的固定收益数额甚至出现大于其应该分得的剩余收益的情况,可以采用限制操作方法。所谓限制操作方法是指,为了避免股东都要求较高的固定收益数额,对获取高额的股东做出惩罚。如果股东要求的固定收益数额过高,超出了他应得的剩余收益的数额,则要为此支付高额的代价。

在实际中,为了便于操作,遵循谨慎原则,对于股东在混合模式下获取的固定收益的数额可以参照金融市场上长期借贷资金的利率进行。之所以选择长期的基准利率,是因为股东投入的资金是不收回的,属于永久性的投入。由于股东的收益一般都要远远高于债权人的收益,因此,股东获取的固定收益也可以在此基础上上调一定的比例进行,具体上调的幅度,需要结合对企业本期盈利的预期、企业资金的周转情况以及协调其他利益相关者的利益来定。采用混合分享模式,对每一个股东来说,在分享企业固定收益的时候,也应该按照贡献来确定每一个股东的固定收益,具体仍然是以各自的出资额为基准按照比例来分享。

如某企业是股东治理型企业,由三个股东组成,为了便于计算,我们假设每个股东的出资额是一样的,各出资 100 万元,当时金融市场的长期贷款利率是 12%,假设该企业采用混合分享模式分享企业的剩余收益,则每个股东每月获取的固定收益额应该是 $100 \times 12\% \div 12 = 1$ 万元;如果企业当年的盈利前景非常光明,利益能够得到保证,则股东的固定收益支付率可以适当地提高,至于提高的具体比例,则需要根据各个企业的实际情况以及协调其他利益相关者的利益来定。如经过综合考虑,股东的固定收益支付比例可以提高 1 倍,至 24%。则企业每个股东每月获取的固定收益额是 $100 \times 24\% \div 12 = 2$ 万元。

假设企业的固定收益支付率以金融市场的长期贷款利率为基准,则企业当年每个股东所获取的固定收益 $1 \times 12 = 12$ 万元;则根据企业当年产生的价值增值的数额不同,可以有以下几种不同的情况:

（1）若到年末的时候企业实际产生的总的价值增值为60万元，则每个股东应该分得的价值增值就是20万元，由于前期已经获得固定收益12万元，所以期末的时候，每个股东只需要再分享8万元。

（2）若到年末的时候企业实际产生的总的价值增值为36万元，则每个股东该年度应该分享的总的价值增值则是12万元，正好与前期每月已经获得固定收益总额12万元相等，则股东年末的时候不再分享企业的价值增值，因为前期已经分享完毕。

（3）若到年末的时候企业实际产生的总的价值增值为30万元，则每个股东该年度应该分享的总的价值增值则是10万元，但是由于前期已经每月获得固定收益12万元，超过了本年度应该分享的企业价值的数额，则多余的2万元本年度不再退还给企业，留待下年度首先从企业的固定收益里扣除，直到弥补完这个差额为止。假设下一年度企业每月的固定收益额度仍然是每月1万元，则前两个月股东的固定收益直接从企业中扣除，从第三个月开始股东才能继续领取固定收益。

（4）若到年末的时候企业当期亏损，企业的价值增值为-12万元，则每个股东该年度不应该分享企业的价值增值，而且还应该弥补企业的亏损12万元，所以下一年度的时候，首先停止发放固定收益，期末的时候根据企业的盈利情况先行弥补上一年度的亏损12万元，如果当年产生的企业价值增值不够抵扣，则继续在下一年度抵扣，直到弥补完企业的亏损为止。股东固定收益的重新发放则从企业弥补完亏损的次年度进行。

股东治理型企业还需要注意的一点是，由于股东投入企业的资本不同，因而可能参与企业治理的程度也不同。对于投资额较大的股东，为了更好地监督资本的保值增值，可能还会参与到企业的日常经营管理中，此时股东的身份除了股东之外，还是企业的一名管理者，作为管理者的股东还会和企业的员工一样，从企业拿取固定工资作为报酬。但是此处的固定工资报酬要与股东从企业获取的固定收益分开，它们是两种不同要素资本的报酬，具有本质的不同。

二、经营者治理型企业

经营者治理型企业的特征是企业的经营者独享企业的所有权，物质资本出资者在企业中不享有剩余索取权。企业所需要的资金全部是从银行或者其他债权人那里借来的,经营者凭着自己的管理才能和对市场的把握经营企业。由于企业的经营者只有一个,所以不存在企业剩余分享的问题,企业的剩余全部归企业唯一的所有者——经营者所有。经营者治理型企业,企业产生的价值增值全部归属于经营者所有,那么经营者该以何种方式来分享企业产生的价值增值?这就需要结合经营者本身的特性以及经营者提供的要素资本的特点来进行分析。

经营者治理型企业中,经营者是企业唯一的所有者,负责管理企业的整个生产运作。经营者向企业提供的主要是管理型人力资本,而且这种管理资本是一种比较稀缺的资源,体现的是一种综合能力,我们通常称为企业家才能。在经营者治理型企业中,由于经营者独享企业的剩余所有权,因而经营者在平时的工作中不会存在道德风险和逆向选择问题,企业经营的好坏,与经营者自身的收益是直接相关的,是一种正相关关系,因而,为企业努力就是为自己努力,经营者也会具有极强的工作积极性。经营者治理形式是可以最大限度发挥经营者潜能和积极性的企业治理形式,只要经营者愿意,他可以无限地发挥其自身的潜能,持续地为企业贡献。而在非经营者治理型企业中,经营者索取的剩余收益是有限的,在保证经营者自身的既定收益情况下,经营者可能不继续为企业贡献,甚至有的时候会出现为了满足自身利益而不惜牺牲企业利益的情况。经营者治理型企业与非经营者治理型企业的经营者收益与自身努力程度的关系如图6-1所示。

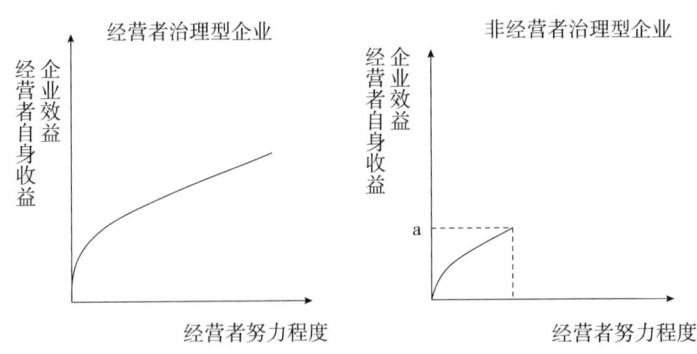

图 6-1 两种类型企业下经营者收益与自身努力程度的关系对照

注:a 为在非经营者治理型企业中经营者所获取的最大收益。

在经营者治理型企业中,企业的所有者只有经营者一个人。经营者既是企业剩余收益的索取者，又是企业风险的唯一承担者。因此从这个角度来说，经营者采取何种方式分享企业的价值增值是无所谓的。

但是企业的经营者首先是一个自然人，然后才是人力资本要素的提供者。而按照马斯洛的层次需要理论，作为一个自然人，首先必须保证最基本的生活需要，然后才是安全需要、精神需要等。只有保证了最低的生活需要，人才有能力和精神去创造更大的价值。由于人力资本的一个非常显著的特性就是人力资本与其所有者的不可分离性，因而人力资本所有者一旦向企业提供了人力资本，则同时意味着人力资本的所有者被抵押给了企业。因而，作为提供人力资本的经营者，他更希望从企业获取固定的收益，或者至少有一部分是固定收益。但由于经营者是企业的唯一剩余索取者，企业的经营是不固定的，因而经营者不可能采用固定分享模式。在实际中，经营者可以预先从企业获取一部分固定收益，期末再分享部分剩余；也可以根据企业的剩余获取全部的价值增值。经营者的唯一性决定了他在分享企业价值增值时是无须选择的。

对于经营者治理型企业，需要注意的是，有时候企业的经营者不仅仅是向企业投入人力资本，更多的时候还可能同时向企业投入物质资本，此时的经营者同时兼有人力资本和物质资本提供者的双重身份，因而还应该按照提供物质资本的数额从企业获取剩余收益。但是由于企业所有权的单边治理，只有经营者一人，因此，无论因提供物质资本获得的企业剩余收益还是因提供人力资本获得的企业收益都是经营者自己的，所以，就没有必要再进行详细的划分。

三、员工治理型企业

（一）员工分享企业价值增值的模式

员工治理型企业在中国的应用很少，一般的制造型企业都无法实施这种治理模式，仅适用于较少的行业如出租车行业、农村合作社等。但是员工治理型企业在国外却有着很大的发展空间，除了出租车行业和农村合作社以外，甚至在一些制造性企业也曾经运行得很成功。[①] 员工治理型企业的员工人数众多，人员结构比较复杂，而且不容易互相监督，因而这种治理模式在一般企业很难实行。如果员工之间的收益问题解决不好，可能会引发企业员工的矛

---

① 亨利·汉斯曼：《企业所有权论》，于静译，中国政法大学出版社2001年版，第130—175页。

盾，从而直接导致企业运行的低效率甚至解散。但是对于有些行业如出租车行业，员工成为企业的所有权主体却可以最大限度地发挥员工的工作积极性，提升企业的效率。那么员工治理型企业的员工在分享企业的剩余收益时，应该采用什么模式比较有效率？

我们先探讨一般企业员工的情况。通常情况下，对于企业员工来说，他们首先是一个有生活需要的人。只有满足了最低的生活需要，他们才能继续发挥其人力资本的作用。许艳芳（2003）认为，人力资本提供者需要必要的成本补偿以维持劳动力的再生产，如果收入全部与企业业绩挂钩，企业业绩不佳时，劳动者难以维持生活，从而也就无法再提供劳动力。因此，为了满足企业员工正常的最低生活保证，员工在分享企业的价值增值时，不宜采用剩余分享模式。

但是对特殊的企业如农村合作社企业来说，在实践中却是实行的剩余分享模式。农村合作社企业的企业员工是由一个个独立的农户组成，通常我们称为农村合作社社员。农村合作社对每一个入社的农户社员实行统一管理，按照采购商的要求和条件向每一个农户分享任务和产品标准，到农作物生长结束的时候，再实行统一收购。但是至于具体的产品制造过程即对农产品的生长管理等则全凭农户自己的经验。农村合作社相当于一个中介机构，成为采购商和农户之间的桥梁。合作社的每一个农户成员都是独立经营的，相互之间没有影响。每一个农户社员根据自己向合作社提供的产品品质情况取得收益。这种收益只有在农产品的生长期结束并将农产品销售给合作社的时候才能取得，并且取得收益的情况完全是根据企业产品的品质和数量决定，因而这种分享模式是典型的剩余分享模式，而且每一个农村成员分享剩余的标准也很明确，即按各自提供的产品的品质和数量分享，也就是按贡献分享。因而，对于员工治理型企业，作为企业唯一所有权主体的员工可以采用固定分享模式。但是员工采用剩余分享模式分享企业的剩余，是有一定的条件的。那就是员工是企业唯一的所有权主体，拥有企业的唯一剩余索取权，并且员工之间的收益是独立的，相互之间不影响，即员工自己能控制自己的收入。如在出租车行业或者农村合作社里，每一个出租车司机或者农户完全自己独立经营，不受其他成员的干扰，完全可以控制自己的收入。除去这一条件，员工是不可能采用剩余分享模式的。因为在普通的企业里，企业的经营完全不受员工的控制，而员工提供的人力资本与其本身的不可分离性使员工必须获得一定或者至少部分固定收益作为补偿，以维持其最低的生活保证。因而员工治理型企业不宜大力推广，而只适合那些企业成员经营独立并且对所获得收入可以控制的出租车行业或者农村合作社。

另外，由于员工为了满足自身的生存需要，同时也出于风险规避角度的考虑，在实际中员工采用固定分享模式和混合分享模式也是可行的。因此员工治理型企业中，员工既可以采用固定分享模式，也可以采用混合分享模式，在特殊情况下，还可以采用剩余分享模式。

对于员工治理型企业，需要说明的一点是，我们所说的员工治理型企业是指企业的所有权掌握在企业的员工手中，享有企业的剩余索取权。但是并不意味着所有的员工都一定参与企业的剩余分享，只有参与集体选择成为内部利益相关者的员工才具有分享企业剩余的权利。这也就是说，在实际中，一部分企业员工不参与企业选择，是企业的外部利益相关者，一部分企业的员工进入集体选择，成为企业的内部利益相关者。我们所探讨的是作为内部利益相关者的员工。

（二）员工分享企业价值增值的具体操作

1. 固定分享模式下的具体操作

在固定分享模式下，企业的员工从企业获取的是固定的剩余收益。采用固定分享模式的员工一般都是风险厌恶型利益相关者，或者对企业的资源贡献不突出，因而为了保证自己的收益，选择固定分享模式分享企业的剩余。由于员工提供的人力资本是一种无法计量的资本形式，因而在固定分享模式下，员工获取的固定收益只能通过各方谈判的方式来解决。

由于企业的员工人数众多，参与集体选择成为企业内部利益相关者的员工也可能很多，因而员工参与企业剩余分享的谈判实际上是一个多人谈判的过程。但是在实际中，由于不可能所有的利益相关者都采用固定分享模式，因而通常是部分员工采用固定分享模式，部分员工采用混合或者剩余分享模式。由于所有的员工并不是全部一起谈判，所以我们可以将谈判的过程分开看。

如果某企业员工 i 要求采用固定分享模式分享企业的剩余收益，那么他首先会根据自己对企业的预期收益的评估以及自己对企业的贡献程度进行判断。假设企业员工基于自己的乐观程度对企业未来的收益评估为 $V(\delta)$，认为自己对企业的贡献程度评估为 α，则企业员工 i 可以出价 A，$A = \alpha \cdot V(\delta)$。

这时参与谈判的其他企业员工也会根据自己对企业的未来预期收益以及

该员工对企业的贡献进行评估,得出不同的判断(B_1, B_2, …, B_n)。如果 $A < \min (B_1, B_2, …, B_n)$,则谈判成功,该员工 i 获得 A 的固定收益。但是通常的情况是 $\min (B_1, B_2, …, B_n) < A < \max (B_1, B_2, …, B_n)$。这时冲突就会产生,此种情况有两种解决方案:一种是按照少数服从多数原则进行,如果有一半以上的其他员工的预期收益都比 A 高,此时也会通过谈判,达成协议;另外一种就是员工 i 降低自己要求的报价 A,直至 $A \leq \min (B_1, B_2, …, B_n)$,或者使 A 的收益低于一半以上的其他员工的预期收益,然后少数服从多数通过。当然在谈判的过程中,员工 i 不可能无限制地降低自己的报价,他有一个最低的心理预期收益,这个收益应该是谈判破裂时,其退出集体选择从别的企业获取的收益和作为外部利益相关者所获得的收益的最高值。因为如果谈判所得收益低于其最低的心理预期,他就会直接退出集体选择。

2. 剩余分享模式下的具体操作

由于剩余分享模式是一种特殊情况下员工采取的分享模式,因而剩余分享模式下员工分享企业剩余的标准非常明确,就是按照贡献分享。如对于出租车行业来说,出租车汽车司机通过给顾客提供的出租车发票存根作为贡献依据来要求对企业的剩余进行分享;而农村合作社企业中的农户社员则根据其向合作社提供的农产品的品质和数量确定其分享的收益,具体需要结合企业的实际情况做出分析。但有一点是可以肯定的,就是采用剩余分享模式下企业员工各自的收益都是比较明确的,即其贡献都是可以计量的,否则也就不能采用剩余分享模式了。

3. 混合分享模式下的具体操作

在混合分享模式下,企业员工平时从企业获取固定的收益,期末再按照比例从企业获取剩余的收益。那么该如何确定企业员工平时的固定收益数额和剩余的索取比例?员工获取的固定收益数额和剩余分享的比例两者是关联的,固定收益获取得多,则员工分享的剩余收益的比例肯定就少。

假设企业有 n 个员工,他们都要求采用混合分享模式分享企业的剩余。则每个员工首先会根据自己的风险偏好、对企业未来收益的预期以及对自己提供资本的贡献等进行综合评价,给出自己的报价。如假设 n 个员工分别要求以 (a_1, x_1)、(a_2, x_2)、(a_3, x_3)、…、(a_n, x_n) 的报价获得自己的收益。由于固定收益 a 与剩余分享比例 x 是相互关联的,员工要求的固定收益数额越大,其能获得收益比例就越小,两者呈反向变化关系。固定收益与剩余分享比例的变化如图 6-2 所示。

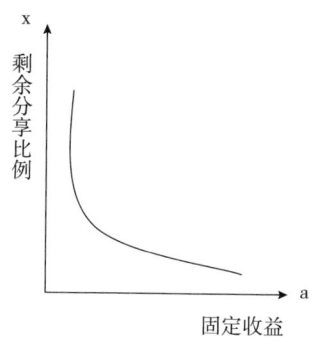

图 6-2　混合分享模式下固定收益与剩余分享比例的关系

员工之间是否能达成一致的意见，关键在于对剩余分享的比例 x 是否满意。如果各个员工出价的结果满足 $x_1+x_2+\cdots+x_n=1$，则他们就能达成一致的意见。如果 $x_1+x_2+\cdots+x_n \neq 1$，则说明各自的出价并不能相互满意，因而就会修改出价。如果 $x_1+x_2+\cdots+x_n>1$，说明个别员工要求的比例过高了，这时需要重新出价。在重新出价的过程中，各个员工可以提高固定收益的数额降低自己的剩余分享比例，也可以降低自己的固定收益数额提高剩余分享比例。在每次谈判的过程中，并不一定每一个员工都要重新修改自己的出价，可以仅要求那些索取比例异常不合理的员工修改报价。最终的谈判结果是，每个员工可以在要求一部分固定收益的基础上在按照一定比例分享部分剩余，即满足每个员工的收益要求为 (a_1, x_1)、(a_2, x_2)、(a_3, x_3)、…、(a_n, x_n)，且满足 $x_1+x_2+\cdots+x_n=1$，谈判结束。

在实际工作中，由于企业员工的个人风险偏好以及个性不同，更多的可能出现部分员工要求采用混合分享模式，部分员工采用剩余分享模式，还有部分员工采用固定分享模式的情况。在这种情况下员工之间的分享安排，首先是先确定固定分享模式下员工的固定收益，然后再确定混合分享模式下员工的固定收益以及混合和剩余分享模式下各自的分享比例。

四、客户治理型企业

供应商（客户）治理型企业，实际掌握企业所有权的是向企业提供产品、原材料的供应商或者是享受企业提供服务的顾客，我们可通称为客户治理型企业。供应商治理型企业之所以会存在，是出于扩大市场的需要；而顾客治理型企业之所以会存在主要是基于减少交易成本的考虑。无论是供应商治理型企业还是顾客治理型企业，它们有一个共同的特征，就是这种形式的企业一般都是独立经营操作，不同的供应商或者客户之间并没有产生交易或者冲突。因此，供应商（客户）治理型企业一般都是采取合作社的形式，如美国最大的提供长途搬家服务的企业——联合汽车行（Allied Van Lines）就是一个由很多当地实际提供服务的搬家公司共同拥有的合作社。正是由于供应商（客户）治理型企业的业务都是独立的，彼此之间没有交易，因而各个供应商或者客户在分享企业价值增值时可以完全按照各自的业务贡献进行分享。供应商或顾客的贡献与股东的贡献是不一样的，股东是根据各自的出资比例进行分享，而供应商或者顾客则是根据各自的业务收入贡献进行分享，更符合按照贡献分享的原则。由于供应商或者顾客提供的业务都是独立核算的，并且可以可靠地计量，因而可以直接按照各自的收入贡献比例分享，即采用剩余分享模式。当然客户治理型企业也可以采用固定收益或者混合收益分享模式，具体的分享安排见关系资本治理型企业的分享安排。

第七章

同质型结构企业价值增值的分享安排

第一节 │ 物质资本治理型企业价值增值的分享安排

一、物质资本治理型企业的形成机理

从利益相关者的角度看,企业物质资本的提供者主要是企业的股东和债权人。除此之外,由于物质资本的同质性特征,其他利益相关者也可以向企业提供物质资本,如企业的经营者或者员工、政府、供应商和顾客等。但是这些利益相关者一旦投资或者向企业提供借款,同时也就兼有企业的股东或者债权人的身份。归根结底,企业的股东和债权人是企业物质资本的主要提供者。

股东主要向企业提供长期资本,根据资本的不同形态划分,其向企业提供的物质资本包括货币资本、实物资本以及专利权等无形资本。此处对于无形资本的理解主要是能用货币计量的无形资产,对于企业技术员工拥有的技术资本等不易计量的无形资产不包括在内。由于股东投入企业的物质资本属于长期资本,不能够随意撤回,因此股东投入的资本具有资产的可抵押性,这就使股东承担着较大的经营风险,正因如此,股东长期以来一直是企业所有权的代表。债权人是向企业提供物质资本的另一个主要利益相关者。与股东不同,债权人是将资金借给企业,而且一般资金的使用有时间限制,到期需要归还本金和利息。正是由于债权人向企业提供的资金有使用时间限度,导致股东和债权人承担的风险不同,所以目前债权人与股东分享企业的收益方式不同,债权人得到的是固定的利息收入,而股东得到的是企业的所有剩余分享。股东和债权人由于向企业提供了专用性资产并承担企业的经营风险因而可以分享企业的收益,其直接表现就是股东获取股利,债权人获取利息。但是由于两者承担风险的程度不同,因而股东获得的是企业的剩余收益,债权人得到的是固定的利息。但实际上,不同的利益相关者在不同的环境面前,可能面临多种选择。

对于股东来说,股东所代表的是一类人,而不是一个人。由于人是有限理性的，因此不同的股东也具有不同的风险态度。有的股东属于风险厌恶者，希望冒较小的风险获得相对稳定的收益；而有的股东则属于风险爱好者，他们赞同高风险高收益。一旦股东内部达不成协议，则股东就选择退出，即弃权。当然如果保守一些，这些股东还可能向企业获取固定的股息作为收益，以降低风险。

对于债权人来说，随着债权人向企业提供物质资本的比例不断增多，企业的资产负债率也随之上升。据证券之星的数据资料显示，截至2007年9月30日，沪市721家上市公司的平均资产负债率为77.9%，深市772家上市公司的平均资产负债率为87.79%。因此，实际上企业的资金主要是由债权人提供的，而以债权人的资本为主进行经营无疑加大了债权人的风险。如果债权人向企业提供的贷款资金时间再延长至无限期的话，则债权人和股东所提供的资金几乎无异了。如果在收益的分享上，债权人还仅拿取固定的利息收入而股东则分享全部的剩余，显然已经不合时宜了。此外，随着金融的创新，实际上股东和债权人的身份已经开始变得模糊了。如介于股票和债券之间的优先股，优先股股东在分享公司收益和剩余资产上比普通股股东具有优先权，但是在公司经营表决权方面优先股受到限制，通常不能参与公司决策。优先股股东的股息优先于普通股股东支付，一般固定不变。优先股的出现使股东和债权人的区别变得模糊，优先股股东成为介于股东和债权人之间的利益相关者。还有一类是可转换债券。可转换债券持有人可以按照预先约定的条件在将来特定的期间内将债券转换成公司普通股股份，从而债权人转换成了股东。它同样使债权人和所有者的界限变得模糊，控制权的转移也表现为债权人和股东这两种类型的公司利益相关者之间的相互转化。正是由于债权人承担的经营风险不断增大以及债权人与股东身份的模糊使债权人有动力去参与公司的治理并分享企业的剩余。在实际中，企业的股东和债权人都向企业提供专用性资源，都承担企业的经营风险，因此，都应该分享企业的剩余收益。在实际中，物质资本的提供者通过各自不同的风险偏好以及对企业收益的预期情况等做出不同的选择。

如前所述，根据利益相关者是否参与集体选择，可以将企业的利益相关者划分为内部利益相关者和外部利益相关者。而对于内外部利益相关者的分类不是人为地划分，而是各个利益相关者自由选择的结果。基于利益相关者治理的理论，我们认为企业的利益相关者治理应该是一个开放的系统，即任何一个利益相关者都可以进入集体选择成为企业的内部利益相关者，也可以随时退出成为企业的外部利益相关者；任何利益相关者都可以根据风险偏好等任意选择自己的身份，既可以选择冒险性大的股东，也可以成为享受固定收益的债权人，或其他身份。债权人和股东则会在内外部利益相关者之间进行徘徊，根据环境的变化和自身的风险偏好等随时选择成为内部利益相关者和外部利益相关者。外部利益相关者主要是通过完全契约的约束分享企业的价值，而内部利益相关者则由于契约的不完全性，导致在企业的剩余分享上需要确定一个标准或者设计一种制度。

二、物质资本治理型企业价值增值的分享模式

如前所述，企业的股东、债权人是企业物质资本的主要提供者，他们可以根据自己的风险偏好、所持资金的情况以及自己对企业的预期等进行判断，以决定是否进入企业，成为企业的内部利益相关者。一旦这些物质资本提供者进入集体选择，成为企业的内部利益相关者，则意味着他们成为企业的所有者，并具有分享企业价值增值的权利。在以股东为代表的提供物质资本的利益相关者中，企业的所有者以剩余分享方式分享企业剩余的做法是无可争议的，但是物质资本提供者是否只能以剩余分享模式分享企业的剩余收益？答案是否定的。尽管物质资本提供者的目标是一致的，都是以获利为主要目的，但是实际上每个物质资本提供者的风险偏好程度是不一样的。"一刀切"的全部剩余分享模式是基于假设所有的物质资本提供者都是风险偏好型的，一起承担企业的经营风险，因而并不合理。物质资本最典型的特征是资本的同质性、资本与其所有者的可分离性以及资本的可抵押性。提供物质资本利益相关者其目的比较单一，就是获利。股东投资于企业的目的是获取股利，债权人向企业提供借款的目的是获取利息。因而，物质资本提供者的利益要求基本是一致的，都是以获利为目的。失去了这个目标，提供物质资本的利益相关者就不再成为企业的所有者了。收益与风险并存，既然提供物质资本的利益相关者的目的是获利，这就意味着利益相关者必然要承担相应的风险。可是不同的利益相关者由于存在个体的差异，其承担风险的能力是不同的。

在传统的企业里，股东是企业唯一的所有者，因而所有的风险都由股东承担，股东的收益是不确定的，根据企业的经营状况获取最后的剩余收益。企业经营得好，股东获取的剩余收益就多；相反，如果企业经营失败，则股东就要承担相应的损失。由于收益与风险并存，企业经营的不确定性导致股

东承担着巨大的风险,因而剩余收益全部归属于股东,此时股东完全按照剩余分享模式分享企业的收益。但是即使同作为股东,每个股东的个性特征以及风险偏好也是不一样的,有的股东尽管也向企业投入了资本成为企业的内部利益相关者,但是由于不喜欢冒险,因此希望获取固定的收益,此时这部分股东可能希望从企业获取固定的收益,因而股东也可以采用固定分享模式。当然有的股东也可以希望平时从企业获取部分固定收益,期末的时候再从企业获取剩余收益,此时,股东可以采用混合分享模式。由于考虑到谈判成本的问题,如前一章所分析的,股东实际上不可能采用固定分享模式。

对于债权人来说,通常情况下,债权人是企业的外部利益相关者。由于企业的借贷资金数额相对较大,而企业又不受自己控制,所以债权人为了保证自己的资金能够被收回,具有很强的参与企业治理的动机,因而可能会通过集体选择成为企业的内部利益相关者,参与企业的剩余分享。债权人参与企业剩余分享的方式可能仍然是要求获得固定的利息报酬,此时债权人就会采用固定分享模式;也可能是在固定收益的基础上再要求获得部分的比例剩余,此时债权人会采用混合收益方式模式。如果不考虑我们国家对银行禁止投资的限制,债权人还可能进行一定的风险投资,或者将债权完全转为股权,完全采用剩余分享模式。一旦债权人将债权转成股权,其作为债权人的身份也变了,变成一个纯粹的股东了。

因此,从理论上来说,债权人和股东作为物质资本所有者的主要类型,既可以采用固定分享模式,也可以采用剩余分享模式,还可以采用混合分享模式。如表7-1所示,物质资本提供者在向企业提供物质资本时,根据其各自的风险承受能力以及对企业未来发展前景的预期,会做出不同的选择。

(1)如果物质资本提供者属于风险厌恶型,或者他对企业的预期并不十分看好,则利益相关者除了选择退出弃权之外,他还可能仍然参与企业的集体选择成为企业内部利益相关者,但是在收益分享方式上却选择固定分享模式。

(2)如果利益相关者属于风险偏好型,或者对企业的投资前景非常看好,则他在做出投资决策时,就会非常激进,一般会选择剩余分享模式。物质资本利益相关者之所以会选择剩余分享模式,除了利益相关者本身的风险偏好外,还出于逐利的动机,高风险对应高收益。剩余分享模式下,物质资本利益相关者的收益是不固定的,其收益完全取决于企业的盈利状况,只有当企业的收入在支付完企业外部利益相关者的收益之后有剩余时,物质资本利益相关者才能分享企业的价值增值。

（3）如果利益相关者属于风险中性型，或者对企业的投资前景比较看好，则利益相关者会选择比较保守的混合分享模式。即平时获取一部分固定收益，期末时再从企业获取部分剩余收益。采用混合分享模式的好处是既可以有最低的固定收益的保证，同时又可以根据企业的盈利状况获得更多的剩余收益，是一种稳健的投资模式。

表 7-1 物质资本治理型企业的分享模式选择

股东 \ 债权人	固定分享模式	剩余分享模式	混合分享模式
固定分享模式	—	×	×
剩余分享模式	√	√	√
混合分享模式	√	√	√

在企业的实际运作过程中，企业的物质资本提供者可以根据自己的需要选择适合自己的收益分享模式。当然，每一个利益相关者选择的收益分享模式并不是一成不变的，随着经济环境的变化可以随时做出调整。如原来分享固定收益的提供物质资本的利益相关者，如果对契约不满意，则他可以选择退出企业，也可以选择成为企业的内部利益相关者以期分享企业更多的收益。成为企业的内部利益相关者之后，他既可以选择采用混合分享模式分享企业的收益，也可以冒险激进一些，选择完全剩余分享模式，具体会选择哪种收益分享模式，则完全取决于利益相关者之间的集体选择。

三、物质资本治理型企业价值增值分享的具体操作[①]

如前所述，提供物质资本的利益相关者主要是企业的股东、债权人，因此，关于物质资本治理型企业的价值增值分享安排实际上就是在企业的股东和债权人之间以及他们内部自由选择。由于股东和债权人主要提供的是物质资本，而物质资本的一个非常显著的特点就是它的同质性和可计量性。因此，

---

① 物质资本治理型企业利益相关者指的是拥有企业所有权的是物资资本的提供者，即进入集体选择参与企业剩余分享的内部利益相关者，不包括提供物质资本的外部利益相关者。如没有特殊说明，我们所说的物质资本治理型企业中的利益相关者都是指提供物质资本的内部利益相关者。

对于仅提供物质资本的内部利益相关者来说，完全可以按照比例进行分享。但是由于提供物质资本的所有者在具体分享形式上可能会出现多种情况，既可能采用剩余分享模式，也可能采用固定分享模式，还可能采用混合分享模式。因此，在涉及具体分享安排时应该区别对待。

（一）固定分享模式下企业价值增值的分享安排

对于企业物质资本的提供者来说，固定分享模式是基于这样一种情况，当提供物质资本的利益相关者无法对企业实施完全的监督和控制，或者该类利益相关者投资比较谨慎的时候，他就会选择固定分享模式。而通常情况下，如前一章所分析的，股东一般是不会选择固定分享模式的，因为这会导致高昂的谈判成本，所以采用固定分享模式的主要是债权人。而债权人从企业获取的固定收益数额则需要根据债权人与股东讨价还价协商确定。由于企业债权人主要是银行，而银行对贷款业务有明确的利率标准，因此，债权人在与股东分享企业的价值增值时可以参照金融市场的利率来计算。

（二）剩余分享模式下企业价值增值的分享安排

对于物质资本型企业，由于企业的所有权全部集中在物质资本所有者手中，而物质资本的同质性和可计量性使物质资本所有者对于企业剩余的分享相对比较简单。对于纯物质资本所有者企业来说，企业的所有者归属于物质资本提供者，无论物质资本所有者提供的是实物资本还是无形资产，都可以被准确量化为货币价值形式。由于物质资本价值的可量化性，因此，物质资本所有者在分享企业的剩余时，完全可以按照提供物质资本的比例来分享企业的剩余。因为物质资本是一种被动型资本，它本身不会自动产生价值，必须借助于人力资本才能实现其资本价值，所以物质资本提供者按比例分享企业的剩余实际就是按照贡献分享。

剩余分享模式下，物质资本所有者之间的分享安排非常简单。企业当年实现的所有的经济利益的流入减去外部利益相关者的支付后，剩余的就是该企业物质资本所有者应该分享的企业价值增值。每个物质资本内部利益相关者按照各自的投资比例来分享企业的剩余。如假设某企业有 n 个物质资本所有者投资，这 n 个物质资本所有者提供的资金分别是 m_1，m_2，m_3，…，m_n，企业当年产生的价值增值是 V，则在分享企业当年产生的价值增值时，某物质资本所有者 i 参与剩余分享的比例分别是 $\dfrac{m_i}{\sum_{i=1}^{n} m_i}$，其应分享的价值增值是 $\dfrac{m_i}{\sum_{i=1}^{n} m_i} V$。

（三）混合分享模式下企业价值增值的分享安排

如果物质资本治理型企业采用混合分享模式，那么如何确定固定收益和剩余收益的比例？这是一个非常关键的问题，因为如果这个比例设置得不恰当，会直接影响企业物质资本型内部利益相关者的治理效率。如果物质资本型内部利益相关者全部采用固定分享模式，则其收益有了保证，这时物质资本型内部利益相关者是否参与治理都不会影响自己的当期收益，此时可能他们就不会有积极性去参与企业的治理。更重要的是，如果物质资本治理型企业的利益相关者采用固定分享模式，则成了企业的外部利益相关者，就会造成企业的所有者缺失，使企业处于一种无管理者状态，导致企业的治理效率极其低下。所以，混合分享模式下，如何确定利益相关者固定收益和剩余收益的比例，是一个非常重要的问题。在实际操作过程中，我们可以考虑如下两种方法。

1. 剩余收益提前支付法

只要物质资本所有者成为企业的内部利益相关者，则其就具有企业的剩余索取权，无论企业获取剩余收益的方式如何，其剩余索取权是不会改变的，所以混合分享模式可以看成是企业剩余分阶段支付的一种剩余分享方式，即将企业的剩余收益平时发放一部分，期末再根据企业的盈利状况发放另一部分。利益相关者平时获取的固定收益和期末从企业获取的剩余收益合在一起就是根据企业的盈利状况所计算的利益相关者应该分享的企业剩余。

那么剩余收益提前支付法下，内部利益相关者按照什么标准确定固定收益的数额？和股东单边治理型企业的分享模式一样，对于固定收益的数额可以参照金融市场上长期贷款的利率来执行。按照每一个物质资本的投资数额乘以金融市场上长期贷款的利率来计算。如果企业前面支付了固定的收益，那么期末的时候，根据每个内部利益相关者的投资比例计算应分得的价值增值总额扣除先前已经获得的支付，剩余的就是在期末从企业获取的剩余收益的数额。

假设 n 个物质资本所有者中，物质资本所有者 i 要求采用混合分享模式分享企业的收益。首先，该物质资本型利益相关者每月可以从企业获得固定的支付金额，该固定数额按照其投资的比例和金融市场上长期借款的利率相乘计算得出，假设该物质资本型利益相关者每月获得的固定支付金额为 f，期末，根据企业的盈利状况，计算本期产生的企业价值增值 V。每一个物质资本型内部利益相关者再根据自己的出资额度按比例分享企业的价值增值。假设该物质资本提供者 i 向企业提供了 m_i 的资金，该资金占所有投资者的比例是 $m_i/(m_1+\cdots+m_i+\cdots+m_n)$，最后分享剩余时，该投资者应分得的价值增值的数额是 $V\times m_i/(m_1+\cdots+m_i+\cdots+m_n)$。由于物质资本所有者 i 事先已经按照固定的数额分得一部分剩余收益 f，所以期末该物质资本所有者 i 从企业分得的企业价值增值是 $V\times m_i/(m_1+\cdots+m_i+\cdots+m_n)-f$。如果要计算精确一些，对于固定收益金额的支付还可以考虑资金的时间价值，即将平时的固定支付数额折算成企业期末实现企业价值增值时点的数额，假设用 f′ 表示，则期末的时候该物质资本所有者 i 再从企业分得的企业价值增值是 $V\times m_i/(m_1+\cdots+m_i+\cdots+m_n)-f′$。由于终值的计算涉及折现率的问题，而折现率反映了资金的风险程度，通过折现率高低的调整可以平衡由于该物质资本提供者提前兑付导致的其他物质资本所有者的风险问题，这一做法实际还是基于比例分享的做法，只不过是假定剩余收益提前分享给了某一物质资本提供者而已。

2. 投资比例折算法

如果觉得折现率的调整有点麻烦，还可以采用另外一种提前设定投资比例折算法来分享事前收益和事后收益。在物质资本治理型企业中，拥有企业剩余索取权的物质资本所有者出于分散风险的考虑，要求采用混合分享模式分享企业的收益，即平时从企业获取部分固定收益，期末的时候再根据企业的盈利状况分得部分剩余收益。我们可以这样假设，物质资本所有者所提供的这些资金当中，一部分属于借贷资本，要求按照金融市场的利率分得固定收益，另一部分是投资资本，要求从企业分享企业的剩余收益。采用投资比例折算法首先需要采用混合分享模式的物质资本提供者和其他分享企业剩余的物质资本提供者相互协商达成协议，确定该物质资本提供者到底以多少比例投资于企业来分享企业的剩余。假设这 n 个物质资本所有者中，物质资本所有者 i 要求采用混合分享模式分享企业的剩余收益，即每月按照固定的金额收取一部分固定收益，然后再和其他物质资本所有者一起进行最后的剩余分享。假设该物质资本所有者提供了 m_i 的资金，但是由于要提前分享一部分固定收益，所以需要将物质资本所有者提供的资金分成两部分，一部分采取固定收益形式，另一部分股权化，采取剩余分享形式。这种方法最关键的问题是需要确定投资的实际比例。这一比例的达成需要该物质资本所有者与其他物质资本提供者谈判协商确定。

如果该物质资本所有者 i 是一个债权人的话，那么此问题可以重新表述为：债权人想采用固定利息收益和参与剩余两种方式来参与企业的收益分享。该如何确定债权人的剩余分享比例？假定该债权人一共向企业投入了 10 万元，他想采用固定收益和剩余分享两种方式来分享企业的收益，这样一方面可以降低一部分经营风险，另一方面通过参与剩余分享可以提高债权人的收益。采用这种方式的比较容易操作的做法就是首先确定投资与借入企业资金的比例。假定经过债权人和其他物质资本提供者的谈判协商，债权人决定将资本的 20% 用于借入资金，80% 用于投资。这样，投入 10 万元资本的该债权人就具有了双重身份，一方面是借给企业 2 万元的债权人，另一方面则是投资于该企业 8 万元的股东，债权人凭着 8 万元的资本参与企业的剩余分享。推广开来，假设企业有 n 个企业所有者，且他们都提供的是物质资本，物质资本所有者 i 投入 m_i 的资本金，要求采用混合分享模式分享企业的剩余，每月按照固定的金额收取一部分固定收益，剩余的再和其他物质资本所有者一起按比例分享。假设经过与其他物质资本所有者谈判协商，该物质资本提供者提供的 m_i 的资金中，有 a 的比例用于分享企业的剩余，则该物质资本提供者应分享的剩余收益的比例是 $am_i/(m_1+\cdots+am_i+\cdots+m_n)$。

需要注意的是，按照投资比例折算法来确定不同内部利益相关者的分享安排时，首先需要内部利益相关者进行谈判博弈。由于物质资本的同质性，因而提供物质资本的利益相关者在进行谈判时，影响谈判结果的主要是各方参与企业的重要程度以及各自的谈判技巧。

第二节 人力资本治理型企业价值增值的分享安排

一、人力资本治理型企业的形成机理

企业中提供人力资本的利益相关者主要是企业的经营者和员工。经营者是对企业具有宏观调控和组织管理的人,此处的经营者是指纯向企业贡献管理才能的人,不考虑同时投资物质资本的情况。企业的员工则是指除了经营者之外其他所有为企业提供劳动的人。但是由于企业的员工众多,工作性质不相同,对企业价值创造的贡献也不一样,因而对企业的员工应该区别对待。一般来说,企业的员工可以分为两类:一是核心员工,包括专业性较强的核心技术员工和具有突出管理才能的中层以上管理人员;二是企业的一般员工。核心员工是企业的重要人力资本供给者,按照管理学的二八理论,80%以上的企业价值都是由20%的核心员工创造的。企业的一般员工指的是那些工作很普通,没有什么技术含量,可替代性强的普通劳工。如对于生产制造企业来说,一线的生产工人就是企业的一般员工,而研发人员就是企业的核心员工。之所以要划分出核心员工和一般员工,主要是因为两类员工在性质上有很大的不同,从而使他们的谈判力不一样。由于资源的稀缺性和专有性核心员工的谈判力比较强,而普通员工具有普适性,所以个体谈判力比较弱。因此,实际上企业内提供人力资本的主要有经营者、核心员工和一般员工三类。

在传统的物质资本主导所有权的情况下,资本雇佣劳动,企业的所有权主要集中在物质资本所有者手中,经营者和企业员工都可以看作是企业的员工,他们主要从企业获取固定的工资报酬。但是在人力资本主导下,企业的经营者和员工是企业人力资本的提供者,也是企业价值的主要创造者,他们掌握着企业的所有权。经营者和员工谁会进入集体选择成为企业的内部利益相关者而分享企业剩余,完全取决于他们的个人意愿。通常情况下,经营者因为向企业投入了专有性资源,并且掌握着整个企业的生产经营大权,因而对企业贡献比较大,一般会选择成为企业的内部利益相关者。当然也有的经营者因为属于风险厌恶型,或者对自身能力估计不足,只希望获取固定的工资报酬。企业中的核心员工由于其技术资源的专有性,根据其对企业的重要贡献程度可能会选择成为企业的内部利益相关者,参与企业的集体选择。但是也可能出于规避风险的考虑,宁愿选择享受固定收益,成为外部利益相关者。而对于企业的一般员工来说,由于其资源的可替代性以及提供资本的同质性,普通员工作为人力资本分享企业的剩余比较困难。但是这并不表示企业的一般员工不能参与企业的剩余分享,而只是说明单个员工在进行剩余分享的谈判时谈判力弱一些。如果企业的普通劳动力匮乏,或者普通劳动力的转化成本比较高,则普通劳动力极有可能参与企业的剩余分享。因为这样不但可以留住劳动人才,更重要的是可以激发劳动力的工作积极性,从而为企业创造更大的价值。当然作为普通员工来说,他也可以根据自身的风险偏好,自由选择成为内部利益相关者还是外部利益相关者。

以上分析可以用博弈矩阵来表示。经营者和员工进行成为内部利益相关者还是外部利益相关者的抉择,内部利益相关者可以分享企业的剩余,而外部利益相关者只能按照事前的约定享受固定的工资报酬。假设企业的员工具有同质性,他们的风险偏好都一样,企业员工的普通劳动力工资水平是 w,经营者的平均工资为 P,经营者和普通员工自由选择成为企业的内外部利益相关者,可以组成的矩阵如图7-1所示。

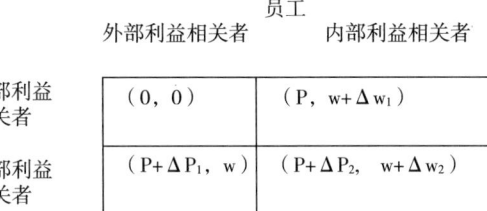

图 7-1 经营者和员工的博弈

由以上矩阵组合可以看出,如果经营者和员工都选择成为外部利益相关者,即他们的策略组合是(外部利益相关者,外部利益相关者),则会导致企业所有者缺位的情况,这种情况是不太可能的,所以他们获得的收益是(0,0);如果他们选择(外部利益相关者,内部利益相关者),则他们获取的收益是(P, w+Δw_1);如果他们选择(内部利益相关者,外部利益相关者),则他们获取的收益是(P+ΔP_1, w);如果他们选择(内部利益相关者,内部利益相关者),则他们获取的收益是(P+ΔP_2, w+Δw_2)。根据博弈理论,在这个博弈中不存在唯一的纳什均衡,除去不合作的情形,即双方都不选择成为内部利益相关者的时候,他们的收益都是零,其他三种情况都可以达到一种均衡。当企业的经营者厌恶风险的时候,他会选择只是拿取固定的工资报酬,而将企业的所有权归属于企业员工,这时便是典型的员工所有权企业,此时企业员工会获得比平均工资高的报酬 w+Δw_1。而当企业的经营者选择分享企业剩余成为内部利益相关者时,员工可以根据自己的风险偏好自由选择成为外部利益相关者和内部利益相关者,他们获取的收益分别是 w 和 w+Δw_2。很显然,当员工选择成为内部利益相关者的时候,他们获取的收益都比成为外部利益相关者的收益大,因此,在经济人的理性假设下,员工都会选择报酬较高的内部利益相关者。以上是我们在假设企业的员工具有同质性的情况下做出的分析，而实际上，正如前面所分析的，企业内部的员工并不具有同质性，尤其是核心员工和普通员工本身的差异就比较大，所以实际上他们不可能做出同时选择外部和内部利益相关者的决定，而更为实际的情况是企业的员工可以自由选择成为企业的内部利益相关者或者外部利益相关者，也可能选择全部成为内部利益相关者，但更多的情况是一部分人选择成为内部利益相关者，一部分人选择成为外部利益相关者。

有一点值得说明的是，企业的核心员工种类可能有很多，既有具有特殊管理才能的管理人员，也可能有很强谈判能力的销售人员，还可能是掌握企业核心技术的技术人员，这些核心人员具有很强的不同质性，因此，每一个个体都具有独立的谈判能力。但是对于人力资本具有普适性的劳动力员工来说，由于其资源不具有专有性而且其可替代性比较强，所以单个员工一般不具有很强的谈判力。但是企业普通员工可以联合起来组成员工联盟，如工会或者其他员工组织，以整体的力量进行谈判从而增强企业普通员工的谈判力。

二、人力资本治理型企业价值增值的分享模式

在人力资本治理型企业里，掌握企业剩余索取权的是企业人力资本的提供者，而人力资本的提供者主要是企业的经营者和员工。单独的经营者治理和员工治理已经在前面的单边治理型企业中做了分析，因此，此处的人力资本治理主要是指企业的经营者和企业员工共享企业所有权的情况。人力资本治理型企业并不是指企业不需要物质资本，只有人力资本一种要素资本，而是指拥有企业剩余索取权的只有人力资本提供者，企业生产发展所需要的物质资本全部是借来的，因此提供物质资本的利益相关者都是企业的外部利益相关者，企业的剩余全部归属于企业的经营者和员工这些提供人力资本的利益相关者。

作为提供人力资本的利益相关者，其与物质资本提供者的显著不同就是人力资本与其所有者的不可分离性。物质资本是独立于其所有者而存在的，因而物质资本投资于企业，其物质资本虽有抵押性但是对有物质资本的人却没有任何的妨碍，是自由并且独立于企业的。而人力资本的提供者则不同，人力资本与其所有者是不可分离的，人力资本一旦投入企业，则意味着人力资本的所有者同时也被抵押到企业，无法独立存在。因此，人力资本所有者与物质资本所有者在分享企业价值增值的方式上会有一些差异。

按照前面的分析，企业内提供人力资本的利益相关者主要是企业的经营

者和员工。由于人力资本的异质性特征，提供人力资本的利益相关者之间的差异也很大。首先作为人的共性来说，按照马斯洛的需要层次理论，提供人力资本的利益相关者首先要满足自己的生存需要，然后才能有安全感需要和成就感需要等。因此，对于提供人力资本的所有利益相关者来说，他们可能更倾向于获取比较稳定的收益。特别是对于企业的员工来说，由于他们无法对企业的整个经营管理过程施加控制，从而无法控制企业的经营风险，因而他们可能更倾向于固定分享模式或者混合分享模式。

对于企业的员工来说，一般不适合选择剩余分享模式。这是因为企业的员工人数众多，性质各异，在实践中很难形成统一的观点。员工可以积极地参与企业的治理，但它们参与治理的程度是有限的，通常不能对企业实施有效的监督和控制，因而不能控制企业的经营风险。再加上人力资本与其所有者不可分离的特性，企业的员工一般都是风险厌恶型利益相关者，他们在实际中更倾向于成为企业的外部利益相关者，即使进入集体选择，成为企业的内部利益相关者，他们也会选择有收益保证的固定分享模式或者混合分享模式，而不可能采用剩余分享模式。所以人力资本治理型企业可能出现的分享模式如表 7-2 所示。

表 7-2　人力资本治理型企业的分享模式选择

经营者＼员工	固定分享模式	剩余分享模式	混合分享模式
固定分享模式	—	×	√
剩余分享模式	√	×	√
混合分享模式	√	×	√

通过上面的分析可以看出，人力资本治理型企业由于人力资本的异质性特征，不同的人力资本提供者会做出不同的选择。一般来说，经营者比较倾向于混合分享模式或者剩余分享模式，也可以采用固定分享模式；而企业的员工（包括核心员工和普通员工）通常会采用混合分享模式和固定分享模式。尽管核心员工和普通员工都可以采用这两种模式，但在实际中，并不是所有的员工都这样选择。由于一般员工属于风险厌恶型利益相关者，他们无法对企业施加控制或者影响，因而，通常会选择成为企业的外部利益相关者。而掌握一定的核心技术和具备一定管理才能的企业核心员工更有可能成为企业

的内部利益相关者，采取混合收益或者固定分享模式。

三、人力资本治理型企业价值增值分享的具体操作①

由于企业内提供人力资本的利益相关者性质差别较大，如企业的核心员工和普通员工在资源的禀性和谈判力上都有显著的不同，所以人力资本治理型企业的分享安排有所差异。核心员工是企业的重要员工，他们懂技术，是企业创新的动力，特别是一些掌握前沿技术的核心员工，具备了单独与经营者进行讨价还价的条件。而对于一般的企业员工来说，由于其工作技术含量较低，较强的同质性，可替代性强，因而单个的企业普通员工一般没有什么谈判力。他们通常都是企业风险的厌恶者，喜欢获取稳定的收益。但如果这些具有同质性资本的员工联合起来，也会对拥有企业所有权的经营者产生一定的威慑力，从而具有了集体谈判的能力。因此，经营者与企业员工在进行剩余分享的谈判时应区别对待。

如前所述，利益相关者分享企业价值增值时应该按贡献原则进行分享。在人力资本治理型企业中，拥有企业所有权的是人力资本所有者，而人力资本由于其异质性比较强，因而难以量化，这就使人力资本按照贡献分享有了一定的难度。最近几年兴起的人力资本会计的研究中，学者试图探讨各种方法来解决人力资本的计量问题，但是始终没有找到一种具有可操作性的解决办法，这也是人力资本始终未被纳入会计核算的一个重要原因。在知识经济时代，人力资本在企业价值创造过程中所起的作用越来越凸显，而人力资本的计量问题始终没有一个圆满的解决方案，这就使理论研究与现实需要之间的矛盾越来越突出。

笔者认为，鉴于人力资本计量的难度很大，我们应该采取迂回战术，避开人力资本的理论计量问题，而从实际中去寻找解决的办法。目前股东治理型企业中经营者持"干股"的现象非常普遍。所谓的"干股"是指经营者并不向企业投入资本却拥有企业一定数额的股份。这个股份数额是股东和经营者双方谈判协商的结果，是一个"双赢"或者均衡的结果。经营者由此可以得到很大的物质激励，自己的个人所得与企业的经营发展休戚相关，而股东

---

① 人力资本治理型企业价值增值的具体分享安排，同前面一样，仅是指提供人力资本的内部利益相关者的分享安排。

也可以更加有效地刺激经营者的工作积极性,减少道德风险和逆向选择问题,从而降低委托代理成本。受此启发,对于难以计量的人力资本问题,我们可以不强求理论上的精确计量,而只需要人力资本的提供者与其他资本要素之间达成契约即可。只要人力资本提供者能与其他要素资本达成协议,则协议中的定价就是一个合理的价格或者谈判方所能接受的一个均衡价格。因而,对于人力资本治理型企业,经营者和企业员工在企业价值增值分享时,可以根据双方谈判的结果来确定各自的分享比例问题。

正如前面所分析的,企业的员工出于规避风险的考虑,不会选择剩余分享模式。选择剩余分享模式的只可能是企业的经营者。而经营者通常只有一个人,所以在剩余分享模式下,企业的剩余全部归属于企业的经营者所有,不需要进行分享。因此,本书着重探讨固定分享模式和混合分享模式下人力资本所有者的具体分享安排。

(一) 固定分享模式下企业价值增值的分享安排

在固定分享模式下,关键需要确定人力资本利益相关者分享的固定收益数额。尽管企业的员工人数众多,核心员工可以作为单独的谈判主体,一般员工作为一个谈判整体来谈判,但无论谈判的主体是整体还是个体,是异质性还是同质性的,在固定分享模式下,对于人力资本固定收益数额的确定主要还是依赖于人力资本所有者各自的贡献以及对企业未来收益的预期。

人力资本治理型企业,参与谈判的双方主要是企业的经营者和员工。由于参与双方最多只能有一方采用固定分享模式,所以我们假设员工获取固定的收益,经营者采用非固定分享模式,采用的方法还是讨价还价,具体的谈判过程如下:

假设企业员工首先出价,其基于自己的乐观程度对企业未来的收益评估为 $V_1(\delta)$,认为自己对企业的贡献程度评估为 α_1,则企业员工可以出价 A_1,表示为:$A_1 = \alpha_1 \cdot V_1(\delta)$。

经营者基于自己掌握的信息也会对企业员工做出判断。如果经营者认为员工的贡献为 α_2,经营者对企业的未来预期收益是 $V_2(\delta)$,则经营者认为员工应该得到的报酬是:$A_2 = \alpha_2 \cdot V_2(\delta)$。

如果恰好 $A_1 = A_2$,则表示经营者和员工对企业的预期是一样的,正好达到均衡。但是通常情况下,A_1 与 A_2 的数额是不相等的。由于人力资本的难以监督性,使经营者无法对员工的努力程度进行监督。因此,为了能保证自己的收益,经营者可能要求降低员工的固定收益。这样,二者不断的博弈,最终的结果是力争让 A_1 不断接近 A_2,达到二者的均衡。但是员工所能接受的固定收益的数额是不可能无限变小的,有一个最低的要求限额,这个限额就是员工从企业剩余收益中获取的价值增值不能低于其作为外部利益相关者的支付。如果从企业价值增值中获得的固定收益的数额低于其最低的限额,员工就不会选择进入集体选择分享企业的价值增值了。

上述分析过程主要适合于经营者与核心员工的谈判,因为核心员工具有一定的专用性,通常他们拥有的资源属于稀缺性资源,因而核心员工具有一定的谈判能力,从而可以和企业的经营者进行协商谈判,最终达到相对满意的结果。

而对于一般员工来说,由于其专用性很弱,而且不属于稀缺资源,通常单个员工与经营者的谈判力很小。由于企业一般员工参与公司的治理,因而他们具有了进入集体选择的先天优势。但是即便如此,进入集体选择后,他们与经营者在分享企业剩余的谈判中的谈判力极弱。即使员工不满意经营者提出的固定收益方案,但是由于他退出对企业影响很小,经营者根本不会理会。所以对于单个的一般员工来说,即使进入企业的集体选择,要求按照固定收益数额分享企业的剩余,但是这个固定收益数额确定的主动权也主要集中在经营者手中,一般员工只能被动接受。当企业的一般员工作为一个整体与企业的经营者谈判时,他们的谈判力才稍微强一些,但总体上还是处于劣势。

(二) 混合分享模式下企业价值增值的分享安排

人力资本治理型企业采用混合分享模式分享企业的收益,必须解决两个问题:拥有企业剩余索取权的人力资本获取的固定收益数额的确定,拥有企业剩余索取权的人力资本如何分享企业的剩余收益。由于企业员工的性质相差很大,因而,在分析时我们也是将企业的核心员工和一般员工分开考虑的。

首先,经营者和企业普通员工的博弈。如果员工采用混合分享模式分享企业的收益,那么假设员工是单个的,并且其人力资本不具有较高的专有性,这时他的人力资本显示出的信号非常弱。在这种情形下,经营者就具有极大的谈判优势。员工在市场上必然会遇到多个强大无比的、具有机会主义行为和自利动机的经营者,他必定会选择其中之一而加入被雇用者的行列。经营者非常清楚员工的状况,因此他先提出方案,要求独占企业的全部所有权。由于单个员工的力量是如此之小,尽管他有权转让其人力资本的产权而取得相应的被雇用地位,也可以选择退出谈判,但是他发出的"退出"的声音非常小，经营者根本不会理会。理性的员工会接受固定收入的合约而放弃拥有企业所有权的想法。因此，在单个员工只有很小的人力资本的条件下，只能是经营者得到全部的企业所有权。如果员工不再以个人的方式与经营者进行谈判，而是推选出一个或一组代表来谈判，并且假定这个或这些代表具有较强的谈判能力，并且规定员工的通用性、专有性是有限的，则员工的人力资本的谈判力得以显示出来。但由于经营者的先动优势以及员工的通用性、专有性处于有限的状态，员工虽然可以得到一定比例的剩余分享，但是比例却很小。如果人力资本市场处于均衡或供不应求的状态，那么员工在价值增值中的分享谈判就稍稍处于优势地位，相应地就会得到较多的所有权比例；相反，如果劳动力市场处于供大于求的状态，那么员工所得到的企业所有权的比例就很有限，甚至于无。

假设博弈的参与人为企业中的经营者和企业的普通员工，双方就企业的收益问题进行谈判。假设企业当年实现的价值增值是 V，同行业内员工的平均工资是 W。如果经营者从激励角度考虑决定分给员工一部分份额为 R（$R \in 1$），剩余的 1-R 归自己。这时只要员工分得的 VR>W，则员工就会高兴地接受，从而没有讨价还价的机会，因为这已经超出了他们的期望 W，从而员工会更加努力工作，对企业更加忠诚，而经营者也会得到更大的收益回报。这就是说，在双方谈判力差距极大的情况下，弱势一方很少有讨价的机会，只要给他们的剩余超过了其所在市场的平均收益，则通常情况下，弱势群体都会接受。而员工按照固定收益和微弱的剩余比例获得的支付后的所有剩余都是企业的经营者的。

其次，经营者和核心员工的博弈。对于核心员工来说，影响其与经营者进行谈判的主要因素就是核心员工拥有的技术资源、对企业的贡献程度以及该资源的稀缺程度。如果该资源属于稀缺资源，同时又是企业发展非常重要的生产要素，这样的核心员工通常谈判力比较强，在与经营者进行谈判的过程中就可能争取到比较多的分享份额。而至于具体的分享比例以及固定数额的确定则依赖于经营者的接受程度以及当时的市场要素的综合情况。由于核心员工的专有性得到了较大幅度的提升，他们的贴现因子[①]进一步加大，从而具有了较强的谈判力；相应地，经营者的贴现因子反而进一步降低，其谈判力也开始趋弱。换句话说，此时，在经营者与员工之间处于相对平等地位的

[①] 所谓的贴现因子是在讨价还价模型中用到的一个术语，是反映谈判方耐心程度的一个指标。

谈判条件下，双方都有较强的耐心进行较为复杂的多轮叫价谈判。结果是，最终经营者与核心员工之间达成妥协，企业价值增值逐步在这两类资本的所有者之间达成某种程度的平衡。具体的谈判过程表示如下：假设某核心员工要求采用混合分享模式分享企业的价值增值，其要求获取 a 的固定收益，并且按比例 x 再分享部分企业的剩余，即出价（a，x）；而这一要求是否会得到满足，则看经营者对该核心员工的贡献评估。如果经营者接受核心员工的报价，则双方达成协议。如果经营者不同意核心员工的这一报价，则经营者再重新报价，两者经过不停地讨价还价，最终达成一致。

由此我们可以看出，经营者和企业员工的讨价结果因人而异。对于普通员工来说，他们可以形成一个集体，从而具备了与经营者进行谈判的实力。但是由于普通劳动者不是稀缺资源，可替代性强，因而他们的谈判力比较弱。只有当劳动力市场供小于求时，他们才形成一定的稀缺资源，从而可以和经营者进行谈判。但是即便如此，他们的谈判力也很低，实际上，只要谈判的结果高于他们所获取的固定工资的数额，他们就会达成妥协。相对而言，企业的核心员工因为具有较强的资源优势，资本的专有性得到了进一步的加强，相对可能属于比较稀缺资源，从而在谈判力上比普通员工强很多，导致核心员工在与企业经营者进行谈判的时候，可能会争取到更多的分享比例。

四、影响人力资本参与企业价值增值分享比例的因素

通过上述对人力资本治理型企业中经营者与企业员工的博弈过程可以看出，由于人力资本难以计量的属性，很难从理论上找出一种方法去精确地计量人力资本的投入价值以及其所做的贡献，因此，人力资本分享企业价值增值的过程可以通过经营者与企业员工的讨价还价来协商确定。那么在经营者与企业员工的讨价还价的过程中，哪些因素会直接影响他们的谈判结果？由于人力资本治理型企业掌握企业所有权的都是人力资本，人力资本虽然异质性很强，但是同为人力资本也有一些共性的因素，因此，我们所需要做的是排除共性因素的影响，探讨人力资本内部之间影响各自谈判的因素。通过对人力资本所有者之间博弈过程的分析，笔者认为以下几种因素会直接影响人力资本所有者谈判的结果。

1. 价值创造贡献的大小

按贡献分享是目前最有效率的分享方式。人力资本治理企业型企业中由

于人力资本的异质性特别强,因而各自对企业的贡献程度差异很大。企业的经营者是企业的掌舵人,他掌握着企业的整个生产运作以及企业的投资决策,一旦决策失利,则企业可能面临倒闭的危险,当然决策得当,企业就可以具有很好的发展前景。所以,经营者在企业价值创造过程中所起的作用非常重要。失之毫厘,谬以千里,经营者的任何小的失误都可能直接影响企业的生存安危。而企业员工也是企业价值的创造者,对企业的发展起着不可忽视的作用。但是企业员工内不同的员工提供的人力资本的差异非常大,因而对企业的贡献也不相同。对于企业的核心员工来说,由于其提供的人力资本主要是创新型的技术资本和需要较强综合能力的人力资本,因而他们对企业的贡献大,相比仅仅提供机械劳动的普通劳动力员工来说,其在企业中的谈判力就比较强,甚至可以作为一个单独的个体与企业进行谈判,而普通员工一般情况由于其贡献不突出因而不具有单独谈判的资格。在人力资本治理型企业中,经营者、企业的核心员工、普通员工各自根据自己在企业价值创造中的贡献大小去分享企业的价值增值,这是影响谈判结果的最直接因素。

2. 资源的相对稀缺性

除了贡献之外,资源的相对稀缺性也是影响谈判结果的重要砝码。物以稀为贵,对于稀缺性资源,由于其资源的稀少也更显示了它的价值。而且稀缺性资源往往很难找到替代资源,不可替代性强,从而使稀缺性资源更加珍贵,对企业的价值就越显得重要。对于经营者和一些核心员工来说,由于经营者的管理能力和核心员工的技术水平不是可以复制的,也不是短时间培训可以速成的,他需要个人的智慧、实践经验的积累以及时间的磨炼才能塑造出具有特殊管理才能的经营者和拥有创新能力的技术员工。他们往往是人力资源中的佼佼者,也是所有企业都需要的高级人才。但是这样的人才毕竟凤毛麟角,非常稀少,因而其价值就更加重要。在要素供不应求的情况下,要素所有者会因其所提供要素的稀缺性,获得"掌控"其他契约方的谈判优势,从而在企业剩余分享中其要求的比例相对就会提高。

3. 控制的程度

在人力资本治理型企业中,经营者和企业员工都是企业人力资本的提供者,都拥有企业的所有权,享有企业的剩余分享权,但是他们在企业中的地位却是不一样的。经营者通常是企业的最高管理人员,对企业拥有最高点控制权,而对于企业员工来说,虽然也参与企业的经营管理过程,但其参与治理的能力是有限的,只能在各自的小范围内发挥作用,而无法控制企业的整个经营发展过程,因而,即使对于一些投资决策有反对意见,但是他们的反对声音非常小,不足以改变整个企业的经营决策。同样,在关于企业价值增值的分享比例上,虽然他们拥有分享的权利,却不会成为企业剩余索取权的主要索取者,因而分享的比例相对就会少一些。

4. 风险的承受能力

风险与收益并存,风险承受能力也是影响企业价值分享结果的一个重要因素。在企业的所有权安排中,那些甘冒风险且有风险承担能力,通常能够以其特殊的企业家才能在契约谈判中占有明显优势,因而往往会要求取得较大的企业所有权;反之,那些风险厌恶者则可能不要求或较少拥有企业所有权。对于参与剩余分享的经营者和企业员工来说,经营者和部分核心员工可能承受风险的能力大一些,因而要求分享的剩余就会多一些。而一般的普通员工,由于其通常情况下属于风险厌恶型利益相关者,因而,他们承担风险的能力是有限的,通常不会主动去承担较高的风险,而宁愿接受较高的固定收益、较少的不确定性的剩余分享。

第三节 关系资本治理型企业价值增值的分享安排

一、关系资本治理型企业的形成机理

企业要想在市场中生存,总是不可避免地要与市场发生关系,最直接的关系就是企业需要从供应商那里获取原材料或者将产品销售给顾客。在自由竞争的市场中且当市场竞争不是很激烈时,企业都是独立经营的。但是随着市场竞争越来越激烈,单个企业单打独斗的局面越来越显示出弱势。在这种情形下,很多企业开始联合起来在市场上发展,于是出现了价值链管理。企业和供应商、经销商一起组成了价值链联盟,在市场中共同发展壮大。另外,随着知识经济的到来和网络经济的兴起,一些企业逐渐在市场中崭露头角,形成了自己稳定的营销渠道,如淘宝网、当当网和卓越网以及一些快递公司等都在市场占有一定稳定客户的资源。企业要想将自己的产品销售出去,完

全可以借助于这些平台资源。同样的，对于这些掌握一定营销渠道的供应商客户来说，拥有广泛的客户资源和营销渠道是自己在市场中处于不败的根源，这些是企业发展壮大的资本，也是价值创造的源泉。因此，供应商和顾客等完全可以根据自己的资源优势要求进入目标企业分享企业的剩余。正如前面所分析的，供应商等是否能参与企业的剩余分享，除了本身具有一定的资源条件外，更重要的还需要由企业的所有利益相关者集体选择决定。

关系资本的内涵很丰富，从利益相关者的角度出发，本书所探讨的关系资本主要是指企业的客户关系资本。关系资本一般是需要两方或者以上共同维持的资本形式。根据维系关系的利益相关者的性质不同，企业的客户关系资本可划分为纵向关系资本和横向关系资本。纵向关系资本是指企业与其供应商或顾客组成价值链从而建立的关系资本，如供应商和顾客联合组成一个新的企业，双方根据各自的贡献分享企业的剩余；而横向关系资本则是指同性质或者同行业的企业共同组成联盟而形成的关系资本，如不同区域的经销商可以相互合作形成一个大的营销网络实体等。不同类别的利益相关者会根据市场的环境做出判断，是直接与企业进行等价交易做企业的外部利益相关者，还是希望联合成立一个新的企业成为企业的所有者。某关系资本的拥有者最终会成为企业的外部利益相关者还是企业的内部利益相关者，则取决于对两种情况的收益对比。如果几个利益相关者合作的预期收益都高于其单独经营企业的收益，则关系资本的拥有者可能会选择进入集体选择，当然在选择进入的过程中还要考虑各个利益相关者的风险偏好程度，如果合作面临的经营风险太大，或利益相关者对企业合作的预期收益不是很乐观，则他会选择成为企业的外部利益相关者。因此，只有当利益相关者对合作的预期大于其单独经营的预期时，则利益相关者才有进入集体选择成为企业内部利益相关者的可能性。而最终谁进入集体选择，则还要取决于各个拟进入集体选择的利益相关者的集体选择。最终的结果是，通过集体选择的拥有关系资本的利益相关者最终成为企业的内部利益相关者，而没有通过集体选择的利益相关者成了企业的外部利益相关者。

二、关系资本治理型企业价值增值的分享模式

关系资本治理型企业是指企业的所有权全部集中在关系资本所有者手中。那么关系资本作为企业剩余索取权的拥有者，该如何去分享企业的剩余？这

需要结合关系资本的特性去分析。

关系资本是一种性质比较特殊的资本形式，它不具有抵押性，退出成本低。相对于其他资本形式，关系资本的拥有者所承担的风险相对较小。而且关系资本可以重复利用，即可以凭借自己所拥有的关系网络同时与不同的企业合作。这些特点说明相对于物质资本和人力资本，关系资本是一种比较自由且灵活性较强的资本形式，因而决定了关系资本所有者在参与企业剩余分享的方式上比较灵活。关系资本所有者既可以采用固定分享模式，也可以采用混合分享模式，亦可采用剩余分享模式。至于每一个关系资本所有者到底会采用哪种形式的分享模式，则主要取决于关系资本所有者本身的偏好以及关系资本所有者之间的谈判结果。

风险厌恶型利益相关者可能不愿意承担经营风险而愿意选择固定分享模式；对企业的经营不能很好地实施监督与控制或者对企业的预期不是很好时，为了降低风险，掌握该资源的关系资本所有者也会选择固定分享模式。风险偏好型利益相关者、对企业的未来发展有很好预期的利益相关者以及可以完全对企业实施监督与控制的利益相关者，则一般会选择剩余分享模式。因为剩余分享模式会让关系资本所有者承担的经营风险相对加大，与高风险对应的则是高收益，如果这些利益相关者能够很好地监督并控制企业，则会有效避免一些经营风险，从而使企业获得好的经营回报，关系资本的拥有者也会获得高额的回报。而对于一些稳健型的关系资本所有者来说，既不想冒太大的经营风险，但还想获取高一些的收益，则可以选择混合分享模式。

三、关系资本治理型企业价值增值分享的具体操作

关系资本与人力资本一样，其首要特点是其异质性和不可计量性。由于关系资本的成因比较复杂，因而关系资本的异质性比人力资本的异质性更强。关系资本的异质性和不可计量的特征决定了关系资本的分享不可能按照精确的数量划分比例，而只能由各个关系资本所有者相互协商谈判解决。由于不同的关系资本所有者采用的收益分享模式不同，因而在具体操作中就会有不同的操作办法。

（一）固定分享模式下的分享安排

如果关系资本治理型企业中的关系资本所有者采用固定分享模式，则需

要确定关系资本分享的固定分享数额,这只能通过参与者的讨价还价来决定。假设某企业两个关系资本所有者 A 与 B 共同掌握企业的所有权,A 采用固定分享模式分享企业的价值增值。对于 A 采用固定收益的数额需要 A 与 B 协商确定。

假设关系资本所有者 A 首先出价,A 认为自己对企业的贡献程度评估为 α_1,基于自己的乐观程度对企业未来的收益评估为 $V_1(\delta)$,则 A 可以出价 x_1,表示如下:$x_1 = \alpha_1 \cdot V_1(\delta)$。

B 基于自己掌握的信息也会对 A 做出判断。如果 B 认为 A 的贡献为 α_2,B 对企业的未来预期收益是 $V_2(\delta)$,则 B 认为 A 应该得到的报酬应该是:$x_2 = \alpha_2 \cdot V_2(\delta)$。

如果恰好 $x_1 = x_2$,则表示 B 和 A 对企业的预期都是一样的,正好可以达到均衡。但是通常情况下,A_1 与 A_2 的数额是不相等的。这样,二者不断的博弈,最终的结果是力争不断让 A_1 接近 A_2,达到二者的均衡。但是 A 所能接受的固定收益的数额是不可能无限变小的,其有一个最低的要求限额,这个限额就是 A 投资于其他企业所获得的收益。当然,如果 A 没有更好的投资机会,则只要能获取收益,A 都可以接受。

(二) 剩余分享模式下的分享安排

剩余分享模式下,关系资本所有者分享企业价值增值的多少完全取决于企业的经营状况,由于企业的剩余是不确定的,因而关系资本所有者必须按照贡献确定各自的收益。如果对于关系资本所有者来说,各自的贡献无法计量,则关系资本只能通过约束双方比例的形式进行谈判。由于关系资本的参与方可能同时有多人,所以关系资本所有者之间的谈判可能是一个多人博弈的过程。

假设有 n 个关系资本所有者都采用剩余分享模式,协商谈判确定各自的分享比例。n 个关系资本所有者各自要求的分享比例分别是 x_1, x_2, x_3, …, x_n,如果 $x_1 + x_2 + x_3 + \cdots + x_n = 1$,则说明各个要素资本所有者提出的方案都比较合适,一次谈判成功。但是实际中这样的巧合很少,更经常的情况是出现 $x_1 + x_2 + x_3 + \cdots + x_n > 1$ 或者 $x_1 + x_2 + x_3 + \cdots + x_n < 1$ 的情况。但是由于人的理性原则,各个利益相关者都会尽可能最大化自己的收益,因而实际中 $x_1 + x_2 + x_3 + \cdots + x_n < 1$ 的情况也比较少,更多的是出现 $x_1 + x_2 + x_3 + \cdots + x_n > 1$ 的情况。如果 $x_1 + x_2 + x_3 + \cdots + x_n > 1$,则说明有的关系资本所有者要求的份额过高了。如果多方谈判中,某一方关系资本所有者要求的份额太高、明显不合理,则通常情况下会要求该方降低份额比例,然后进行二次博弈。当然也可能是所有的利益相关者都修改自己的报价重新出价。如果第二次出价后仍然是 $x_1+x_2+x_3+\cdots+x_n>1$,则关系资本所有者会再次要求修改报价,依次循环,直至 $x_1+x_2+x_3+\cdots+x_n=1$,谈判各方达到平衡。

(三) 混合分享模式下的分享安排

混合分享模式下,关键是要确定各关系资本所有者固定收益和剩余分享的比例。假设企业有 n 个关系资本所有者,他们都要求采用混合分享模式分享企业的剩余。则每个关系资本所有者首先会根据自己的风险偏好、对企业未来收益的预期以及对自己提供资本的贡献等进行综合评价,做出自己的报价。如假设 n 个关系资本所有者分别要求以 (a_1, x_1)、(a_2, x_2)、(a_3, x_3)、$\cdots$、(a_n, x_n) 的报价获得自己的收益。由于固定收益 a 与剩余收益比例是相互关联的,关系资本所有者要求的固定收益数额越大,其能获得剩余收益比例就越小,二者呈反向变化关系。对于关系资本所有者之间是否能达成一致的意见,关键在于对于剩余分享的比例 x 是否满意。

如果各个关系资本所有者出价的结果满足 $x_1+x_2+\cdots+x_n=1$,则他们就能达成一致的意见。如果 $x_1+x_2+\cdots+x_n\neq 1$,则说明各自的出价并不能相互满意,就会修改出价。如果 $x_1+x_2+\cdots+x_n>1$,说明个别关系资本所有者要求的比例过高,这时需要重新出价。在重新出价的过程中,各个关系资本所有者可以提高固定收益的数额降低自己的剩余分享比例,也可以降低自己的固定收益数额提高自己的剩余分享比例。在每次谈判的过程中,每一个关系资本所有者并不一定都要重新修改自己的出价,可以仅要求那些索取比例异常不合理的关系资本所有者修改报价。最终的谈判结果是,每个关系资本所有者可以在要求一部分固定收益的基础上按照一定比例分享部分剩余,即满足每个关系资本所有者的收益要求为 (a_1, x_1)、(a_2, x_2)、(a_3, x_3)、$\cdots$、(a_n, x_n),且满足 $x_1+x_2+\cdots+x_n=1$,谈判结束。

当然关系资本所有者在分享企业价值增值的时候,有时可能出现部分关系资本所有者采用固定分享模式,部分关系资本所有者采用剩余分享模式的情况,还有部分关系资本所有者采用混合分享模式的情况。此时解决的办法首先确定固定分享模式下的关系资本所有者的固定收益,然后再确定混合分享模式下关系资本所有者的固定收益以及混合和剩余分享模式下各自的分享比例。

第八章

异质型结构企业价值增值的分享安排

第一节 物质—人力资本型企业的价值增值分享安排

一、物质—人力资本型企业的形成机理

在物质—人力资本型企业中，由于企业的性质不同，人力资本和物质资本在企业中的贡献不同，物质—人力资本型企业会出现物质资本主导、人力资本参与剩余分享和人力资本主导、物质资本参与剩余分享两种类型。至于实际中企业会是哪种类型结构，则取决于双方各自的谈判实力。物质资本和人力资本都是企业生产发展所必不可少的要素资本，他们之间进行博弈的结果是选择成为企业的内部利益相关者分享企业的剩余，还是成为外部利益相关者从企业获取固定的收益，究竟会选择哪种类型的利益相关者，则取决于他们各自的风险偏好、对企业的贡献以及各自所持要素资本的禀性等因素。物质资本的提供者主要是企业的股东和债权人，而人力资本的提供者主要是指企业的经营者和员工，物质—人力资本型企业治理结构的选择实际就是股东、债权人、经营者和员工之间进行博弈的结果。

对提供物质资本的股东和债权人来说，由于他们提供的资本具有同质性，而且易于计量，即他们投入的物质资本的数额都是很容易辨别的，所以他们进入集体选择的理由则主要看他们各自的风险偏好。如果物质资本提供者属于风险偏好型，则他会主动选择成为企业的内部利益相关者；而如果物质资本提供者属于风险厌恶型，则其会选择成为外部利益相关者，获取稳定的收益。对于人力资本提供者来说，人力资本出于收益的角度考虑愿意选择成为企业的内部利益相关者分享企业的剩余。但是由于人力资本的不同质性，人力资本所有者之间以及人力资本与物质资本之间存在着严重的信息不对称。对于特异性较强和拥有特殊资源的人力资本，其肯定选择成为内部利益相关者分享企业的剩余。而对于人力资本特异性较差的普通员工来说，其可能因为本身的谈判力较弱而选择成为企业的外部利益相关者，从企业获取固定的工资报酬。物质资本与人力资本在进行抉择时，其过程可以通过信号传递模

型分析。2001年度诺贝尔经济学奖得主斯彭斯于1983年在《劳动市场的信号》一文中指出，人才市场同样存在用人单位与应聘者之间信息不对称的问题，并由此造成了人才市场上出现类似"劣币驱逐良币"的现象。斯彭斯在文中提出了信号传递模型，即信号优势方如何能够将其信息信号可信地传递给在信息上具有劣势的个体，信号要求经济主体采取通过观察得到且具有代价的措施使其他经济主体相信他们的能力，或相信他们产品的价值或质量。

假设企业目前的所有权集中在物质资本所有者手中，而人力资本如果想要进入分享企业的剩余，就必须和现有所有权的拥有者——物质资本所有者进行博弈。物质资本所有者主要想让拥有技术的核心员工进入分享企业的剩余，因为在知识型企业，掌握关键技术的核心员工是企业的中坚力量。让他们进入分享企业剩余，不仅可以为企业留住这些人才，更重要的是可以激发人力资本的积极性和创造性，从而为企业创造出更大的财富。但是由于人力资本具有易隐藏和不易监督的特性，物质资本所有者很难一下分辨出一个人力资本自身到底拥有多少技术含量。即使将人力资本投入企业后对其进行监督考察，考虑到企业的产出还要受很多外部因素的影响，也很难判断这些人力资本投入企业的资本量到底有多大。从另一方面看，对于待选择企业分享契约的这些人力资本所有者来说，高层次的人力资本肯定希望能进入分享企业的剩余收益，因为这样就可以获得更多的报酬。如果不同的人力资本在劳动力市场上都是以固定的价格成交的话，高层次的人力资本不会有任何的动力将其拥有的多余的人力资本投入企业中去。但由于高层次的人力资本都是理性的经济人，他们不会就此接受固定的价格，而是会积极地将其本人的信息传达给物质资本所有者。因为人力资本所有者如果不能有效传达信息，对于物质资本所有者来说，最明智的选择是将其视为一般人力资本所有，这是高层次的人力资本所不愿看到的，因此，如果人力资本所有者向物质资本所有者传达不同的合约信息，只要这种信息满足一旦实施，物质资本将会接受高层次的人力资本所有者参与企业的剩余分享。而一般的普通员工，由于其本身就没有多少技术含量，劳动可替代性很强，因此对于单个的个体而言，他们几乎没有多大的谈判能力进入企业的剩余分享。

在物质资本和人力资本的博弈过程中，物质资本所有者也可随时退出集体选择，成为企业的外部利益相关者。经过物质资本和人力资本的双方博弈，最终会有部分物质资本和人力资本进入集体选择成为企业的内部利益相关者，而另一部分的物质资本和人力资本将选择成为企业的外部利益相关者。内部利益相关者具有剩余收益的分享权,而外部利益相关者只是按照事前的约定,从企业获取固定的收益。

二、物质—人力资本型企业价值增值的分享模式

在物质—人力资本型企业,拥有企业所有权的是企业的物质资本所有者和人力资本所有者。物质—人力资本型企业是典型的二元所有权结构,由物质资本和人力资本共同主导企业的所有权。在二元所有权结构企业中,既有不同类型要素资本所有者之间分享企业的剩余,又存在同类型资本所有者内部之间分享企业剩余的情况。由于企业中不同利益相关者各自提供资本的贡献程度不同以及各自的谈判力不一样,因而在实务中还会形成物质资本主导的二元产权结构和人力资本主导的二元产权结构。不管哪种要素资本形式主导企业的所有权,其结果都是由物质资本和人力资本共同分享企业的剩余收益。由于每一种模式、每一个利益相关者都有选择的可能性,因而物质资本和人力资本共同主导企业所有权时,会出现不同的分享模式组合①(见图8-1)。那么在实际中,物质资本和人力资本的所有者会做出哪种形式的选择?下面将进行详细的分享。

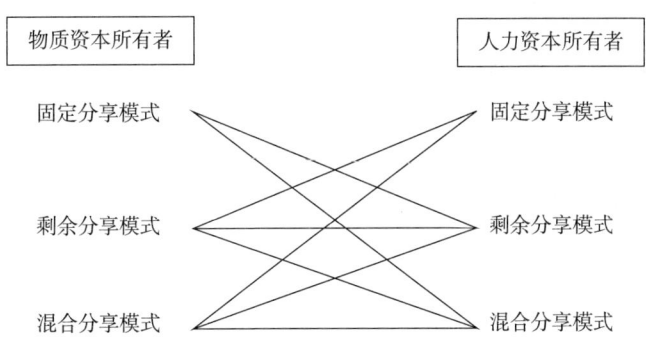

图8-1 物质—人力资本型企业的分享模式选择

如果物质资本所有者属于风险厌恶型利益相关者,而且投入企业的资本

---

① 企业的内部利益相关者在进行企业价值增值分享时,不可能出现所有的利益相关者同时选择固定分享模式的情况。因为企业的剩余是不确定的,当所有的利益相关者都选择固定分享模式的时候,实际上等于没有利益相关者承担企业的经营风险。本章述及的其他类别企业的分享模式中都涉及同一问题。

数额不是很大，则其可能不会也不愿对企业实施监督与控制，此时物质资本所有者可能会选择要求获得固定收益回报，采用固定分享模式。物质资本所有者采用固定分享模式，意味着其获取的剩余收益是固定的，但由于企业的价值增值是一个不确定的数，因此，在物质资本与人力资本共享企业所有权的治理型企业中，人力所有者只能选择混合分享模式或者剩余分享模式，即当物质资本所有者采用固定分享模式时，物质资本和人力资本可能出现的分享模式组合是（固定，剩余）、（固定，混合）。当人力资本所有者采用剩余分享模式时，即出现（固定，剩余）组合时，企业的所有权主要集中在人力资本所有者手中，此时的企业治理结构就是一种人力资本主导的二元产权结构。而当物质资本和人力资本出现（固定，混合）模式组合时，则需要具体分析。在（固定，混合）组合模式下，企业的经营风险主要由人力资本所有者承担，而人力资本的特征之一是其具有隐藏性和不易监督性，由于人力资本已经取得了一部分固定收益，因而这种治理结构是否会合理有效，关键取决于人力资本所有者本身的决定。如果人力资本属于保守型利益相关者，或者其惰性比较强，本身比较容易满足，由于其已经有一部分固定收益的保证，因而可能出现人力资本所有者工作不是很努力等道德风险，导致企业经营效率低。但如果人力资本所有者是一个积极上进的人，由于扣除物质资本所有者的企业固定支付后所有的企业剩余全部归其所有，所以人力资本所有者还是有很大的积极性去经营好企业的。因此，在这种情况下，人力资本所有者的积极性关键在于对人力资本固定收益的确定。如果人力资本获取的固定收益太多，则会导致其工作积极性下降，而如果给予其较少的固定收益，则人力资本的主要收益是从企业的剩余收益中获取，此时可以大大地激发人力资本的工作积极性，从而保证该企业治理也是有效的。

如果物质资本所有者属于风险偏好类型，或是企业属于资本密集型行业、物质资本是企业的最重要资源或稀缺资源等情况，此时物质资本所有者会选择剩余分享模式，根据企业的经营状况来确定自己的收益。如前所述，剩余分享模式是风险最大的一种收益模式。由于利益相关者的剩余完全根据企业的经营成果来决定，因此，采用剩余分享模式的物质资本所有者是企业经营风险的主要承担者之一。此时，企业的治理结构类型取决于人力资本所有者所采取的收益分享模式。如果人力资本所有者采用固定分享模式，从企业获取固定的收益，则此时是典型的物质资本主导的二元产权结构。由于人力资本有着与其所有者不可分离的特性，人力资本为了满足自己的最低生活保障，还可能事先要求获得一部分固定收益,然后期末时再分享一部分企业的剩余,即人力资本所有者采用混合分享模式来分享企业的价值增值。如果人力资本所有者(如企业的经营者)能够很好地控制企业,他也可以采用剩余分享模式分享企业的收益。人力资本采用混合分享模式或者剩余分享模式,表示物质资本和人力资本一起承担企业的经营风险。至于哪一方掌握企业的主导权,主要取决于双方对企业贡献程度的评估以及各自谈判力的强弱,此时既可能是物质资本主导企业的所有权,也可能是人力资本主导企业的所有权,还可能是物质资本和人力资本力量均衡共同主导企业的所有权。此时,物质资本和人力资本的可能组合是(剩余,固定)、(剩余,混合)、(剩余,剩余)三种模式。

如果企业物质资本所有者和人力资本所有者采用(剩余,固定)模式,表示企业的所有权主要集中在物质资本所有者手中,是典型的物质资本主导的企业所有权结构。传统的企业多数都是这种治理结构,只不过传统企业的人力资本主要是企业的外部利益相关者。(剩余,固定)模式组合下企业的风险主要由物质资本所有者承担,人力资本所有者获取的收益是固定的,几乎不承担风险。由于物质资本与其所有者是分离的,因而物质资本本身不会发挥作用,物质资本必须借助于人力资本的作用才能为企业创造价值。但是由于人力资本获取的收益是固定的,几乎不承担企业的风险,因而此种模式适用于对企业人力资本要求不高的企业。此时,人力资本不需要得到很大的激励便可以使企业正常经营。如果人力资本采用混合分享模式或者剩余分享模式,即物质资本所有者和人力资本所有者采用(剩余,混合)或者(剩余,剩余)模式组合,则企业的所有权由物质资本和人力资本共同承担。最终是物质资本主导或人力资本主导还是双方共同主导,则取决于双方对企业的贡献以及各自的谈判力。

物质资本所有者还可能采用混合分享模式分享企业的收益,即平时获取一部分固定收益,期末再根据企业的经营状况分得一部分剩余收益。此时作为物质资本的合作者,人力资本可能会采取固定分享模式、剩余分享模式和混合分享模式三种形式。在(混合,固定)模式组合下,企业的所有风险仍然由物质资本承担,人力资本获取固定的收益。此种模式和(剩余,固定)模式组合的本质是一样的,都是典型的物质资本主导型企业,同样也存在人力资本的道德风险或者逆向选择等而导致企业运行的低效率问题。在(混合,剩余)、(混合,混合)两种模式下,企业的所有权由物质资本和人力资本共同所有,由于物质资本与其所有者是分离的,物质资本本身不能创造价值,必须借助于人力资本的使用才能创造价值,所以,物质资本所有者实际上是无法控制企业运转的,为了能保证自己的收益,其要求在与人力资本分享企业价值增值的时候先获取一部分固定收益作为保证。

  以上我们以物质资本所有者为主体,讨论了物质资本和人力资本可能出现的各种分享模式组合。同样,我们也可以以人力资本所有者为主体,来讨论他们的分享模式组合,其结果也是一样的。综合上面的分析,我们发现对于物质—人力资本型企业,由于治理的主体是两种不同的要素资本所有者,因而在具体参与治理的过程中,会存在多种组合模式(见表8-1),但并不是每一种组合模式都是有效率的。当物质资本和人力资本采用(剩余,固定)和(混合,固定)组合模式时,由于人力资本的积极性得不到发挥,因而此种分享模式组合是低效率的,企业中应该尽量避免使用这种分享模式组合。但是在实际中,由于人的差异性,这种模式也会存在。而物质资本和人力资本都选择固定分享模式时,就会导致企业的剩余无人分享,这种情况是不存在的。因而,物质资本和人力资本主导企业所有权的企业,物质资本所有者和人力资本所有者会出现8种有效率的分享模式组合,即(固定,剩余)、(固定,混合)、(剩余,剩余)、(剩余,混合)、(混合,剩余)、(混合,混合)、(剩余,固定)、(混合,固定)。

表8-1 物质—人力资本型企业的分享模式选择

物质资本所有者 \ 人力资本所有者	固定分享模式	剩余分享模式	混合分享模式
固定分享模式	—	√	√
剩余分享模式	√	√	√
混合分享模式	√	√	√

  需要说明的是,物质—人力资本型企业采用不同的收益分享组合模式时,并不是指所有的物质资本和人力资本同时作为一个整体参与决策。对于物质资本所有者来说,并不是指所有的物质资本所有者同时都采用混合收益分享模式或者完全剩余分享模式。由于物质资本所有者的风险偏好程度不同,每个人的出资额度也不一样,因而有的物质资本所有者可能采用混合收益分享模式,有的物质资本所有者可能采用完全剩余分享模式。即使采用相同的收

益分享模式，每一个物质资本出资者各自分得的比例也是不一样的，需要根据自己的实际出资情况进行分析。人力资本所有者虽然都是采用混合分享模式，但是由于人力资本的异质性特征，每个人力资本所有者对企业的贡献程度不同，不同的人力资本所有者获得的固定收益额是不一样的，剩余收益的数额更是因人而异，需要分不同的层次或者类别加以详细的区分。本章所有不同类型企业下的利益相关者的具体分享安排都按照这一原则解决。

三、物质—人力资本型企业价值增值分享的具体操作

（一）固定分享模式下固定收益的确定

在固定分享模式下，企业的利益相关者从企业分享的价值增值是一个固定的数额，但如前所述，不可能所有的利益相关者同时采用固定分享模式。对于物质—人力资本型企业来说，企业是由提供物质资本和人力资本的利益相关者主导企业的所有权，所以，在固定收益分享模式下，或是物质资本所有者采用固定收益分享模式，人力资本所有者采用混合或者剩余分享模式；抑或是人力资本所有者采用固定收益分享模式，物质资本所有者采用混合或者剩余分享模式。但是无论哪一方采用固定分享模式，其核心都是采用固定收益分享的一方与另一方进行谈判，要求分得固定数额的价值增值。由于企业的价值增值是不确定的收益，而固定分享模式要求的数额是确定的，因而采用固定模式的一方只能与另一方通过谈判讨价还价来确定固定收益的数额，而无法直接采用投资比例或者其他可以计量的方法来进行。

物质资本所有者和人力资本所有者作为谈判的双方，如果有一方要求采用固定分享模式，则双方对于固定收益的数额都会有一个预期，这个预期数额的确定首先是基于要素资本的贡献，其次基于双方对企业未来收益的预测，最后还要受谈判双方对当前企业经济环境的乐观程度等影响。

假设某物质资本所有者因规避风险或者无法对企业实施有效的监督，要求采用固定分享模式分享企业的价值增值，则物质资本所有者可以出价 A_1。而物质资本所有者出的价格首先是基于自己提供的物质资本对企业的贡献，这个贡献需要和人力资本相比较而定。假设物质资本所有者经过综合考虑，认为物质资本的贡献占企业价值贡献的比例为 α_1，预测企业的未来收益为 V_1，对企业的未来经济环境的乐观程度为 δ，物质资本所有者的出价可以表示

如下：

$$A_1 = \alpha_1 \cdot V_1(\delta)$$

同样，人力资本所有者也可以基于上述过程对物质资本所有者出价。如果人力资本所有者认为物质资本所有者的贡献为 α_2，人力资本所有者对企业的未来预期收益是 $V_2(\delta)$，则人力资本的报价可以表示如下：

$$A_2 = \alpha_2 \cdot V_2(\delta)$$

如果恰好 A_1 等于 A_2，则表示物质资本和人力资本所有者的预期是一样的，可以达到均衡，二者一次谈判成功，物质资本按照 A_1（A_2）享受固定的收益数额。但是由于对企业的贡献和对企业的未来收益的预测都是一个估计值，因而通常的情况是 $A_1 \neq A_2$，α 和 V 是随着物质资本和人力资本谈判双方的情况的变化而不断变化的，这就需要物质资本和人力资本多次相互出价。但是只要双方的报价能在各自所接受的范围内，就可能达成共识。当然这还可能受谈判双方的谈判技巧等人为因素的影响。

上述过程可以举例如下：

假设有 A 和 B 两个人，A 是人力资本提供者，如企业的经营者，且 A 是风险厌恶型利益相关者，希望从企业获取固定的收益；B 是企业的股东，属于风险偏好型利益相关者，希望通过完全剩余的方式分享企业的收益。那么 A 应该获得多少固定收益才能和 B 达成协议？这主要取决于双方对企业经营状况的预期。

假设 A 比较悲观，认为企业经营状况极好的概率为 20%，在这种状态下，企业每年能净收益 60 万元，而 80% 的概率企业经营不是很好，每年净收益约 20 万元，在此情况下，A 的期望收益是（60×20%+20×80%）/2 = 14 万元。考虑到实际情况，A 要求的收益数额可能会高一些，A 要求每年获得 18 万元的固定收益。

（1）如果 B 对当前的经济环境比较乐观，他认为 80% 的概率企业每年净收益 60 万元，20% 的概率每年只产生 20 万元的净收益，则 B 的预期收益是（60×80%+20×20%）/2 = 26 万元。A 要求的固定收益 18 万元低于 B 的预期收益 26 万元，则 B 会很高兴地接受这个分配方案，从而两者达成统一的分配方案。

（2）如果 B 和 A 一样也是一个悲观主义者，他对企业的未来发展没有信心，他认为只有 15% 的概率企业每年净收益 60 万元，85% 的概率每年只产生 20 万元的净收益，则 B 的预期收益是（60×15%+20×85%）/2 = 13 万元。A

要求的固定收益 18 万元高于 B 的预期收益 13 万元，则 B 不会接受这个分配方案。于是 B 要求 A 降低固定收益的数额，给 A 定价 12 万元，而 A 因为其最低的收益报酬是 14 万元，不同意 B 的分配方案，于是二者进一步还价，A 出价 14 万元，如果 B 认为自己对未来的形势过于悲观，14 万元的固定收益可以接受，则二者达到均衡，A 每年获取固定收益 14 万元，其余的剩余收益归 B 所有。如果不同意，则这个讨价还价过程还会继续下去，直至达到均衡解为止。当然如果双方中有一方有更好的投资机会，则当谈判点低于其他投资项目的机会成本时，二者也可以不达成均衡，谈判破裂。但是如果双方都没有其他更好的投资机会，如果放弃，则二者收益皆为零，二者通常都会达成一个均衡。

（二）剩余分享模式下分享比例的确定

在剩余分享模式下，所有参与分享的内部利益相关者全部根据企业的经营成果来分享企业的价值增值。企业经营得好，有剩余则分享企业的价值增值；如果企业亏损，参与分享的利益相关者则要承担相应的损失。由于企业的价值增值是不确定的，在物质—人力资本型企业中，物质资本和人力资本按照剩余分享模式分享企业的价值增值，实际上主要是确定物质资本所有者和人力资本所有者之间的分享比例问题。而按照前面分析，物质资本所有者和人力资本所有者应该按照贡献分享各自的比例。那么如何按照贡献来分享？

物质—人力资本型企业提供要素资本的是两种性质不同的要素资本。物质资本具有同质性的特征而且易于计量，具有良好的价值显示能力。如果我们也能衡量出人力资本的价值，那么我们就可以采用比例分享法确定二者的分享比例。这是最公平、最合理的分享方法。但是在实际中，由于人力资本的不同质性导致人力资本的价值计量并非易事，所以对于物质—人力资本型企业价值增值的分享安排，我们还是只能通过物质资本所有者和人力资本所有者之间的讨价还价模型来解决。

若物质资本和人力资本所有者都采用剩余分享模式，则二者的谈判过程可以表述如下：假设物质资本基于对企业贡献等因素的评估首先出价 x_1，则人力资本所有者获得的分析比例为 $1-x_1$，如果人力资本所有者接受，则谈判结束，二者达成协议；如果人力资本认为物质资本所有者要求分享的比例过高，则人力资本所有者出价 x_2，人力资本获得的分析比例为 $1-x_2$，如果物质资本所有者接受，则谈判结束；如果物质资本所有者不接受，则物质资本所

有者出价 x_3，人力资本所有者获得的分析比例为 $1-x_3$，如果人力资本所有者接受，则谈判结束。如此循环，一直到双方达成谈判协议为止。考虑到谈判成本，这个博弈一般不会无限期地进行下去，通常是有限期博弈。

当然也可能存在物质资本和人力资本一方采用剩余分享模式，另一方采用其他分享模式的情况。假设物质资本采用剩余分享模式，则人力资本所有者可能采用固定模式或者混合模式，出现（剩余，固定）或者（剩余，混合）组合模式。

如果物质资本和人力资本所有者出现（剩余，固定）模式组合，则物质资本和人力资本所有者在谈判的过程中，需要先对人力资本的固定收益数额进行协商，一旦人力资本所有者分享的固定收益的数额确定，则剩余的全部是物质资本应该享有的收益，不再需要确定分享比例，或者说其分享的比例是100%。

如果物质资本和人力资本所有者出现（剩余，混合）模式组合，则物质资本和人力资本所有者在谈判过程中也需要先对人力资本在混合模式下的固定收益数额进行确定。然后，根据人力资本混合模式下固定收益的数额，物质资本所有者再和人力资本所有者进行讨价还价确定各自的分享份额。

(三) 混合分享模式下固定收益和分享比例的确定

混合分享模式下，物质—人力资本型企业中的物质资本所有者或者人力资本所有者要求平时获取一部分固定收益，期末，再根据企业的经营状况分得一部分剩余收益。究竟选择固定收益多一些还是要求获得更高比例的剩余收益，则主要取决于各个利益相关者的主观意愿以及参与集体选择的利益相关者的谈判协商。至于具体的固定收益的数额以及分享比例的确定则主要受以下因素的影响。

(1) 要素资本的贡献大小。在物质—人力资本型企业中，由于企业的性质不同，物质资本和人力资本对企业的贡献也不一样。资金密集型企业对物质资本的依赖性强一些，因而物质资本的贡献就会显得重要一些；而对于一些以研发为主的创新性的企业来说，具有创新能力的人力资本是企业的主要贡献者。贡献的大小决定了在要求固定收益或者剩余分享的比例上有显著的差别。

(2) 对企业的监督和控制程度。由于物质资本所有者和人力资本所有者向企业提供的资源秉性不同，各资源对企业的贡献程度不一样，因而决定了各个利益相关者对企业的监督和控制程度不一样。对企业贡献大的资源提供者对企业的监督和控制的动力比较强。在资源贡献相同的情况下，物质资本所有者由于物质资本与其所有者具有可分离性，因而对企业的监督和控制力就比较弱。由于人力资本与其所有者是一体的，因而人力资本所有者参与企业的整个生产经营过程，可以对企业的经营管理实施很好的监督和控制。对企业监控能力强的利益相关者可能会要求获得较低的固定收益数额而要求获得较大的剩余收益比例。

（3）利益相关者的风险偏好程度。风险偏好程度也是利益相关者决定固定收益数额和剩余分享比例的重要因素。对于物质—人力资本型企业来说，如果物质资本所有者或者人力资本所有者属于风险厌恶型利益相关者，则他可能希望获取更高的固定收益数额，而要求较低的剩余分享比例；反之，如果物质资本所有者和人力资本所有者属于风险偏好型利益相关者，则他可能会要求获取较高的剩余分享比例，而只要求较少的固定收益。

（4）对未来企业发展的乐观程度。如果物质资本所有者或者人力资本所有者对企业的未来发展形势比较乐观，则他可能会要求较低的固定收益，而希望获取更高的剩余比例；相反，如果物质资本所有者或者人力资本所有者对企业的未来发展形势比较悲观，则他可能会要求较高的固定收益，而不希望获取太高的剩余收益的比例，以降低自己的风险。

在物质—人力资本型企业中，物质资本所有者和人力资本所有者会综合考虑各种因素，充分发挥自己的资源优势和个体优势，以期望在关于剩余分享的谈判中能获得更多的份额。物质—人力关系资本型企业在混合分享模式下的谈判过程可以描述如下：

假设人力资本和物质资本所有者都要求采用混合分享模式分享企业的价值增值。人力资本所有者要求获取 a 的固定收益，并且按比例 x 再分享部分企业的剩余。即人力资本所有者出价 (a, x)；物质资本所有者要求获取 b 的固定收益，且按比例 y 再分享部分企业的剩余，即物质资本所有者出价 (b, y)。正如前文所分析的，对于 a 与 b 的数值大小，其实并有什么特别的争议，关键在于基于 a 和 b 所要求的 x 和 y 是否合理。如果 $x+y=1$，则二者的谈判成功，协议达成。但通常情况下，一次达成协议的可能性很小，很多时候二者报价的结果是 $x+y>1$，此时说明二者对剩余的比例要求过高，应该降低分享的比例再次谈判，人力资本所有者和物质资本所有者重新报价，如果报价的结果仍然是 $x+y>1$，则还需要继续谈判。当然，谈判过程中，人力资本或者物质资本也可以随时要求提高或者降低 a 或 b 的数额，调整 x 或 y 的比例，经过多轮谈判协商，最终使 a 与 b 的数额大家都能接受，并且各方所要求的 x 或者 y 的比例满足 x+y=1，谈判结束。

如果人力资本和物质资本所有者只有一方要求采用混合分享模式分享企业的价值增值，假设人力资本采用混合模式，物质资本采用剩余分享模式。如人力资本要求获取 a 的固定收益，并且按比例 x 再分享企业的部分剩余，即人力资本所有者出价（a, x），此时对于物质资本所有者来说，其是否能接受这种报价，关键在于物质资本所有者对于自己分享 1-x 的比例是否满意。如果物质资本不满意自己获取 1-x 的份额，则会再重新报价，降低 x 的份额，如果人力资本接受新的 x 的报价，则谈判结束。如果人力资本不同意物质资本提出的 x 的出价，则他还可能采用降低 a 的固定收益数额来相对提升 x 的比例，直至二者达成协议。

第二节 物质—关系资本型企业的价值增值分享安排

一、物质—关系资本型企业的形成机理

所谓物质—关系资本型企业，是指企业的所有权由物质资本所有者和关系资本所有者共同拥有的企业所有权结构。提供企业物质资本的所有者主要是指企业的股东和债权人，提供关系资本的主要是政府、企业的供应商和客户以及企业内部的经营者和员工等。物质资本由于具有同质性，因而易于计量。而关系资本则是一种异质性非常强的资本形式，根据提供的关系资本的特点不同，可以将关系资本做进一步的类型划分。政府提供的关系资本是一种具有公共资源性质的资本，而且政府作为国家权力的象征，具有极强的政治性，因此将其称为政治关系资本。在中国，政治是一种权威性极强的东西，必须无条件遵守，没有丝毫的讨价还价的余地，所以政治关系资本具有其他资本不可比拟的权威性。政府作为政治关系资本的拥有者，与其使用方是一种不平等的关系，这是其他资本所没有的。因此，政府作为资本的提供者，

第八章 异质型结构企业价值增值的分享安排

从企业获取固定的税收，而且这种税收是强制性的、不可协商的。供应商和客户提供的关系资本是基于价值链的考虑，从企业合作共赢的角度出发而建立的一种经济联盟，我们可以称为客户关系资本。客户关系资本的提供者从企业边界的角度讲属于企业外部利益相关者，他们与企业首先是因为存在着等价交易关系，其次才是因为这种交易关系而形成的联盟关系，也就是我们所说的客户关系资本。还有一种关系资本是由企业内的利益相关者提供的个人公关关系，如企业员工所拥有的客户资源群。拥有广阔的客户资源关系的企业员工可以为企业带来巨大的效益，由于员工的这种个人公关关系与作为人力资本的员工是一体的，很难将其分为人力资本创造的价值和关系资本创造的价值，因而在实际中我们将其看成是企业人力资本的一部分，而不单独考察他的关系资本价值。无论哪种形式的关系资本都有一个共同的特征，就是其具有异质性和不易衡量性，因此不同的利益相关者持有的关系资本千差万别，即使是同一种资源，不同的利益相关者持有对企业的价值影响也不同。我们无法说这种资源到底值多少钱，但是它对企业有时起着生死攸关的作用。

在物质—关系型企业中，由于关系型资本的非专用性和不确定性，导致其不能成为企业所有权的主导。物质—关系型企业中物质资本因为其向企业投入了专用性资源且投入的资源具有可抵押性，因而成为企业所有权的主导。如前所述，物质资本的提供者主要是企业的股东和债权人，股东和债权人投入的物质资本具有可抵押性，一旦投入将无法收回，从而导致物质资本的提供者承担着巨大的经营风险。而对于关系资本的提供者来说，关系资本具有很大的不确定性，不仅是其本身价值不确定，而且其投入企业后也存在着很大的不确定性。首先，关系资本并非专用性资本，一种关系资本可能同时投入多个企业，当然也可以随时从企业抽走，具有很强的不可抵押性；其次，关系资本本身不能发挥作用，必须同其他资本一起才能为企业创造财富，从而导致关系资本的依附性。正是由于关系资本的上述特征，因而对关系资本进行投资有很大的风险。物质资本所有者和关系资本所有者在进行决策时，往往主要考虑关系资本带来的收益与风险的比较。如果物质资本所有者属于风险厌恶型，他可能不愿接受风险较高的关系资本进入，分享企业的所有权，那么他就会选择成为企业的外部利益相关者，从企业获取固定的报酬。如果物质资本所有者属于风险偏好型，认为物质资本的进入可能导致企业产生更大的价值增值，他就会选择成为企业的内部利益相关者，与物质资本一起分享企业的剩余。关系资本提供者也希望通过自己拥有的资源成为企业的内部利益相关者，分享企业的剩余，否则他可能会退出企业或者出于稳定性考虑获取固定的报酬。

二、物质—关系资本型企业价值增值的分享模式

物质—关系资本型企业的所有权主要集中在物质资本所有者和关系资本所有者手中，所以物质—关系资本型企业的价值增值分享安排实际主要是在物质资本所有者和关系资本所有者之间进行博弈的过程。由于风险承受能力不同以及基于风险分散的考虑，物质资本所有者在分享企业价值增值的模式时可以根据自己的偏好选择固定分享模式、剩余分享模式，也可以采用混合分享模式。由于关系资本相对灵活，关系资本所有者在企业剩余分享的模式上，选择固定分享模式、剩余分享模式和混合分享模式三者皆可。在物质资本所有者和关系资本所有者共同主导企业所有权的情况下，物质资本所有者和关系资本所有者可能出现的分享模式组合见图 8-2。我们仍以物质资本为主体来分析可能出现的各种组合情况。

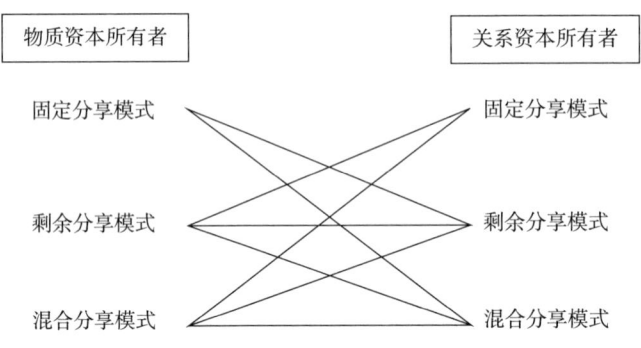

图 8-2　物质—关系资本型企业的分享模式选择

当物质资本所有者选择固定分享模式时，关系资本所有者可能采用的模式要么是剩余分享模式，要么是混合分享模式。这种情况是典型的关系资本主导物质资本的企业治理结构。可是这种情况是否有效率？下面来分析一下。物质资本所有者选择固定分享模式，说明物质资本不承担企业的经营风险，企业的风险全部由关系资本所有者承担。但是物质资本和关系资本具有可分离性，物质资本和关系资本所有者投入企业后，企业的经营管理实际上主要靠作为外部利益相关者的人力资本来进行，而人力资本经营是否有效率则取

决于对人力资本的激励和监督。在物质资本和关系资本共同享有企业所有权的情况下，人力资本作为企业的外部利益相关者显然激励性不足，只能靠企业所有者的监督来进行。因此，物质资本所有者采用固定分享模式实际上表示物质资本所有者将物质资本交由人力资本所有者经营而选择关系资本所有者进行监督，三者的关系表示见图 8-3。首先，物质资本所有者将自己的物质资本提供给企业，但是却请另外一个人监督，有些不现实，物质资本所有者承担的风险太大。其次，即使可以请第三者监督，要看第三者是否有动力去监督。由于关系资本的不可抵押性以及具有可以重复利用、退出成本低等特征，因而关系资本监督的动力不是很足。最后，第三者如果有动力去监督，还要看其监督的效果。由于关系资本的可分离性，关系资本的所有者实际是企业的外部人，不参与企业的经营管理，因此监督的效果很弱。所以，物质资本所有者只获取固定收益，而将企业所有权主要交给关系资本所有者的做法是无效率的。

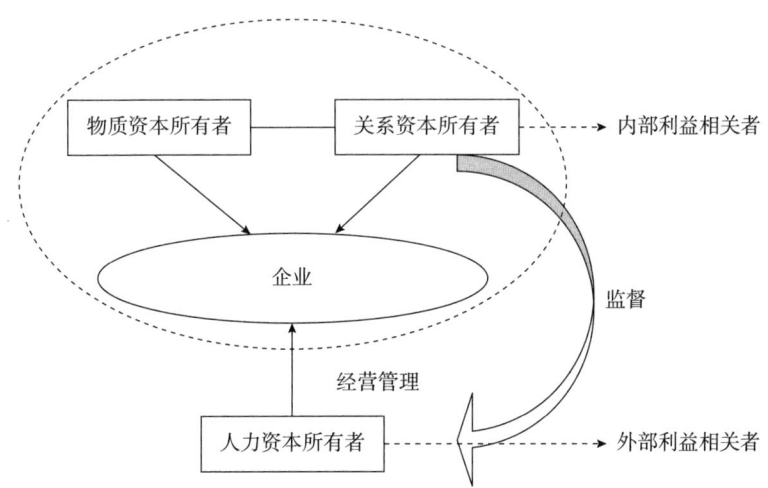

图 8-3　物质资本采用固定分享模式时企业要素资本之间的关系

当物质资本所有者采用剩余分享模式时，关系资本所有者可以采用固定分享模式，也可以采用混合分享模式，还可以采用剩余分享模式，即出现（剩余，固定）、（剩余，混合）、（剩余，剩余）三种模式组合。当物质资本所有者和关系资本所有者采用（剩余，固定）组合模式时，是典型的物质资本主导的物质—关系型企业，此时企业的风险主要由物质资本所有者来承担，关系资本所有者从企业获取固定的剩余收益。此时虽然物质资本和关系资本都与其所有者分离,但是由于物质资本具有抵押性,因而物质资本有动力监督企业,从而获取更多的收益。当物质资本所有者和关系资本所有者出现(剩余,混合)、(剩余,剩余)组合模式时,表示物质资本所有者和关系资本所有者共同主导企业的所有权,他们都有很高的积极性去参与企业的治理。

当物质资本所有者采用混合分享模式时,关系资本所有者可以采用固定分享模式,也可以采用混合分享模式,还可以采用剩余分享模式,即出现(混合,固定)、(混合,混合)和(混合,剩余)模式组合。在(混合,固定)模式下,企业的经营风险主要由物质资本所有者承担,关系资本所有者只从企业获取固定的剩余收益,此时企业的主要治理权集中在物质资本所有者手中,为了能有一部分保证收益,物质资本所有者会要求事先获得一部分固定收益。当出现(混合,混合)和(混合,剩余)组合模式时,表示物质资本所有者和关系资本所有者共同承担企业的经营风险,共同参与企业的治理。

因此,对于物质—关系资本型企业来说,物质资本和关系资本可能有6种组合模式(见表8-2)。

表8-2 物质—关系资本型企业的分享模式选择

物质资本所有者 \ 关系资本所有者	固定分享模式	剩余分享模式	混合分享模式
固定分享模式	—	×	×
剩余分享模式	√	√	√
混合分享模式	√	√	√

三、物质—关系资本型企业价值增值分享的具体操作

(一) 固定分享模式下固定收益的确定

对于物质—关系资本型企业来说,企业的物质资本所有者一般情况下不能采用固定收益分享模式,因而其固定收益的确定主要是针对关系资本所有者。无论固定收益分享的主体是谁,有一点是确定的,由于企业剩余收益的不确定性,对于采用固定分享模式的利益相关者来说,只能通过各个利益相

关者之间谈判决定具体的分享数额。如前所述，关系资本所有者在确定固定收益的数额时，主要受该要素资本对企业的贡献程度以及各利益相关者对企业未来收益的预期影响。物质—关系资本型企业在确定其分享的固定收益数额时，其博弈过程可表示如下：

假设关系资本所有者要求采用固定分享模式分享企业的价值增值。关系资本所有者基于自己的乐观程度对企业未来的收益评估为 $V_1(\delta)$，其对企业的贡献程度评估为 α_1，则关系资本所有者的出价 A 可以表示如下：

$$A_1 = \alpha_1 \cdot V_1(\delta)$$

同样，物质资本所有者也可以基于上述的过程喊价。如果物质资本所有者认为关系资本的贡献为 α_2，物质资本对企业的未来预期收益是 $V_2(\delta)$，则物质资本所有者的报价可以表示如下：

$$A_2 = \alpha_2 \cdot V_2(\delta)$$

如果恰好 $A_1 = A_2$，则表示物质资本和关系资本的预期是一样的，可以达到均衡。但是通常情况下，A_1 与 A_2 的数额不可能一次达到均衡，因而需要物质资本所有者和关系资本所有者不断地博弈，其结果是让 A_1 接近于 A_2，最终达到二者的均衡。

（二）剩余分享模式下分享比例的确定

在剩余分享模式下，物质资本所有者和关系资本所有者完全根据企业的经营成果来分享企业的价值增值。由于企业的经营成果是不确定的，因而在剩余分享模式下，物质资本所有者和关系资本所有者关于企业价值增值的分享安排主要是解决他们的分享比例问题。按照贡献分享是最公平合理的分享标准，因而，关键问题在于如何确定物质资本所有者和关系资本所有者的贡献。物质资本是同质性的，因而具有良好的价值显示功能，完全可以按照物质资本的投资比例进行分享。但关系资本是异质性的，无法计量其价值，因而靠提供资本的投资比例作为贡献分享的标准显然是行不通的。物质资本所有者和关系资本所有者只能通过双方谈判协商的办法来确定各自的分享比例。

物质资本所有者和关系资本所有者对于各自分享比例的博弈谈判是基于各自的资本对企业的贡献。企业是一个资源整合利用的结合体，不同的资源对企业的贡献程度是不一样的，因而，物质资本所有者和关系资本所有者要先评估各自的资本对企业的贡献，这是双方协商谈判最基本的依据。

资源的稀缺程度是影响物质资本和关系资本分享比例的重要因素。如果对企业来说，关系资本属于稀缺资源，则该资源所有者的谈判力就会强一些，要求的份额就会多一些。而对有的企业来说，物质资本对企业的贡献更大，因而物质资本所有者要求获取的份额就会多一些。

资源的退出成本也是影响物质资本所有者和人力资本所有者谈判的一个重要指标。对于物质资本所有者来说，由于其投入的物质资本具有可抵押性，因而其退出成本很高；关系资本由于其抵押性弱等特征，不属于企业的专用性资源，其所有者拥有较低的退出成本，很容易退出企业。因此，物质资本所有者和关系资本所有者在谈判的时候，退出成本高会成为物质资本所有者谈判的一个砝码。

另外，物质资本所有者和关系资本所有者谈判的结果还会受谈判双方个人的谈判能力和技巧的影响。一个能言善辩、比较强势的利益相关者可能会比一个不善言辞或者弱势的利益相关者争取到更多的份额。

如果物质资本所有者和关系资本所有者都采用剩余分享模式，则二者的谈判过程可以表述如下：假设物质资本基于对自己贡献的评估等因素首先出价 x_1，则关系资本所有者获得的分析比例为 $1-x_1$，如果关系资本所有者接受，则谈判结束，二者达成协议；如果关系资本认为物质资本所有者要求分享的比例过高，则关系资本所有者出价 x_2，关系资本获得的比例 $1-x_2$，如果物质资本所有者接受，则谈判结束；如果物质资本所有者不接受，则物质资本所有者出价 x_3，关系资本所有者获得的分析比例为 $1-x_3$，如果关系资本所有者接受，则谈判结束。如此循环，一直到双方达成谈判协议为止。考虑到谈判成本，因而这个博弈一般不会无限期地进行下去，通常都是有限期博弈。

当然也可能存在物质资本所有者和关系资本所有者一方采用剩余分享模式，另一方采用其他分享模式的情况。假设物质资本采用剩余分享模式，则关系资本所有者可能采用固定模式或者混合模式，出现（剩余，固定）或者（剩余，混合）组合模式。

如果物质资本所有者和关系资本所有者出现（剩余，固定）模式组合，则物质资本所有者和关系资本所有者在谈判的过程中，需要先对关系资本的固定收益数额进行协商，一旦关系资本所有者分享的固定收益数额确定，则剩余的全部是物质资本所有者应该享有的收益，不再需要确定分享比例，或者说其分享的比例是100%。

如果物质资本所有者和关系资本所有者出现（剩余，混合）模式组合，则物质资本所有者和关系资本所有者在谈判的过程中，也需要先对关系资本在混合模式下的固定收益数额进行确定。然后，根据关系资本混合模式下固定收益的数额，物质资本所有者再和关系资本所有者进行讨价还价确定各自的分享份额。

（三）混合分享模式下固定收益和分享比例的确定

混合分享模式下，需要确定的是混合分享模式下固定收益数额和剩余的分享比例。固定收益的数额和剩余收益的比例是相互关联的，究竟选择固定收益多一些还是要求获得更高比例的剩余收益，主要取决于各个利益相关者的主观意愿以及参与集体选择的利益相关者的谈判协商。物质关系资本型企业的固定收益的数额以及分享比例的确定受其提供的要素资本的贡献大小、个人的风险偏好以及对企业未来的乐观程度等因素的影响。

首先，无论对哪一种类型的利益相关者，各自资本的贡献是最主要的分享依据。由于企业的性质不同，物质资本和关系资本对企业的贡献也不一样。有的企业（如资金密集型企业）对物质资本的依赖性强一些，物质资本的贡献就会显得重要一些；而有的企业对关系资本的依赖更强，关系资本的贡献相对来说可能更大。贡献的不同决定了在要求固定收益或者剩余分享的比例上就会有显著的差别。

其次，风险偏好程度也是影响利益相关者决定固定收益数额和剩余分享比例的重要因素。对于物质—关系资本型企业来说，如果物质资本所有者或者关系资本所有者属于风险厌恶型利益相关者，则其可能希望获取更多的固定收益数额，而要求较低的剩余分享比例；反之，如果物质资本所有者或者关系资本所有者属于风险偏好型利益相关者，则其可能会要求获取较多的剩余分享比例，而只要求较少的固定收益。

最后，对企业未来发展的乐观程度也会影响企业收益的分享。如果物质资本所有者或者关系资本所有者对企业的未来发展形势比较乐观，则其可能会要求较低的固定收益，而希望获取更多的剩余比例；相反，如果物质资本所有者或者关系资本所有者对企业的未来发展形势比较悲观，则其可能会要求较高的固定收益，而不希望获取太多的剩余收益的比例，以降低自己的风险。

在物质—关系资本型企业中，物质资本所有者和关系资本所有者会综合考虑各种因素，充分发挥自己的资源优势和个体优势，以期在谈判中获得更多的分享份额。物质—关系资本型企业的具体谈判过程可以表述如下：

假设物质资本所有者和关系资本所有者都要求采用混合分享模式分享企

业的价值增值。物质资本所有者要求获取 a 的固定收益，并且按比例 x 再分享部分企业的剩余，即物质资本所有者出价（a, x）；关系资本所有者要求获取的固定收益为 b，并且按比例 y 再分享部分企业的剩余，即关系资本所有者出价（b, y）。正如上面所分析的，如果 x+y=1，则二者的谈判一次成功。如果 x+y>1，说明二者对剩余的分享比例要求过高，应该降低分享的比例再次谈判。然后物质资本所有者和关系资本所有者再重新报价，如果报价的结果仍然是 x+y>1，则还需要继续谈判。当然，在谈判的过程中，物质资本所有者或者关系资本所有者也可以随时要求提高或者降低 a 或 b 的数额，然后再调整 x 或 y 的比例，经过多轮谈判协商，最终使 a 与 b 的数额大家都能接受，并且各方所要求的 x 或者 y 的比例满足 x+y=1，谈判结束。

同样，在谈判的过程中，还可能存在物质资本所有者和关系资本所有者只有一方要求采用混合分享模式的情况。假设物质资本采用混合模式，关系资本采用剩余分享模式。如物质资本所有者要求获取 a 的固定收益，并且按比例 x 再分享部分企业的剩余，即物质资本所有者出价（a, x）。此时对于关系资本所有者来说，其是否能接受这种报价，关键在于关系资本所有者对于自己分享 1-x 的比例是否满意。如果关系资本所有者不满意自己获取 1-x 的份额，则会再重新报价，降低 x 的份额。如果物质资本所有者接受新的 x 的报价，则谈判结束。如果物质资本所有者不同意关系资本所有者提出的 x 的出价，则他还可能采用降低 a 的固定收益数额来相对提升 x 的比例，直至二者达成协议。

第三节 人力—关系资本型企业的价值增值分享安排

一、人力—关系资本型企业的形成机理

在人力—关系资本型企业中，人力资本的提供者主要是企业的经营者和企业的员工，而关系资本的提供者主要是指那些拥有特殊资源的政府、供应商、客户或者其他利益相关者，无论关系资本所有者提供的资源形式是怎样

的，只要他们具备了与企业当前所有者"叫板"的能力，则他们就有条件参与企业的价值增值分享。

人力资本和关系资本的提供者有一个非常重要的共同特点就是他们的不易计量属性和资本的异质性，因此会导致人力资本所有者和关系资本所有者总是存在着信息不对称的问题。人力资本所有者希望借助于关系资本所有者的特殊资源给企业做出更大的贡献，由于该资源无法计量，投入之后才能显示其价值，所以如果接受，人力资本所有者会承担一定的风险。而对于关系资本的投资者来说，其拥有的关系资本是一种无形的资源，不易衡量也无法辨别，至于资源的具体情况只有关系资本的所有者心里明白。但是关系资本不能单独发挥作用，只有当投入企业与其他资本结合之后才能创造价值。因此，关系资本所有者迫切需要与人力资本达成契约。也就是说，在谈判的迫切程度上，关系资本所有者可能更担心谈判破裂，因为这样他会获得零回报或者只获得固定的回报，成为企业的外部利益相关者。但是在人力—关系资本型企业中，企业不是以资本为主，而是主要依靠人的创造力来创造价值，再加上人力资本与人的不可分离的特性，所以该类型企业中起主导作用的还是人力资本所有者，或者说人力资本所有者在与关系资本所有者的谈判中属于强势利益相关者。因此，关系资本所有者在与人力资本所有者谈判的过程中，一方面希望获得更多的收益，另一方面又担心如果要价太高会导致破裂，所以必然导致关系资本所有者的谈判劣势地位，所以双方就在不停地博弈，直至他们达成一种契约。其博弈的结果见图 8-4：

	关系资本	
	外部利益相关者	内部利益相关者
人力资本 外部利益相关者	(0, 0)	(0, 0)
人力资本 内部利益相关者	(a_1, b_1)	(a_2, b_2)

图 8-4　人力资本和关系资本的博弈

由图 8-4 可以看出，关系资本所有者和人力资本所有者之间的纳什均衡有两个，一个是人力资本所有者成为内部利益相关者，关系资本所有者成为外部利益相关者；另一个是人力资本所有者和关系资本所有者都成为企业的内部利益相关者。而至于会达成哪种契约形式，则在于人力资本所有者和关系资本所有者对对方的预期和估计。

二、人力—关系资本型企业分享价值增值的模式

人力—关系资本型企业，指的是企业的所有权主要是由人力资本所有者和关系资本所有者共同主导。当企业属于非资本密集型企业，企业的价值创造主要是以异质性较强的人力资本和关系资本为主时，企业的所有权就由人力资本所有者和关系资本所有者共同主导。人力资本所有者和关系资本所有者共同主导的企业价值增值分享模式的可能组合见图8-5。下面我们以人力资本所有者为主体来分析一下是否所有的组合模式对企业都是有效率的。

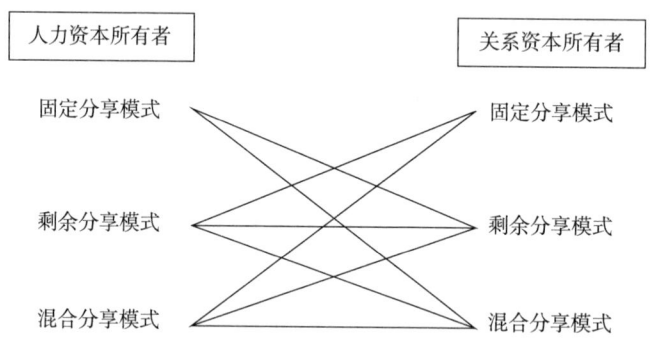

图8-5 人力—关系资本型企业的分享模式选择

人力资本所有者和关系资本所有者共同拥有企业的所有权时，由于关系资本不具有抵押性，退出企业的成本低，且关系资本具有可重复使用等特性，拥有企业所有权之一的人力资本所有者为了规避风险可能会选择固定分享模式，而此时关系资本所有者只能采取剩余分享模式和混合分享模式，即物质资本所有者和人力资本所有者出现（固定，剩余）和（固定，混合）两种模式组合情况。由于关系资本获取的剩余收益是不确定的，因而这两种模式下企业经营的不确定性风险主要由关系资本所有者承担，人力资本所有者基本不承担企业经营的不确定性风险。

如果人力资本所有者属于风险偏好型利益相关者，其可能会选择剩余分享模式，此时关系资本所有者可以选择固定分享模式、剩余分享模式和混合分享模式，即出现（剩余，固定）、（剩余，剩余）、（剩余，混合）三种模式组合。当关系资本选择固定分享模式时，表示关系资本所有者属于风险厌恶

型利益相关者，由于关系资本与其所有者的可分离的特性，关系资本所有者对企业实施监督的难度比较大，因而关系资本所有者会选择风险较小的固定分享模式。当然，如果关系资本所有者认为关系资本对企业的贡献很大，他也可能要求和人力资本所有者一样采用剩余分享模式，此时关系资本所有者和人力资本所有者共同积极参与企业的治理。如果关系资本所有者再保守一些，他可能要求先获取固定收益，期末时再要求分得部分剩余。

出于稳健性考虑，人力资本所有者也可以选择混合分享模式，此时人力资本所有者和关系资本所有者可能出现的组合有（混合，固定）、（混合，剩余）以及（混合，混合）三种模式组合。在（混合，固定）模式下，企业的经营风险主要由人力资本所有者承担，关系资本所在者出于规避风险考虑，只要求获取固定的收益。而在（混合，剩余）和（混合，混合）模式下，企业的经营风险由人力资本所有者和关系资本所有者共同承担。

因此，人力资本和关系资本共同主导企业所有权的企业，其可能出现的价值增值分享模式组合有8种情况，具体见表8-3。

表8-3 人力—关系资本型企业的分享模式选择

人力资本所有者 \ 关系资本所有者	固定分享模式	剩余分享模式	混合分享模式
固定分享模式	—	√	√
剩余分享模式	√	√	√
混合分享模式	√	√	√

三、人力—关系资本型企业价值增值分享的具体操作

在人力—关系资本型企业中，由于人力资本和关系资本不易衡量，所以人力—关系资本型企业在分享企业价值增值时，无法按照确定的比例来进行分享，只能通过人力资本所有者和关系资本所有者双方的讨价还价来实现。

（一）固定分享模式下固定收益数额的确定

人力—关系资本型企业中，可能会出现人力资本所有者或者关系资本所有者要求采用固定分享模式分享企业价值增值的情况。由于企业价值增值的

不确定性,要想从不确定性的收益中获得固定的收益,只能通过双方对企业未来收益的预期以及对企业的要素贡献的评估谈判解决。在参与谈判的过程中,人力资本所有者和关系资本所有者各自对未来收益的预期判断、对采用固定分享模式的要素资本贡献的评价都会直接影响谈判的结果。

假设人力资本所有者要求采用固定分享模式分享企业的价值增值。人力资本所有者基于自己的乐观程度对企业未来的收益评估为 $V_1(\delta)$,认为人力资本对企业的贡献程度为 α_1,则人力资本所有者的出价 A 可以表示如下:

$$A_1 = \alpha_1 \cdot V_1(\delta)$$

同样,关系资本所有者也可以基于上述的过程对人力资本做出判断。如果关系资本所有者认为人力资本的贡献为 α_2,关系资本对企业的未来预期收益是 $V_2(\delta)$,则关系资本所有者对人力资本的评估可以表示如下:

$$A_2 = \alpha_2 \cdot V_2(\delta)$$

如果恰好 $A_1 = A_2$,则表示人力资本所有者和关系资本所有者的预期都是一样的,正好可以达到均衡。但是通常情况下,A_1 与 A_2 的数额不可能一次达成均衡,因而需要人力资本所有者和关系资本所有者二者不断地博弈,力争让 A_1 接近于 A_2,最终达到二者的均衡。

(二) 剩余分享模式下分享比例的确定

在剩余分享模式下,关键是确定剩余分享的比例。影响人力资本和关系资本所有者剩余分享比例的主要因素,首先是基于各要素资本对企业的贡献,这是确定二者分享最基本、最主要的依据;其次谈判的结果还会受到要素资本的稀缺程度以及谈判双方的谈判技巧等影响。要素资本的退出成本也会影响分享的结果,但是对于人力和关系资本型企业来说,二者的退出成本都比较低,可以自由地退出企业,因而此处要素资本的退出成本不是影响人力资本所有者和关系资本所有者谈判的主要因素。

如果人力资本所有者和关系资本所有者都采用剩余分享模式,则二者的谈判过程可以表述如下,假设人力资本基于对自己贡献的评估等因素首先出价 x_1,则关系资本所有者获得的分享比例为 $1-x_1$,如果关系资本所有者接受,则谈判结束,二者达成协议;如果关系资本所有者认为人力资本所有者要求分享的比例过高,则关系资本所有者出价 x_2,关系资本所有者获得的比例 $1-x_2$,如果人力资本所有者接受,则谈判结束;如果人力资本所有者不接受,则人力资本所有者出价 x_3,则关系资本所有者获得的分析比例为 $1-x_3$,如果关系资本所有者接受，则谈判结束。如此循环，一直到双方达成谈判协议为止。由于考虑到谈判成本的问题，这个博弈一般不会无限期地进行下去，通常都是有限期博弈。

当然也可能存在人力资本所有者和关系资本所有者一方采用剩余分享模式，另一方采用其他分享模式的情况。假设人力资本采用剩余分享模式，则关系资本所有者可能采用固定模式或者混合模式，出现（剩余，固定）或者（剩余，混合）组合模式。

如果人力资本和关系资本所有者出现（剩余，固定）模式组合，则人力资本所有者和关系资本所有者在谈判的过程中，需要先对关系资本的所有者固定收益数额进行协商，一旦关系资本所有者分享的固定收益的数额确定，则剩余的全部是人力资本所有者应该享有的收益，不再需要确定分享比例，或者说其分享的比例是100%。

如果人力资本所有者和关系资本所有者出现（剩余，混合）模式组合，则人力资本所有者和关系资本所有者在谈判的过程中，也需要先对关系资本所有者在混合模式下的固定收益数额进行确定，然后，根据关系资本混合模式下固定收益的数额，人力资本所有者再和关系资本所有者进行讨价还价确定各自的分享份额。

（三）混合分享模式下固定收益和剩余分享比例的确定

混合分享模式下，关键是要确定固定收益和剩余分享的比例。对于人力—关系资本型企业来说，既可能出现二者都采用混合分享模式的情况，也可能会出现一方采用混合模式另一方采用其他分享模式的情况。但是不管什么样的组合，采用混合分享模式的利益相关者都需要确定固定收益和剩余分享的比例。

如前所述，混合分享模式下，固定收益的数额与剩余分享的比例是关联的。如果固定收益要求多，则剩余分享的比例肯定会少。固定收益和按剩余分享比例确定的数额之和可以看成是该要素资本所有者从企业获取的总收益。所以是固定分享多一些还是剩余分享比例高一些，似乎对其他利益相关者来说无所谓。但事实上，如果要素资本所有者要求过高的固定收益数额，其收益有很大一部分得到了保证，企业经营的风险就转嫁给了另一方的要素资本所有者，所以另一方必然会要求提高分享比例作为风险补偿。因此，通常情况下，在企业产生的价值增值一定的情况下，要求获取较高固定收益数额的一方获得的总收益其实是低于其要求获取较低固定收益时所获得的总收益的数额的。因此，人力资本所有者或者关系资本所有者在决定固定收益数额的时候，也会充分考虑这一点。

假设人力资本所有者和关系资本所有者都要求采用混合分享模式分享企业的价值增值。人力资本所有者要求获取的固定收益为 a，并且按比例 x 再分享部分企业的剩余，即人力资本所有者出价 (a，x)；关系资本所有者要求获取 b 的固定收益，并且按比例 y 再分享部分企业的剩余，即关系资本所有者出价 (b，y)。正如上面所分析的，对于 a 与 b 的数值大小，其实并有什么特别的争议，关键在于基于 a 和 b 所要求的 x 和 y 是否合理。如果 x+y=1，则二者的谈判成功，协议达成。但是通常情况下，一次达成协议的可能性很小，很多时候二者报价的结果是 x+y>1，此时说明二者对剩余的比例要求过高，应该降低分享的比例再次谈判。然后人力资本所有者和关系资本所有者再重新报价，如果报价的结果仍然是 x+y>1，则还需要继续谈判。当然，谈判的过程当中，人力资本或者关系资本也可以随时要求提高或者降低 a 或 b 的数额，然后再调整 x 或 y 的比例，经过多轮谈判协商，最终使 a 与 b 的数额大家都能接受，并且各方所要求的 x 或者 y 的比例满足 x+y=1，谈判结束。

如果人力资本所有者和关系资本所有者只有一方要求采用混合分享模式分享企业的价值增值，假设人力资本所有者采用混合模式，关系资本所有者采用剩余分享模式。如人力资本所有者要求获取 a 的固定收益，并且按比例 x 再分享部分企业的剩余，即人力资本所有者出价 (a，x)。此时对于关系资本所有者来说，其是否能接受这种报价，关键在于关系资本所有者对于自己分享 1-x 的比例是否满意。如果关系资本所有者不满意自己获取 1-x 的份额，则他会再重新报价，降低 x 的份额。如果人力资本所有者接受新的 x 的报价，则谈判结束。如果人力资本所有者不同意关系资本提出的 x 的出价，则他还可能采用降低 a 的固定收益数额来相对提升 x 的比例，直至二者达成协议。

第四节 物质—人力—关系资本型企业的价值增值分享安排

一、物质—人力—关系型企业的形成机理

在利益相关者治理理论下，企业的本质是利益相关者达成的一组契约，各个利益相关者根据各自提供的要素资本分享企业的收益。如前所述，企业的直接利益相关者主要是指企业的股东、债权人、经营者、员工、政府、供应商和客户等。这些利益相关者根据自身的特性分别向企业提供着物质资本、人力资本和关系资本，这些资本组合在一起成为企业的核心竞争力资源，而正是凭借着这些核心竞争力资源，这些利益相关者具有参与分享企业剩余的权利。在这些要素资本中，物质资本和人力资本是企业所必不可少的资本要素。相对而言，关系资本可以说是企业非常重要的资本要素，但不是必须的要素，因而在参与企业剩余分享的谈判中，关系资本所有者的谈判力可能更弱一些。物质资本所有者、人力资本所有者以及关系资本所有者，他们是投入企业要素资本的利益相关者，并且凭着对各要素资本的所有权想参加企业的剩余分享，但到底是哪些利益相关者参与企业的剩余分享，则取决于他们各自的意愿以及他们之间的博弈选择。

对物质资本的所有者来说，投入企业的是物质资本，而物质资本不同于其他资本的非常显著的性质就是它的同质性、易衡量性以及可抵押性，因而物质资本在传统企业中通常都是企业所有权的代表。物质资本本身不会发挥作用，它必须借助于人力资本的创造性和关系资本的推动力才能不断为企业创造出更大的价值。但是如果只有物质资本分享企业的剩余，人力资本必然动力不足，关系资本的积极性也难以发挥，因此客观上需要将人力资本和关系资本纳入企业的剩余分享范畴，在激励的作用下，人力资本才能创造出更大的价值。随着纳入分享企业剩余的要素资本所有者人数的增加，物质资本所有者获取收益的不稳定性也增加，尤其是关系资本的介入，使物质资本所有者投入资本的不确定性大大增加。由于物质资本所有者内部的利益相关者

具有不同的风险偏好,所以风险偏好者可能会选择成为企业的内部利益相关者,而风险厌恶者则会选择退出集体选择,成为企业的外部利益相关者。

对于人力资本所有者而言,由于人力资本的异质性,人力资本所有者内部也会面临不同的选择。对于异质性较强的人力资本,比如企业的经营者和掌握先进技术的企业核心员工,由于其投入的资本具有很强的专用性①,一旦投入且在企业中,由于退出成本很高(比如要交很大一笔违约金等)则很难选择退出,从而使人力资本所有者在企业中投入的资本具有很强的可抵押性,因而人力资本所有者承担的风险也会增加,所以必然有一部分人力资本所有者想进入集体选择,成为企业的内部利益相关者。而对于另一部分具有普适性的企业员工,由于其本身没有特殊的资源优势,缺少与企业现有资本所有者"叫板"的能力,所以他们可能更倾向于选择获取固定的报酬,从而成为企业的外部利益相关者。

对于关系资本所有者而言,由于关系资本不是企业发展的必需资本,所以关系资本与其他资本进行谈判时可能处于劣势地位。通常情况下,如果要素所有者拥有的关系资本不是特别突出或者有价值,关系资本的所有者投入的资源可能就被忽略了,或者融合在其他资本当中从而享受固定的收益。如在完全竞争的市场上,某一供应商是企业物质资本的提供者,而且还是该企业的固定供应商,形成了长期的合作关系。供应商向企业提供原材料,企业按照市场的公允价格支付货款。在这种情况下,实际上企业除了和供应商是等价的交易关系外,已经形成了一种稳定的供销关系。但是这种供销关系可能因为其本身不是特别强大,所以没有单独作为一种资本参与企业的分享。如果此时的市场环境发生了变化,如供小于求,企业为了获得稳定的原材料供应,可以适当提高一下交易价格,以高于其他企业的价格与供应商交易,从而维持这种长期交易关系。此时企业支付给供应商高于其他企业的价格,就可以看成是供应商从企业获得的固定收益。如果市场环境进一步恶化,出现了垄断供方市场的情况,这时关系资本的作用开始显现。由于是供方垄断市场,此时企业可能面临着断货的危险,假设没有其他可替代产品,企业将因不能生产而倒闭。这时供应商可以将关系资本作为一种投资,即"我可以给你供货,但是你必须支付给我一定的剩余收益"。此时供应商就具备成为企

---

① 核心员工的技术并不一定有很强的专用性,也可能具有通用性,但是通常企业为了防止技术外泄或者技术人才流失,都会事先同人力资本签订保密协议或者让人力资本交押金或者控制人力资本的档案转移等方式,从而使人力资本具有一定的专用性。

业内部利益相关者的条件,从而要求参与企业的剩余分享。

物质资本、人力资本和关系资本的所有者根据自身的条件和市场的环境状况随时自由选择成为企业的内部利益相关者还是企业的外部利益相关者。

二、物质—人力—关系资本型企业价值增值的分享模式

物质—人力—关系型企业,实际是一种多边治理型企业,掌握企业所有权的有物质资本出资者、人力资本出资者和关系资本出资者,三种资本所有者都可能采用固定分享模式、混合分享模式以及剩余分享模式,三种不同的资本所有者形式对应三种分享模式,可能出现的组合有很多,无法将其逐一列出分析。因此,对于物质—人力—关系资本型企业利益相关者分享企业价值增值的模式可以结合物质—人力资本、物质—关系资本以及人力—关系资本型企业的分享模式总结得出。

通过前面三节逐一对物质—人力资本、物质—关系资本以及人力—关系资本型企业的分析,我们可以总结出物质资本所有者、人力资本所有者以及关系资本所有者在参与分享模式方面的一些特征。首先,不管哪种形式的企业,不可能出现所有的利益相关者都采用固定分享模式的情况。因为企业的剩余收益是不固定的,因而利益相关者在分享收益时不可能签订完备契约,必然会有一部分利益相关者享有的剩余是不固定的。从分享模式上来看,必然会选择剩余分享模式或者混合模式,而不可能出现同时选择固定分享模式的情况。其次,关系资本所有者不可能成为唯一的剩余索取者,即不可能出现其他资本形式采用固定模式而关系资本所有者采用剩余或者混合分享模式的情况。关系资本是一种异质性很强的资本形式,不可计量,而且不具有可抵押性,因此,尽管关系资本与其所有者也是分离的,但是由于其不具有可抵押性,因而退出企业的成本极低。如果其他资本形式采用固定收益分享模式,则企业经营不确定性的风险就落在了关系资本所有者头上,而关系资本的上述特性使关系资本所有者没有动力或能力去监督企业的经营,从而使企业经营没有效率,因而这种企业不会存在。

也就是说,在物质、人力和关系资本组成的企业里,物质资本所有者由于其提供的物质资本具有可抵押性,退出成本高,因而物质资本所有者监督企业的动力比较强。物质资本所有者既可以单独分享企业的剩余,单独承担企业的经营风险,也可以与其他要素资本所有者一起共同承担企业的经营风

险；人力资本所有者由于人力资本与其所有者具有的不可分离的特性，使人力资本一旦投入企业，便与其所有者一起抵押给了企业，而且人力资本所有者自始至终参与企业经营管理的整个过程，有动力对企业实施比较好的监督，因而人力资本所有者可以单独分享企业的剩余，也可以和其他要素形式一起分享企业的剩余。但是对于关系资本来说，由于关系资本的不可抵押性以及退出成本极低，导致关系资本监督企业的动力不足，因而关系资本不能独享企业的剩余，只能与其他要素资本所有者一起分享企业的剩余。关系资本的这个特点表现在分享模式上就是不可能出现（固定，固定，剩余）和（固定，固定，混合）两种模式。因此，对于物质—人力—关系资本型企业的价值增值分享模式，不同的利益相关者之间可以有不同的组合形式，除不存在三者都采用固定模式之外，物质—人力—关系资本所有者也不可能出现（固定，固定，剩余）和（固定，固定，混合）两种模式，而其他组合形式都可以。物质—人力—关系型企业可能出现的模式组合见表8-4：

表 8-4　物质—人力—关系资本型企业的分享模式选择

序号	物质资本所有者	人力资本所有者	关系资本所有者	可能的选择
1	固定	固定	固定	—
2	固定	固定	混合	×
3	固定	固定	剩余	×
4	固定	剩余	固定	√
5	固定	剩余	混合	√
6	固定	剩余	剩余	√
7	固定	混合	固定	√
8	固定	混合	剩余	√
9	剩余	固定	固定	√
10	混合	固定	固定	√
11	混合	混合	固定	√
12	混合	混合	剩余	√
13	混合	剩余	固定	√
14	混合	剩余	混合	√
15	混合	混合	混合	√
16	混合	剩余	剩余	√

续表

序号	物质资本所有者	人力资本所有者	关系资本所有者	可能的选择
17	剩余	混合	固定	√
18	剩余	混合	剩余	√
19	剩余	混合	混合	√
20	剩余	固定	混合	√
21	剩余	剩余	固定	√
22	剩余	剩余	剩余	√
23	固定	混合	混合	√
24	混合	固定	混合	√
25	混合	固定	剩余	√
26	剩余	固定	剩余	√
27	剩余	剩余	剩余	√

三、物质—人力—关系型企业价值增值分享的具体操作

物质—人力—关系资本型企业实际上是要素资本所有者都要求参与企业的剩余分享，而关键的问题就是如何设计物质资本、人力资本和关系资本的分享安排。企业的人力资本和关系资本都是异质性资本，其价值不易辨认和衡量，因而在具体的分享安排上也是不可能采用比例分享法。由于参与分享的企业利益相关者人数众多，至少包含了物质资本、人力资本和关系资本各方中的一个，因而物质—人力—关系资本型企业的价值增值分享安排实际上是一个多人合作博弈的过程。

（一）固定分享模式下固定收益的确定

在由物质资本、人力资本和关系资本所有者共同主导企业所有权的多边治理型企业里，由于各要素资本对企业的贡献程度不同以及各自的风险偏好不一样，因而有的要素资本所有者可能采取固定分享模式。由于不可能同时出现三种要素资本所有者都采用固定收益的情况，因而最多只能有两方采用固定分享模式，而且不包括物质资本所有者和人力资本所有者同时采用固定模式的情况。固定分享模式关键是确定固定收益的数额。在多边治理型企业

中，由于参与谈判的人分别代表了三方的利益，因而这个谈判实际是一个三人讨价还价的问题。

1. 一方采用固定分享模式的情况

假设物质资本所有者要求采用固定分享模式，其他要素资本所有者采用固定或者剩余分享模式，即物质资本所有者、人力资本所有者以及关系资本所有者采用（固定，非固定，非固定）组合分享模式。一旦分享模式确定了，那么各个利益相关者首先都会在心里有一个合理的判断。当物质资本所有者要求获得固定的收益回报时，物质资本所有者先会给自己定一个可接受的谈判区间。由于物质资本所有者将物质资本投入企业，通过集体选择成为企业的内部利益相关者分享企业的价值增值，他从企业获得的收益一定不能低于其作为外部利益相关者或者其退出该企业在别处投资所获得的投资收益，否则物质资本不会参与集体选择。如果物质资本所有者在外没有更好的投资机会，那么通常他所要求的最低限额是其作为外部利益相关者从企业获取的利息收入。而至于物质资本所有者到底从企业获取多少固定收益合适，主要是基于其对企业的预期收益。

假设某物质资本所有者在外没有更好的投资机会，他欲采用固定分享模式分享企业的价值增值。假设物质资本不参与集体选择，其从企业获取的固定利息收入为 a，则其可以接受的获取固定收益的最低限额应该是 a。该物质资本所有者根据自己的判断，认为企业如果经营得不好，会产生 V_a 的价值增值，这种情况发生的概率是 P_a，企业经营好的概率是 P_A，会有 V_A 的价值增值，且 $V_A > V_a$，假设物质资本所有者评估自己对企业的贡献程度为 α_1，则该物质资本所有者从企业获取的期望收益为 $E_{w1} = \alpha_1 (P_a V_a + P_A V_A)$。物质资本所有者期望从企业获取固定收益 E_{w1}。但是由于不同的利益相关者对企业的预期收益的判断不一样，不可能刚好相等，因此，只要其他要素资本所有者出价高于其最低限额 a，都可以达成谈判协议。

对人力资本所有者来说，他对于企业的未来收益也会有一个自己的判断。假设人力资本所有者认为企业如果经营不好的时候会产生 V_b 的企业价值增值，这种情况发生的概率是 P_b，企业经营好的情况的概率是 P_B，会有 V_B 的价值增值，假设人力资本所有者认为物质资本所有者的贡献程度为 α_2，则人力资本对于物质资本的预期收益估计为 $E_{w2} = \alpha_2 (P_b V_b + P_B V_B)$。

同样，关系资本所有者对企业的未来收益也会有一个自己的判断。假设关系资本认为企业经营得不好会产生 V_c 的企业价值增值，这种情况发生的概

率是 P_c，企业经营好的概率是 P_C，会有 V_C 的价值增值，假设人力资本所有者认为物质资本所有者的贡献程度为 α_3，则人力资本对于物质资本的预期收益估计为 $E_{w3} = \alpha_3 (P_c V_c + P_C V_C)$。

这时通常由采用固定分享模式的物质资本所有者先出价 E_w，要求获得 A 的固定收益回报。物质资本所有者首次出价的时候，由于不知道对方对企业未来收益预期的判断情况，因而其出价 E_w 总是要高于其预期的收益 E_{w1}，如果此时报价 $E_w \leq E_{w2}$，同时 $E_w \leq E_{w3}$，则三方达成协议。如果报价 E_w 高于任何一方的预期收益，则谈判肯定无法达成。即若 $E_w > E_{w2}$ 但是 $E_w \leq E_{w3}$，或者 $E_w \leq E_{w2}$ 但是 $E_w > E_{w3}$，则都表示谈判失败。但是只要物质资本所有者的出价 E_w 低于另外两方中的最低预期收益报价，并且这个收益高于物质资本的最低限额 a，则一般会达成协议，即如果 $a \leq E_w \leq E_{w2} \leq E_{w1}$ 或者 $a \leq E_w \leq E_{w1} \leq E_{w2}$，则谈判成功。

2. 两方采用固定分享模式的情况

如果有两方要求采用固定分享模式分享企业的价值增值，也是采用同样的办法处理。假设人力资本所有者和关系资本所有者要求采用固定分享模式，而物质资本所有者采用剩余或者混合分享模式，则物质、人力和关系资本所有者的分享模式组合是（非固定，固定，固定）。同样，在这种情况下，物质、人力和关系资本所有者也要先估计对企业的预期收益。不同的要素资本所有者在谈判协商时，只要有一个要素资本所有者不同意提出的方案，谈判就不会成功。我们可以分别来进行分析，先确定一个利益相关者的固定收益分享数额，然后再确定另外一个固定收益的分享数额。

先来看人力资本所有者。假设该人力资本所有者根据自己的判断，认为企业经营得不好，会产生 V_b 的企业价值增值，这种情况发生的概率是 P_b，企业经营好的情况的概率是 P_B，会有 V_B 的价值增值，人力资本所有者评估自己对企业的贡献程度为 β_2，则该人力资本所有者从企业获取的期望收益为 $E_{r2} = \beta_2 (P_b V_b + P_B V_B)$。人力资本所有者期望从企业获取固定收益 E_{r2}。假设人力资本所有者如果不参与集体选择，他可以获取的最低收益为 b，b 可以理解为其作为外部利益相关者从企业获取的固定收益，则人力资本所有者谈判获取的收益 E_r 不会低于其要求的最低限额 b。

物质资本所有者和关系资本所有者同样也会依赖于各自对企业未来的收益判断，从而对人力资本的固定收益进行估值。假设物质资本认为企业经营不好时会产生 V_a 的企业价值增值，这种情况发生的概率是 P_a，企业经营好的

情况的概率是 P_a，会有 V_a 的价值增值，假设物质资本所有者认为人力资本所有者的贡献程度为 $β_1$，则物质资本对于人力资本的预期收益估计为 $E_{r1} = β_1 (P_a V_a + P_A V_A)$。

假设关系资本认为企业如果经营不好时会产生 V_c 的企业价值增值，这种情况发生的概率是 P_c，企业经营好的概率是 P_C，会有 V_C 的价值增值，假设物质资本所有者认为人力资本所有者的贡献程度为 $β_3$，则物质资本对于人力资本的预期收益估计为 $E_{r3} = β_3 (P_c V_c + P_C V_C)$。

如果人力资本所有者首先出价 E_r，$E_r ≤ E_{r1}$，且 $E_r ≤ E_{r3}$，则谈判会成功，其他要素资本提供者肯定会乐意接受人力资本所有获取比自己预期低的收益。如果 $E_r > E_{r1}$ 但是 $E_r ≤ E_{r3}$，或者 $E_r > E_{r3}$ 但是 $E_r ≤ E_{r1}$，则谈判肯定不成功，此时，人力资本所有者需要降低自己的报价，直至自己的报价降到物质资本所有者或者关系资本所有者所能接受的范围，并且还要高于人力资本所要求的最低限额，即满足 $b ≤ E_r ≤ E_{r1}$，且 $E_{r1} ≤ E_{r3}$；或者 $b ≤ E_r ≤ E_{r3}$，且 $E_{r3} ≤ E_{r1}$。

同样，对关系资本所要求的固定收益的数额也需要三方根据各自对企业的预期收益的判断来协商确定。如果 $E_g > E_{g1}$ 但是 $E_g ≤ E_{g2}$，或者 $E_g > E_{g2}$ 但是 $E_g ≤ E_{g1}$，则谈判肯定不成功，此时，关系资本所有者需要降低自己的报价，直至自己的报价降到人力资本所有者或者物质资本所有者所能接受范围，并且还要高于关系资本所要求的最低限额，即满足 $c ≤ E_g ≤ E_{g1}$；且 $E_{g1} ≤ E_{g2}$，或者 $b ≤ E_g ≤ E_{g2}$，且 $E_{g2} ≤ E_{g1}$。

通过上面的分析过程可以看出，物质、人力和关系资本所有者三方博弈谈判来确定某一方或者两方所享有的固定收益数额的时候，主要是基于各个利益相关者对企业的预期以及对各个利益相关者贡献的评估。最终可能达成的谈判的结果是：如果固定收益的数额能让大家所接受，则谈判成功。

（二）剩余分享模式下分享比例的确定

如果物质—人力—关系资本型企业中的内部利益相关者都采用剩余分享模式，由于企业产生的价值增值是不确定的，提供要素资本的各个利益相关者可以按照比例来确定各自的分享份额。在参与分享的内部利益相关者中，虽然物质资本是可以计量的，但是人力资本和关系资本都具有难以计量的特征，无法直接按照各自的投资比例来确定。按照前面设定的解决问题的思路，对于无法计量的要素资本，在确定其所有者应该分享的数额时可以相互协商谈判，通过讨价还价的方式来确定。因而，对于物质资本、人力资本和关系资本所有者在确定各自的分享比例的时候,也只能通过讨价还价来协商确定。

各个要素资本所有者在确定各自的分享比例时,首先是基于各要素资本对企业的贡献,这是确定各自分享比例最重要的依据。要素资本对企业的贡献程度可以结合企业的类型来考虑。如对于资本密集型企业来说,可能物质资本是其最主要的要素资本;而对于一些高科技企业来说,可能人力资本的贡献更大一些。其次,要看该要素资本的稀缺程度。如果某要素资本属于稀缺资源,则该要素资本的所有者就会要求的份额多一些。最后,还要看要素资本的退出成本。如物质资本一旦投入企业,由于物质资本的可抵押性,其退出成本很高,物质资本所有者的谈判力会强一些。在具体谈判的时候,各个要素资本所有者会充分考虑各种因素,提高自己的谈判份额。

如假设物质资本、人力资本和关系资本所有者都采用剩余分享模式,协商谈判确定各自的分享比例,各自要求的分享比例分别是 x_1、x_2、x_3,如果 $x_1+x_2+x_3=1$,则说明各个要素资本所有者提出的方案都比较合适,谈判一次成功。但是实际中这样一次提出方案恰好满足分享的情况实在是少之又少,可以说纯属巧合,更常见的情况是 $x_1+x_2+x_3>1$ 或者 $x_1+x_2+x_3<1$。一般情况下,出于理性原则,各个利益相关者都会尽可能最大化自己的收益,因而实际中 $x_1+x_2+x_3<1$ 的情况也比较稀少,更多的时候是出现 $x_1+x_2+x_3>1$ 的情况。如果 $x_1+x_2+x_3>1$,则说明有要素资本所有者要求的份额过高了,如果三者中另外两方都觉得某一方要求的份额太高了,则会要求该方降低份额比例,然后进行二次博弈。如果第二次出价后仍然是 $x_1+x_2+x_3>1$,则三方会经过权衡,再次要求比较高的一方降低分享份额,依次循环,直至 $x_1+x_2+x_3=1$,三方达到平衡。

当然,如果物质资本、人力资本和关系资本所有者在分享企业价值增值的时候,并不是所有的利益相关者都采用剩余分享模式。有时可能出现只有一方采用剩余的情况,此时该方就100%享有全部剩余;也可能会出现两方采用剩余分享模式的情况,则此时就是这二者之间的博弈。

在物质资本、人力资本和关系资本所有者在相互博弈的过程中,我们可以将其看成是简单的三人博弈,而且相互间不存在联盟的情况。因为物质资本、人力资本和关系资本主要是依据各自的贡献进行分享,每一个理性的利益相关者都会对企业的要素资本的贡献有个基本大致相同的估计,而考虑到退出成本等其他因素的影响,因而会在此基础上提高或者降低相应的分享分额。实际上,在物质资本、人力资本和关系资本三方进行轮流叫价博弈时,他们的喊价不会漫无边际，而是以各自的贡献为基准，通常各个要素资本所有者的叫价都是在比较合理的范围之内。

(三) 混合分享模式下固定收益与分享比例的确定

在物质—人力—关系资本型企业中，还可能存在一些利益相关者采用混合分享模式的情况。混合分享模式下，需要分别确定固定收益数额以及剩余分享比例。如前所述，混合模式下固定收益数额的确定与剩余分享的比例数额是相互关联的。如果固定收益数额要求得多，则剩余分享的比例就要低一些；反之，固定收益的数额要求少，则剩余分享的比例就高。至于具体某个要素资本提供者是要求获取高额的固定收益还是要求剩余分享的比例多一些，则主要取决于该要素资本所有者的风险偏好、该要素资本所有者对企业未来的预期情况以及对企业的可监督情况等。至于到底分得多少固定收益以及剩余分享的比例则主要看要素资本的贡献、资源的稀缺程度以及要素资本的退出成本等因素。

假设物质资本、人力资本和关系资本所有者都采用混合分享模式分享企业的价值增值，则需要先确定各自分享的固定收益的数额。假设物质资本、人力资本和关系资本所有者根据各自的风险偏好程度，对企业的未来预期以及对企业的可监督性等因素，分别要求获得 (a, b, c) 的固定收益。那么利益相关者各自所要求的 a、b、c 到底取何值时能通过三者的谈判？其实由于利益相关者除了确定固定收益的数额外，还要确定各自对于剩余的分享比例，即存在着二次谈判的问题，因此 a、b、c 取何值都有可能通过三者的谈判，最重要的是在于后者对于剩余比例能否达成一致。但是 a、b、c 的取值也不是随意叫价，它不能超过三者中对该要素资本的贡献评估中的最小值。因为，如果某要素资本所有者要求固定收益太高，超出了其他要素资本可以接受的对他的分享贡献的评估，则说明该要素资本所有者要求的固定收益太高了，甚至超出了其他要素资本所有者所能接受的对他的贡献评估总值，因而，谈判是不可能达成一致的。

只要要素资本所有者所提出的固定收益的数额在其他要素资本所有者可以接受的范围内，则 a、b、c 都是可以接受的。然后各个利益相关者再根据各要素资本所有者所要求的固定收益的数额的多少，博弈其剩余分享的比例。至于具体分享的比例，则主要依赖于各要素资本提供者对企业的贡献程度以及前期已经获得的固定支付的数额。谈判的最终结果是在 a、b、c 得到认可的基础上,使各要素资本所得的剩余分享比例的之和等于 1。

第四节 案例分析

一、企业发展概况

2005 年,杨某投资 100 万元在青岛台东开了一家私人企业——G 汽车修理厂。该企业注册资本全部由他个人投资,另外还雇用了喷漆、钣金、会计等十几名员工,每月给员工支付固定的工资。由于杨某曾经在商场做了几年生意,认识的人比较多,因而修理厂经济效益还不错。2006 年,杨某又在李沧区找到了一处合适的厂房,他从银行取得贷款,又注资成立了另一个修理厂——通达顺汽车修理厂。他同时兼任两个修理厂的老板,每月仍然给工人发放固定的工资。2009 年,为了扩大业务规模,杨某又向银行贷款在城阳注册开设了另一个修理厂——J 汽车修理厂。基于减税的考虑,杨某的每一个修理厂都是重新注册新的公司。而实际上,杨某是三个修理厂的唯一出资人,是企业唯一的股东,企业赚取的全部剩余收益都归杨某所有,三个修理厂的员工都拿固定的工资。

可是由于规模扩张,杨某精力有限,无法同时照顾三个企业,于是杨某就为每个修理厂聘请了一个负责人——经理。经理主要负责每个修理厂的日常经营以及业务联系。为了让各修理厂的经理能够为修理厂的发展尽心尽力,他给经理的报酬是每个月 3000 元固定工资,而当时该行业员工的平均工资是每月 2000 元,另外到年底的时候,根据修理厂的效益情况再按照净利润的 1%作为奖励分发给经理。可是由于规模扩张太快,杨某自己根本没有那么多资金支撑三个修理厂的日常开支,而且他后来新开的两个修理厂的资金基本全是从银行贷款甚至借高利贷来的。由于新店经营不会那么顺利,再加上要偿还大量的贷款利息,自 2009 年开始,三个企业一直处于亏损的状态,以致每月连银行的贷款利息也还不上。为了能给员工按时发工资,杨某不得不再从银行借款,以致他的负债越来越多,经营很困难。出于无奈,2010 年年底,杨某同三个修理厂的经理商量,将三个修理厂分别承包给每个经理,杨某不再负责修理厂的具体运营,每个经理每年只需交给杨某5万元的固定收益,经理对修理厂的盈亏负责。

二、企业不同发展阶段分享模式演变

在本案例中,为了减少税金,杨某注册成立了三个修理厂,但实际上三个修理厂并不是独立经营的,杨某是三个修理厂的唯一出资者,也是三个修理厂的唯一所有者,我们可以将其当作一个公司看待。在修理厂发展的不同阶段,杨某对企业的经营管理方式实际上体现了企业所有权的转移,由此导致企业的相关利益人的身份也发生了变化。

(一)初创期——股东单边治理模式

在企业的初创期,杨某仅注册拥有一个企业,他是该企业的唯一所有者。他既是企业的物质资本投入者,同时也是企业人力资本的投入者,是典型的企业家和资本家合一的情况。此时,对于企业来说,通过集体选择的只有杨某一人,他是企业唯一的所有者,即内部利益相关者。企业所有的经济流入扣除企业员工工资等各种必要的成本后的剩余,全部都归杨某一人所有。杨某兼企业家与资本家于一身,采用剩余分享模式分享企业的全部剩余收益。企业所有员工的工资都是固定工资,即他们都不参与集体选择,都是企业的外部利益相关者。此阶段企业是典型的股东单独治理型企业,股东是企业唯一的所有者,采用剩余分享模式分享企业的全部剩余。这是大多数企业成立初期所采用的基本模式(见表8-5)。

表8-5 初创期企业治理结构及分享模式

企业所有者	控制权	资本形式	分享模式
股东	股东	物质资本+人力资本	完全剩余分享模式

(二)发展中期——物质资本主导的物质—人力资本双边治理模式

后来,随着企业经营规模的扩大,修理厂的规模由一个企业变成三个企业的时候,由于杨某自身无法同时兼顾三个修理厂的业务,于是他聘请了经理负责每个店的经营。为了减少委托代理成本,尤其是道德风险和逆向选择的存在，杨某尽可能地激励每个经理人的积极性。三个经理除了每月得到固定的3000元收益外，年底的时候，每一个经理还可以根据企业的效益得到1%的分红。此时，企业的所有权结构已经悄悄地发生改变。股东不再是企业唯一的所有者，不再独享企业的剩余。三个经理实际也成为企业的内部利益相关者，分享一部分企业剩余，是典型的混合分享模式。在这种情况下，经理人作为人力资本的所有者，已经参与了集体选择，拥有了部分企业的剩余索取权，是企业的内部利益相关者。此时经理从企业获取收益的方式除了固定工资，还有一部分是剩余收益，因而是典型的混合分享模式。杨某作为物质资本的投资者，完全根据企业的经营状况分享企业的剩余，采用的是典型的剩余分享模式。在这一阶段，杨某是物质资本的出资者，经理是企业人力资本的出资者，他们共同拥有企业的所有权，成为企业的内部利益相关者，物质资本出资者采用剩余分享模式，人力资本所有者采用混合分享模式分享企业的剩余收益。这种情况下，企业是典型的物质—人力资本型企业，只不过此时主要的控制权仍然集中在物质资本所有者手中（见表8-6），物质资本所有者采用剩余分享模式，人力资本所有者采用混合分享模式。

表8-6 发展中期企业治理结构及分享模式

企业所有者	控制权	资本形式	分享模式
股东	股东	物质资本+人力资本	部分剩余分享模式
经理		人力资本	固定+剩余的混合分享模式

（三）发展后期——人力资本主导的物质—人力双边治理模式

当资金运转困难、企业经营不下去的时候，杨某将企业租给了三个经理。这时，由于三个企业全部是由杨某注资成立的，所以他仍然是修理厂的所有者。可是由于他不再参与具体的经营，而是由三个经理负责打理，因而对于每一个修理厂来说，每一个经理又是企业的实际控制者。在这种情况下，修理厂有两个所有者：一个是物质资本出资者——杨某，另一个是人力资本投入者——经理，而且企业的主要控制权由原来的物质资本出资者所有转变为人力资本出资者所有。每一个修理厂每年产生的盈利由杨某和经理共同分享。但由于杨某要求的是固定收益，企业盈利在支付给杨某的固定收益后都是经理的，这样就会大大地激发每一个经理的工作积极性，因为经理实际是在为自己工作而非为杨某打工。这样,他将企业租给经理之后,此时每一个修理厂的实际所有者就变成了两个——杨某和经理。此时杨某作为物质资本的出资者,从企业获取固定的收益,而每一个经理则是企业的人力资本出资者,全部根据修理厂的具体经营情况分享剩余,不再从企业获取固定的工资。对于企业来说,企业主要利益相关者之间进行了一次大的调整,导致企业的所有权结构也发生了实质性的改变,尽管企业的类型仍然是物质—人力资本型企业,但是此时的主要控制权已经由物质资本所有者控制转为人力资本所有者控制。在分享剩余的模式上,物质资本所有者采用固定分享模式,人力资本所有者采用剩余分享模式(见表8-7)。

表8-7 发展后期企业治理结构及分享模式

企业所有者	控制权	资本形式	分享模式
股东		物质资本	固定分享模式
经理	经理	人力资本	完全剩余分享模式

第九章 结论

第一节 结　论

在利益相关者理论的指导下，企业的治理结构应该是利益相关者共同参与治理的企业结构，企业的本质就是利益相关者缔结的一组契约。利益相关者作为企业的治理主体，有权参与企业的所有权分享。目前大量文献资料的观点支持利益相关者参与企业的所有权分享。企业的所有权主要是指企业的剩余控制权和剩余索取权，而剩余控制权最终通过企业的剩余索取权体现出来。那么在利益相关者参与企业所有权的理论观念下，企业的利益相关者应该如何分享企业的剩余？这是本书所要研究的重点。在前人研究成果的基础上，经过分析，本书主要得到如下结论：

（1）企业利益相关者的概念应该是一个宽泛、柔性的概念。虽然关于利益相关者概念的研究不计其数，不同的学者从不同的角度对企业的利益相关者进行了界定。但是由于不同企业利益相关者对企业的影响程度不同，即使同一企业的同一利益相关者也会因为企业发展所处的不同阶段对企业的影响程度不一样；而且由于研究问题的角度和侧重点不同，同一利益相关者对不同的企业的影响程度也有很大差异。因而对于企业利益相关者概念的界定，不应该确定一个刚性的标准、找出一个统一的概念。本书认为由于利益相关者人数众多，性质各异，对于不同企业的影响程度不同，我们只需要给出一个大体的利益相关者概念的指引，然后在此指导下，结合不同的研究目的确立研究的核心和主要的利益相关者，而非对于所有的企业和所有的研究问题界定一个统一的利益相关者概念。本书将利益相关者定义为与企业有经济关系的人或者团体。在此定义基础上，企业的股东、债权人、经营者、员工、政府、供应商以及顾客都是企业的利益相关者，也是我们所要研究的重点。

（2）利益相关者参与企业价值增值分享是一个动态开放的过程。在利益相关者理论下，企业的利益相关者都有权分享企业的剩余。但是有权参与分享并不等于是所有的利益相关者都同时参与分享。企业的利益相关者按照是否进入集体选择，分为外部利益相关者和内部利益相关者，只有内部利益相关者才能分享企业的剩余。至于具体哪个利益相关者是企业的内部利益相关者,则取决于各个利益相关者自己的意愿以及集体选择的结果。企业的每一个利益相关者都可以自由选择是否进入集体选择,而已经进入集体选择的利益相关者也可以选择是否接受新的利益相关者的加入。同样,已经参与集体选择的内部利益相关者也可以随时根据环境的变化自由选择退出集体选择,成为外部利益相关者;而外部的利益相关者也可以随时进入集体选择成为企业的内部利益相关者。因此,参与企业价值增值分享的并不是确定的某一个或者几个利益相关者,而是根据各个利益相关者对企业的贡献程度,通过集体选择的利益相关者才能真正分享企业的价值增值,而且企业所有的利益相关者可以根据不断变化的经济环境随时进入或者退出企业。

(3) 企业的生产发展离不开其赖以生存的要素资本,从目前来看,企业要素资本的种类繁多,有人提出了广义的要素资本概念或者全要素资本概念。尽管这些概念都从不同的角度概括了企业发展所需要的要素资本,但是这些要素资本的概念提出没有和其提供者相联系。本书认为,要素资本是利益相关者得以从企业获取剩余的基础,因此对于要素资本的研究应该结合要素资本的提供者来分析。基于此,本书从利益相关者投入资源的角度分析了各个利益相关者可能提供的资本形式,并将其总结归纳为物质资本、人力资本和关系资本三大类别。其他要素资本要么是这三种要素资本的变体,如知识资本、技术资本实际上是人力资本的变体;要么是这三种要素的衍生资本,如组织资本实际上是这三种资本结合在一起资源整合的结果,而并非是另外一种资本形式。所有的要素资本实际都可以包含在这三大类型的要素资本形式中。

(4) 根据要素资本所有者在企业治理结构中的组成不同,可以将企业划分为不同的类型。本书经过分析认为,企业利益相关者提供的要素资本形式主要有物质资本、人力资本和关系资本三种类型。根据这三种类型的要素所有者在企业治理结构中的主导能力不同,可以将企业划分为单边治理型企业、同质型结构企业和异质型结构企业三种类型。其中同质型结构企业又分为物质资本主导型企业和人力资本主导型企业,异质型企业又可分为物质—人力资本型企业、物质—关系资本型企业、人力—关系资本型企业和物质—人力—关系型企业。

(5) 提供不同要素资本的利益相关者分享企业剩余时有不同的安排。从要素资本的禀性来看,按照是否能够计量可以分为两类:一类是能够计量的要素资本,另一类是不能够计量的要素资本。对于提供能够计量的要素资本的所有者来说,我们在设计分享安排时主要是按照提供资本的比例分享剩余,对于提供不能计量的要素资本的所有者来说，我们在设计分享安排时主要是采用协商定价的原则，在实际中采用讨价还价的方法来实现的。虽然讨价还价的分享安排看起来很主观，但实际上博弈各方在进行讨价还价时并不是漫无边际的胡乱要价，而是基于当时的市场环境结合要素的贡献以及各自的特性做出的综合选择。

（6）根据对各种不同要素资本所有者之间的博弈分析以及各自的特点，本书总结出了各类企业分析企业价值的模式。①对于单边治理型企业来说，除了股东单边治理型企业之外，还可能存在经营者治理型企业、员工治理型企业和客户治理型企业。这四种类型的单边治理型企业由于其各自的主体性质不同，因而在分享模式上会有不同的选择。对于股东治理型企业，可能采用的分享模式有剩余分享模式和混合分享模式两种；经营者治理型企业，由于企业的经营者只有一个人，并且可以对企业的经营管理过程实施完全的控制，因而除去固定分享模式外，其他两种模式都可以采用。员工治理型企业的员工可以采用固定分享模式和混合分享模式分享企业的价值增值，特殊情况下还可能采用剩余分享模式分享企业的价值增值。客户治理型企业一般是以合作社的形式存在，他们在分享企业价值增值时，固定分享模式、混合分享模式以及剩余分享模式都可以采用。②对于同质型企业中不同类型的企业来说，在物质资本治理型企业除了股东不适合采用固定分享模式外，其他模式都可以采用；对于人力资本治理型企业来说，企业员工不可以采用剩余分享模式；关系资本治理型企业则各种模式都适用。③对于异质型企业来说，物质—人力资本治理型企业所有的模式都适用；物质—关系资本治理型企业中，物质资本不能采用固定分享模式；人力—关系治理型企业所有的模式都适用；物质—人力—关系资本型企业中，除去关系资本所有者不能单独采用混合或者剩余分享模式外，即物质—人力—关系资本除去（固定，固定，剩余）和（固定，固定，混合）模式外，其他都适用。

第二节 不足之处

本书虽然经过研究得出了一些结论，但是由于笔者受学识报限，研究仍然存在许多不足之处。

首先，对于利益相关者特性的分析不够深入。本书虽然对利益相关者各自的特性进行了分析，找出了他们的一些共性和特性，但是仍然觉得研究不够深入，对利益相关者特性的分析没有深挖，还停留在表面层次上。

其次，对于不同的利益相关者组成的企业进行分享安排时，本书采用了经济学的讨价还价方法加以解决。但实际在讨价还价过程中，谈判各方可能受到多种因素的影响，虽然本书在分析时尽可能地考虑了影响各方谈判的各种因素，但是由于实践经验不足，在分析的过程中仍然可能还有一些因素未考虑在内，这也是本书以后应该逐步完善的地方。

最后，在对利益相关者的实际调研过程中，样本量较小，而且未考虑不同行业、不同层次的利益相关者的实际需要。实际上，不同行业、不同企业、不同层次的利益相关者的利益要求有很大的不同，是否能够参与企业剩余分享，会因他们所处的不同环境而给出不同的答案。因而，在以后的研究希望能够对企业分类分层次进行调研，以反映更加真实的情况。

总之，学问是无止境的，任何的研究结果都难免会有缺陷，重要的是我们在以后的工作中如何将这些缺陷弥补。

参考文献

[1] [美] A. I. 埃巴：《经济增加值——如何为股东创造财富》，凌晓东等译，中信出版社 2001 年版。

[2] [美] 阿伯西内·穆素：《讨价还价理论及其应用》，管毅平、郑丹秋等译，上海财经大学出版社 2005 年版。

[3] [美] 阿尔弗洛德·拉帕波特：《创造股东价值》，林海音、郑明进译，云南人民出版社 2002 年版。

[4] [美] 奥利弗·E. 威廉姆森：《资本主义经济制度》，段毅才、王伟译，商务印书馆 2002 年版。

[5] 边燕杰、丘海雄：《企业的社会资本与其功效》，《中国社会科学》2000 年第 2 期。

[6] 布莱尔：《所有权与控制：面向 21 世纪的企业治理探索》，张荣钢译，中国社会科学出版社 1999 年版。

[7] 陈国富：《契约的演进与制度变迁》，经济科学出版社 2002 年版。

[8] 陈海波：《基于契约理论的中小投资者权益保护机制研究》，硕士学位论文，湘潭大学，2006 年。

[9] 陈宏辉、贾生华：《利益相关者三维分类的实证分析》，《经济研究》2004 年第 4 期。

[10] 陈经璋、胡涵锦：《邓小平理论和"三个代表"重要思想概论》，东北财经大学出版社 2005 年版。

[11] 陈良华：《价值管理：一种泛会计概念的提出》，《会计研究》2002 年第 10 期。

[12] 陈郁：《所有权、控制与激励——代理经济学文选》，上海三联书店 1998 年版。

[13] 程宏伟：《资本共生模式、企业治理结构及利益相关者财务》，《吉林省经济管理干部学院学报》2000 年第 16 期。

[14] 邓汉慧、赵曼：《企业核心利益相关者利益要求实证分析》，《中南

财经政法大学学报》2007年第3期。

［15］邓汉慧：《企业核心利益相关者利益要求与利益取向研究》，博士学位论文，华中科技大学，2005年。

［16］丁恒龙：《技术要素参与收益分配的路径探析》，《中共南京市委党校南京市行政学院学报》2004年第5期。

［17］《东部沿海地区出现用工荒　珠三角缺工超过200万》，《武汉晚报》2010年2月21日。

［18］方竹兰：《人力资本所有者拥有企业所有权是一个趋势——兼与张维迎博士商榷》，《经济研究》1997年第6期。

［19］龚丽、张翔：《国有企业核心员工有效激励问题的探讨》，《合作经济与科技》2009年第7期（下）。

［20］龚丽：《关于权益资本与债务资本收益分享的探讨》，《中国管理信息化》2010年第1期。

［21］韩云昊：《企业所有权共享理论及其应用研究》，冶金工业出版社2010年版。

［22］何晴：《利益相关者利益的实现》，《财贸经济》2008年第3期。

［23］［美］亨利·汉斯曼：《企业所有权论》，于静译，中国政法大学出版社2001年版。

［24］黄晓波：《基于广义资本的财务报告》，《会计研究》2007年第10期。

［25］［日］今井贤一、小宫隆太郎：《现代日本企业制度》，陈晋等译，经济科学出版社1995年版。

［26］［德］马克思：《资本论》（第一卷），中央编译局译，人民出版社1975年版。

［27］［美］科斯：《企业、市场与法律》，盛洪、陈郁译，上海三联书店1990年版。

［28］李维安：《现代企业治理研究》，中国人民大学出版社2002年版。

［29］李心合：《知识经济中资本与产权理论的发展》，《江苏社会科学》1999年第1期。

［30］李心合：《面向可持续发展的利益相关者管理》，《当代财经》2001年第1期。

［31］李心合：《企业价值取向及其演进趋势》，《财经研究》2004年第

10 期。

［32］李洋、王辉：《利益相关者理论的动态发展与启示》，《现代财经》2004 年第 7 期。

［33］连建辉、赵林：《"企业性质"重探——合作剩余创造和分配的市场性关系契约》，《当代经济研究》2004 年第 1 期。

［34］刘大可：《剩余索取权和控制权的偏离与企业效率》，《社会科学辑刊》2000 年第 3 期。

［35］刘大可：《要素所有者与企业所有权安排》，南开大学出版社 2003 年版。

［36］刘大可：《出资者主导下的利益相关者论》，经济科学出版社 2005 年版。

［37］刘美玉、林忠：《企业利益相关者共同治理与相互制衡研究》，博士学位论文，东北财经大学，2007 年。

［38］刘元兵、周庆行：《关于企业资本共生的理论研究》，《财会月刊》2004 年第 13 期。

［39］刘仲文：《人力资源会计学》，中国劳动社会保障出版社 2007 年版。

［40］陆维杰：《企业组织中的人力资本和非人力资本——也谈企业所有权的发展趋势问题》，《经济研究》1998 年第 5 期。

［41］罗党论、黄琼宇：《民营企业的政治关系与企业价值》，《管理科学》2008 年第 6 期。

［42］罗福凯：《要素资本、价值函数与财务效率》，《中国海洋大学学报》2003 年第 1 期。

［43］吕帅、纪建悦等：《利益相关者企业价值理论根源、内涵及研究思路探讨》，《中国海洋大学学报》（社会科学版）2008 年第 6 期。

［44］［美］马丁·威茨曼：《分享经济》，林青松译，中国经济出版社 1986 年版。

［45］马迎贤：《组织间关系：资源依赖视角的研究综述》，《管理评论》2005 年第 2 期。

［46］莫少颖：《价值管理：基于价值创造的新型企业管理理念》，《价值工程》2005 年第 11 期。

［47］牛德生：《关于企业所有权安排理论的观点述评》，《经济学动态》1999 年第 4 期。

［48］牛德生：《从资本雇佣劳动到劳动雇用资本——关于主流企业制度演进的逻辑》，《学术月刊》2000年第5期。

［49］牛德生：《知识型企业：一个更为特别的合约》，《经济学家》2001年第3期。

［50］彭星闾、龙怒：《关系资本——构建企业新的竞争优势》，《财贸研究》2004年第5期。

［51］强飚：《人力资本产权与剩余价值分享》，《商业时代》2003年第23期。

［52］［美］乔·B. 史蒂文斯：《集体选择经济学》（当代经济学系列丛书），杨晓维等译，上海三联书店、上海人民出版社1999年版。

［53］任海云、王梅梅：《谈企业主要利益相关者的利益要求》，《财会月刊》2006年第33期。

［54］石军伟、胡立君、付海艳：《企业社会资本的功效结构：基于中国上市企业的实证研究》，《中国工业经济》2007年第2期。

［55］时钰：《企业家人力资本参与企业收益分配研究》，《财会通讯》（学术版）2007年第8期。

［56］孙绍荣、宗利永、鲁虹：《理性行为与非理性行为：从诺贝尔经济学奖获奖理论看行为管理研究的进展》，上海财经大学出版社2007年版。

［57］孙天琦：《产业组织结构研究：寡头主导，大、中、小共生》，经济科学出版社2000年版。

［58］［美］汤姆·科普兰等：《价值评估：价值的衡量和管理》，郝绍伦等译，电子工业出版社2002年版。

［59］唐勇军：《价值管理研究综述与评价》，《财会通讯》2007年第5期。

［60］田金花：《关系资本与企业竞争优势的构建》，湖南师范大学硕士学位论文，2006年。

［61］万建华：《利益相关者管理》，海天出版社1998年版。

［62］王蒙：《要素资本理论下企业所有权安排研究》，中国海洋大学硕士学位论文，2007年。

［63］王荣武、王鹏涛：《多形态资本要素与企业存在的原因》，《商业研究》2002年第13期。

［64］王越子：《资本形态裂变与企业权力博弈——一个关于企业所有权

安排的分析框架》,《南昌航空工业学院学报》(社会科学版) 2006 年第 2 期。

[65] 王竹泉、高芳:《基于业务流程管理的价值增值报告模式研究》,《会计研究》2004 年第 9 期。

[66] 王竹泉、逄咏梅、马广林:《利益相关者与企业价值增值创造与分享》,《中国会计研究与教育》2006 年第 1 期。

[67] 王竹泉:《利益相关者会计的提出与会计信息披露的外部性》,《现代会计与审计》(纽约) 2006 年第 1 期。

[68] 吴飞驰:《关于共生理论的思考》,《哲学动态》2000 年第 6 期。

[69] 吴飞驰:《企业的共生理论——我看见了看不见的手》,人民出版社 2002 年版。

[70] 肖耿:《产权与中国的经济改革》,中国社会科学出版社 1997 年版。

[71] 许艳芳:《企业收益分配研究——从剩余索取权的角度出发》,中国人民大学博士学位论文,2003 年。

[72] 杨纪琬、阎达五:《会计管理是一种价值运动的管理》,《财贸经济》1984 年第 10 期。

[73] 杨其静:《合同与企业理论前沿综述》,《经济研究》2002 年第 1 期。

[74] 杨瑞龙、周业安:《一个关于企业所有权安排的规范性分析框架及其理论含义——兼评张维迎、周其仁及崔之元的一些观点》,《经济研究》1997 年第 1 期。

[75] 杨瑞龙、杨其静:《专用性、专有性与企业制度》,《经济研究》2001 年第 3 期。

[76] 杨瑞龙、刘刚:《双重成本约束下的最优企业所有权安排——企业共同治理的经济学分析》,《经济学》(季刊) 2002 年第 3 期。

[77] 袁纯清:《共生理论及其对小型经济的应用研究》,《改革》1998 年第 2 期。

[78] [美] 詹姆斯·奈特:《基于价值的经营》,郑迎旭译,云南人民出版社 2002 年版。

[79] 张敬陶:《论按生产要素分配》,南昌大学硕士学位论文,2006 年。

[80] 张维迎:《企业的企业家——契约理论》,上海三联书店 1996 年版。

[81] 张维迎:《所有制、治理结构及委托—代理关系——兼评崔之元和周其仁的一些观点》,《经济研究》1996 年第 9 期。

[82] 张五常：《企业的契约性质》，载陈郁编著：《企业制度与企业组织》（交易费用经济学文选），上海人民出版社 1996 年版。

[83] 周国强、戴昌钧：《对人力资本参与分享企业剩余模型的研究》，《南开管理评论》2004 年第 2 期。

[84] 周鹏、张宏志：《利益相关者间的谈判与企业治理结构》，《经济研究》2002 年第 6 期。

[85] 周其仁：《市场里的企业：一个人力资本与非人力资本的特别合约》，《经济研究》1996 年第 6 期。

[86] Armen A., Alchian and Harold Demsetz, "Production, Information Costs and Economic Organization", *The American Economic Review*, No. 62, 1972.

[87] Berle A., Means G., *The Modern Corporation and Private Property*, New York: McMillan, 1932.

[88] Burt Ronald S., *Corporate Profits and Cooptation: Networks of Market Constraints and Directorate Tics in the American Economy*, New York: Academic Press, 1983, pp. 317-324.

[89] Morgan B. W., *Strategy and Enterprise Value in the Relationship Economy*, International Thomson Publishing House, 1998.

[90] Charkham J., "Corporate Governance: Lessons from Abroad", *European Business Journal*, No. 2, April 1992, pp. 8-16.

[91] Clarkson M., "A Stakeholder Framework for Analyzing and Evaluating Corporate Social Performance", *Academy of Management Review*, No. 20, January 1995, pp. 92-117.

[92] Wheeler David, Sillanpa Maria, "Including the Stakeholders: The Business Case", *Long Range Planning*, No. 31, February 1998, pp. 201-210.

[93] Foundation for the Malcolm Baldrige National Quality Award, The Nation's CEOs Look to the Future, *Baldrige Website Study*, No. 818407, July 1998.

[94] Modigliani Franco and Miller. Merton H., "The Cost of Capital, Corporation Finance and the Theory of Investment", *The American Economic Review*, No. 48, March 1958, pp. 261-297.

[95] Hart O. & Moore J., *Corporate governance: A Framework for Implementation*, Washington D. C., The Word Bank, 1990.

[96] Jay Barney, "Firm Resources and Sustained Competitive Advantage",

Journal of Management, No. 17, January 1991, pp. 99-120.

[97] Jeffrey Pfeffer, "Merger as a Response to Organizational Interdependence", *Administrative Science Quarterly*, No. 17, March 1972, pp. 382-394

[98] Edvinsson L., Roos J. & Roos G., *Intellectual Capital: Navigating in the New Business Landscape*, New York University Press, 1998.

[99] Margaret M. Blair, "Corporate Ownership", *Brookings Review*, 1995, pp. 16-19.

[100] Margaret M. Blair, *Ownership and Control: Rethinking Corporate Governance for the Twenty-first Century*, The Brooking Institution, Washington D.C., 1995.

[101] Michael C. Jensen, William H. Meckling, "Theory of the firm: Managerial Behavior, Agency costs and Ownership Structure", *Journal of Financial Economics*, No. 4, March 1976, pp. 305-360.

[102] Nike Bontis, "Intellectual capital: An Exploratory Study that Develops Measures and Models", *Management Decision*, No. 36, February 1998, pp. 63-76.

[103] Oliver Hart and John Moore, "Property Rights and the Nature of the Firm", *Journal of Political Economy*, No. 98, June 1990, pp. 1119-1158.

[104] Philippe Aghion and Patrick Bolton, "An Incomplete Contracts Approach to Financial Contracting", Review of Economic Studies, Vol. 59, 1992, pp. 473-494.

[105] Post, James E., Frederick, William Crittenden, *Business and Society: Corporate Strategy, Public Policy, Ethics*, New York: McGraw-Hill, 1996, 708.

[106] R. Edward Freeman, David L Reed, "Stockholders and Stakeholders: A New Perspective on Corporate Governance", *California Management Review*, No. 25, March 1983, pp. 88-106.

[107] R. Edward Freeman, "A Stakeholder Approach to Strategic Management", *Analysis*, No. 1, Janurary 1984, pp. 279.

[108] Raghuram G. Rajan & Luigi Zingales, "The firm as a Dedicated Hierarchy: A Theory of the Origins and Growth of Firms", *The Quarterly Journal of Economics*, No. 116, March 2001, pp. 805-851.

[109] Raghuram G. Rajan and Luigi Zingales, "Power in a theory of the firm", *Quarterly Journal of Economics*, No. 113, February 1998, pp. 387-432.

[110] Raghuram G. Rajan, Luigi Zingales, "Power in a Theory of Firm. Quarterly", *Journal of Economics*, No. 113, February 1998, pp. 387-432.

[111] Richard M. Emerson, "Power-dependence Relations", *American Sociological Review*, No. 27. January 1962, pp. 31-34.

[112] Roberts R. W., "Determinants of Corporate Social Responsibility Disclosure: An Application of Stakeholder Theory", *Accounting, Organizations and Society*, No. 17, June 1992, pp. 595-612.

[113] Ronald K. Mitchell, Bradley R. Agle and Donna J. Wood, "Toward a Theory of Stakeholder Identification and Salience: Defining the Principle of Who and What Really Counts", *The Academy of Management Review*, No. 22, April 1997, pp. 853-886.

[114] Snford J. Grossman & Oliver D. Hart, "The Costs and Benefits of Ownership: A Theory of Vertical and Lateral Integration", *Journal of Political Economy*, No. 94, 1986, pp. 691-719.

[115] Thomas Donaldson and Lee E. Preston, "The Stakeholder Theory of the Corporation: Concepts, Evidence and Implications", *The Academy of Management Review*, Vol. 20, No. 1, January 1995, pp. 65-71

[116] Walker, David M., *The Oxford Companion to Law*, Clarendon Press (Oxford and New York), 1980.

[117] William R. Dill, "Public Participation in Corporate Planning", *Long Range Planning*, No. 8, January 1975, pp. 57-63.

附 录

利益相关者参与企业剩余分享的问卷调查

尊敬的各位朋友：您好！我们正在进行一项学术性课题的调查工作，旨在了解我国目前参与企业剩余分配的相关主体以及利益相关者参与企业剩余分配的可能性。希望您能抽出宝贵时间，给我们提供如下真实信息，调查不记名，答案也无对错之分。我们保证这些数据资料只是用于学术性研究，并在任何时候都不会公开企业和个人的相关信息。

非常感谢您的支持与合作！

（注：此处的利益相关者是指对企业有重要影响的人或团体）

一、背景资料

1. 您的年龄：
□20~30 岁　　□31~40 岁　　□41~50 岁　　□51 岁以上

2. 您所工作的单位性质是：
□国有企业　　□集体企业　　□民营企业　　□私营企业
□外资企业（或合资企业）　　□事业单位

3. 您到该单位工作的年限：
□1 年以内　　□1~5 年　　□6~10 年
□11~20 年　　□20 年以上

4. 您在本单位担任的职务是：
□一般员工　　□基层管理人员　　□中层管理人员
□高层管理人员　　□企业老板

5. 您所在的企业属于什么行业？＿＿＿＿＿＿＿＿＿＿＿＿＿＿＿。

6. 您从事的工作岗位是＿＿＿＿＿＿＿＿＿＿＿＿＿＿＿＿＿＿。

二、利益相关者参与企业收益分配情况调查

1. 您对目前自己的工资收入与对企业的贡献相比是否感觉满意？

A. 非常满意　B. 满意　C. 还行　D. 不满意

2. 您对目前企业的利润分配方式是否满意？

A. 非常满意　B. 满意　C. 还行　D. 不满意　E. 不清楚

3. 您是否了解"利益相关者"这个概念？

A. 了解　B. 知道一点　C. 不知道

4. 您认为下列哪些人与企业的生存密不可分？（多选）

A. 股东　B. 银行等债权人　C. 管理人员　D. 员工　E. 政府　F. 供应商　G. 客户　H. 企业周围社区居民　I. 特殊利益团体（如环境保护组织）

5. 对于第4题 A-I 选项中的相关人，您认为哪些人因为目前的收益过低应该得到更多的收益？＿＿＿＿＿＿＿＿＿＿＿＿＿＿＿＿＿＿＿＿＿＿＿。

6. 对于第4题 A-I 选项中的相关人，您认为哪些人因为目前的收益过高应该减少他们的收益？＿＿＿＿＿＿＿＿＿＿＿＿＿＿＿＿＿＿＿＿。

7. 对于第4题 A-I 选项中的相关人，如果不考虑现行政策，根据对企业的贡献程度，您认为哪些人应该有权参与企业的利润分配？＿＿。

8. 对于第4题 A-I 选项中的相关人，您所在的企业目前有哪些人享受企业的利润分红（或者拥有股份）？＿＿。

9. 您认为企业的所有权应该归属于谁？（可多选）

A. 物质资本出资者

B. 人力资本出资者

C. 其他利益相关者（如政府、银行、客户等）

10. 您认为目前企业承担的向政府缴纳的税费负担＿＿＿＿＿＿＿＿。

A. 偏高　B. 基本适中　C. 偏低

11. 由于政府给企业提供了环境和政策支持，您认为政府是否可以凭此参与企业的剩余分配或者拥有股权（假设没有税收）？

A. 可以　B. 不可以　C. 不清楚

12. 您认为目前企业从银行获得贷款的难易程度为＿＿＿＿＿＿＿＿。

A. 非常难　B. 一般　C. 很容易

13. 您认为目前银行的贷款利率＿＿＿＿＿＿＿＿＿＿＿＿＿＿。

A. 偏高　B. 适中　C. 偏低

14. 如果银行不按照利率收取利息，而是要求参与企业的利润分配，您是否赞同？

　　A. 赞同　　B. 不赞同　　C. 视情况而定　　D. 不清楚

15. 您认为企业的供销商和客户是否可以参与企业的剩余分配？

　　A. 可行　　B. 基本可行　　C. 不可行　　D. 不清楚（视情况而定）

16. 您认为企业一般员工参与企业利润分配的做法是否可行？

　　A. 可行　　B. 基本可行　　C. 不可行　　D. 视情况而定

17. 您认为企业在进行利润分配时，应按照什么标准进行分配？

　　A. 按贡献大小分配　　B. 按是否提供了生产要素（如资本、技术、人力等）　　C. 按照权力大小分配　　D. 平均分配